经济及科技政策评估：方法与案例

雷家骕　主编

彭　勃　王雪梅　副主编

清华大学出版社

北　京

内 容 简 介

政策评估是在某项政策实施后，对其设计、执行、效果及成因进行系统分析和评判，以便为完善相关政策和制定新的政策提供依据的活动，其目的是为了进一步完善相关政策，并为后续政策的制定提供借鉴。本书介绍了政策评估最为基础的知识，如政策评估的目的与主体、政策评估的基本范畴、政策评估模式的演进与惯用模式、政策评估的评判标准等。进而详细介绍了作者近年来所开展的"我国以市场换技术的政策评估"、"我国产业安全相关政策评估"、"北京市高新技术企业成长的政策环境评估"以及"北京市留学人员高新技术企业成长政策环境评估"。希望对读者有所帮助。

图书在版编目（CIP）数据

经济及科技政策评估：方法与案例/雷家骕主编. —北京：清华大学出版社，2011.3
　ISBN 978-7-302-24241-3

Ⅰ.①经…　Ⅱ.①雷…　Ⅲ.①经济政策-研究　②科技政策-研究　Ⅳ.①F019.6　②G301

中国版本图书馆 CIP 数据核字（2010）第 249528 号

责任编辑：王　敏
封面设计：刘　超
版式设计：魏　远
责任校对：柴　燕
责任印制：李红英

出版发行：清华大学出版社　　　　　　　　地　　　址：北京清华大学学研大厦 A 座
　　　　　http://www.tup.com.cn　　　　　　邮　　　编：100084
　　　　　社　总　机：010-62770175　　　　邮　　　购：010-62786544
　　　　　投稿与读者服务：010-62776969，c-service@tup.tsinghua.edu.cn
　　　　　质　量　反　馈：010-62772015，zhiliang@tup.tsinghua.edu.cn
印　刷　者：北京市清华园胶印厂
装　订　者：北京国马印刷厂
经　　　销：全国新华书店
开　　　本：185×230　印　张：16.5　字　数：283 千字
版　　　次：2011 年 3 月第 1 版　　　印　　　次：2011 年 3 月第 1 次印刷
印　　　数：1～3000
定　　　价：46.00 元

产品编号：040242-01

本书编著者名单

主　　编：雷家骕

副主编：彭　勃　王雪梅

编　　委：邓　艳　张俊芳　薛　卫

　　　　　陈　闯　夏　焱　王　俐

前　　言

评估是根据特定尺度对某项客观事物（即评估对象）进行衡量、检查、评价和估计。政策评估是对相关政策的实施效果进行衡量、检查、评价和估计，以判断其优劣与利弊得失。对政府相关政策进行评估是政府制定与调整相关政策的制度性保障。政策评估始于"一战"时期，20世纪80年代起受到各国政府和学术界的普遍关注，但目前仍未形成共识的理论体系与方法体系。

政策评估的实践至少有三个难点：一是政策效果优劣的尺度很难把握，因为任何一项政策的设计都很难避免顾此失彼；二是政策评估的主体很难中立，因为政策评估者或近或远地都是某项政策的利益相关者；三是评估所需信息多数很难获取，因为所需信息中的一部分必须是定量数据，而定量数据最难获得。由于这"三难"，其必然导致政策评估的具体实施很难展开，甚至评估者都很难用自己所做的相关评估的结果来说服自己。

改革开放以来，借鉴国外的相关政策评估理论与方法，我国开展了一系列政策评估工作，在实践的基础上开展了政策评估的理论探讨，相应地，也出版了多种与政策评估相关的专著和教材，包括翻译国外的相关出版物。这些出版物的一个共同特点就是以介绍相关理论与方法为主，对于我国政策评估理论与方法的丰富和提升起到了积极的作用，同时启发了读者特别是政策评估者的心智。

本书作者也开展了这方面的工作，体现了作者对于政策评估的相关认识、理解和实践。本书介绍了政策评估的相关理论与方法，继而介绍了作者团队所做的几项政策评估的案例。本书的一个重要特点是以介绍实际案例为主，以介绍理论与方法为辅，希望通过对相关政策评估案例的介绍，帮助读者系统了解判断某项政策利弊得失的理性方法，帮助读者更好地了解怎样有效实施政策评估。希望本书的出版对于同行学者的研究和教学能有一定程度的参考价值，希望对于政府工作人员思考政策制定和执行中的相关问题有所助益。

本书各章撰写人员如下。第一章，雷家骕；第二章，王雪梅、陈闯；第三章，彭勃、薛卫；第四章，邓艳、张俊芳；第五章，夏焱、王俐。雷家骕、彭勃负责全书的统稿工作。

雷家骕

2010 年 11 月

目　　录

第一章　引论 1

　第一节　政策评估的目的与主体 2

　　一、政策评估的目的 2

　　二、概念与基本范畴 3

　　三、政策评估的主体 4

　第二节　政策评估模式的演进与惯用模式 4

　　一、政策评估模式的演进与分类 4

　　二、政策评估现有的惯用模式 6

　第三节　政策评估的模型与方法 7

　　一、政策评估的模型 7

　　二、政策评估的具体方法 9

　第四节　政策评估的评判标准与方法标准 10

　　一、政策评估的一般标准 10

　　二、政策评估方法适当性的评判标准 12

第二章　以市场换技术的政策评估 15

　第一节　以市场换技术的政策评估的目的与方法 16

　　一、研究与评估的目的 16

　　二、研究与评估的意义 16

　　三、研究与评估的方法 18

　第二节　以市场换技术的政策来源与内容 19

　　一、政策背景 19

　　二、政策演变 20

　　三、政策要点 21

第三节　五行业以市场换技术的具体情况 28

　　一、汽车行业情况 28

　　二、发电机行业情况 38

　　三、程控交换机行业情况 46

　　四、手机制造行业情况 52

　　五、计算机行业情况 59

第四节　基于五行业调研的初步结论 66

　　一、形成前述技术换取效果的主要成因 66

　　二、以市场换技术政策的正负面效应 69

　　三、对以市场换技术政策的总体评价 73

第五节　相关政策构想 78

　　一、关于外资外贸政策调整的构想 78

　　二、关于科技及税收政策调整的构想 80

　　三、关于企业技术战略调整的构想 82

第三章　我国产业安全相关政策评估 85

第一节　研究背景与方法 86

　　一、研究背景 86

　　二、主要研究内容 87

　　三、研究思路与方法 87

　　四、产业安全政策评估的方法和框架 88

第二节　外贸管理相关政策评估 89

　　一、相关政策综述 89

　　二、关于我国外贸政策的评论和评价 96

第三节　外商投资管理相关政策评估 110

　　一、相关政策综述 110

　　二、关于我国外资政策的评论和评价 125

第四节　涉外技术管理相关政策评估 138

　　一、相关政策综述 138

　　二、关于涉外技术管理政策的评论和评价 142

第五节　初步结论与建议...150

　　一、初步结论...150

　　二、初步建议...154

第四章　北京市高新技术企业成长的政策环境评估.................157

第一节　引言...158

　　一、研究目的...158

　　二、研究思路与方法...158

　　三、内容与框架...158

第二节　北京高新技术企业成长的政策环境演变.............................159

　　一、高新技术产业政策体系的创立阶段.................................159

　　二、高新技术产业政策体系的调整阶段.................................159

　　三、高新技术产业政策体系的完善阶段.................................160

第三节　北京高新技术企业成长的政策环境现状.............................162

　　一、政策环境的初步分类...162

　　二、财税政策...163

　　三、贸易政策...168

　　四、金融政策...170

　　五、知识产权政策...171

　　六、人才政策...174

　　七、区位环境建设和政府服务质量.....................................176

　　八、政府有关政策的功能分类...179

第四节　北京高新技术企业成长的政策环境的总体分析.......................182

　　一、调查方法和问卷设计...182

　　二、政策环境的总体评价...183

　　三、分类政策的重要性评价...184

　　四、各类政策的执行质量评价...187

　　五、对部分政策细项的评价...188

第五节　初步结论与建议...193

　　一、政策环境评价的初步结论...193

二、现阶段相关政策调整建议 195

第五章　北京市留学人员高新技术企业成长的政策环境评估 197

第一节　引言 198

一、问题与对象 198

二、研究方法与结构 198

第二节　政策梳理与政策环境调研 199

一、政策梳理 199

二、调研设计与调研总体情况 201

第三节　留学人员企业成长的政策环境分析 204

一、各类政策总体上对留学人员企业成长的影响 204

二、财税政策对企业成长的影响 204

三、贸易政策对企业成长的影响 205

四、金融政策对企业成长的影响 205

五、知识产权政策对企业成长的影响 206

六、人才政策对企业成长的影响 207

七、政府服务质量对企业成长的影响 207

八、区位环境建设对企业成长的影响 208

第四节　初步结论与政策调整建议 208

一、初步调研及分析结论 208

二、政策调整的初步建议 209

附录　政策评估所用相关问卷 211

附录 A　《以市场换技术政策评估》所用调查问卷 211

一、以市场换技术政策效果研究【汽车】调查问卷 211

二、以市场换技术政策效果研究【发电机】调查问卷 216

三、以市场换技术政策效果研究【程控交换机】调查问卷 ...219

四、以市场换技术政策效果研究【手机】调查问卷 222

五、以市场换技术政策效果研究【计算机】调查问卷 225

附录 B　《产业安全政策评估》所用调查问卷 229

一、面向企业的问卷 229

二、面向专家的问卷 231

三、面向政府机构的问卷 233

附录 C　《北京高新技术企业成长的政策环境》所用调查问卷 236

参考文献 247

第一章 引 论

本章导读

评估是根据特定标准对事物（即评估对象）进行衡量、检查、评价和估计，以判断其优劣与利弊得失。政策评估工作始于"一战"时期，当时主要是对教育和疫病防控政策的效果进行评价。20 世纪 80 年代起，政策评估受到各国政府和学术界的普遍关注，很多学者、官员致力于政策评估的研究和实践，但直至目前，仍未形成共识的关于政策评估的理论体系与方法。政策评估的定义及范畴会直接影响评估模式的设计、选择和使用。本章的主要内容是介绍政策评估的目的和主体，界定相关概念与基本范畴。

第一节　政策评估的目的与主体

一、政策评估的目的

Rossi 和 Freeman（1999）将政策评估的目的归纳为项目改进、明确责任、知识积累、政治策略和公共关系等五项。Frans-Bauke 和 Jurian（2006）认为评估的目的有两个：其一，通过评估政策的结果和产出，促进政府承担其责任和义务；其二，促进学习，以提高政策制定和执行能力。此外，也有学者提出政策评估的主要目的是了解政策效果、增加政策的透明度、帮助制定决策和促进利益相关者之间的协作等。巴顿则强调评价的终极目的在于利用。

根据文献，政策评估的主要目的可以归为以下几点：

（1）结果导向。已有的政策评估和相关研究大多是结果导向的，评估者把评估看作是价值判断的过程，即评价政策在多大程度上实现了预期目标（James E. Anderson，1990），也就是测定和区分政策的有效部分与无效部分（Vedung，1997）。评估者往往被要求评定公共支出的社会或（和）经济影响（Lang，2001），通过比较政策的投入和产出判断该项支出是否值得。

（2）原因分析。一些学者强调政策评估应用以解释政策目标和政策效果之间的关系。Lang（2001）认为，政策评估与政策监控之间的本质区别在于评估需考虑政策工具、政策执行系统与所测量的政策效果之间的因果关系。明确产生已有政策效果的原因才可以深入探讨该政策的利弊和易被忽略的问题及环境对政策效果的影响。

（3）促进学习。政策评估的一个重要目的是促进学习，提高决策的效率和效果（Rossi、Freeman，1999；Weiss，1999；Knaap，2000；Frans-Bauke、Jurian，2006）。政策评估可以引发深度、系统的学习（Lang，2001），评估结果和评估中的发现能够增进政策制定者对现实情况的了解，促使他们反思各种政策和工具的有效性和局限性，有助于政策制定者积累更丰富的经验、做出更科学的决策，从而完善政策的制定和执行过程。

（4）决策支持。政策评估既需要考虑该项政策是否必要（Rossi、Freeman，1999），也要收集有用信息以供相关政策制定和项目本身的调整参考和借鉴（OECD）。不少学者认为，是否"有用"和"被使用"是判断政策评估价值的一个根本性指标，只有能够对完善相关政策或对制定其他政策提供借鉴的政策评估，才是有价值的政策评估。

综合所述，政策评估的最终目的无非是完善特定政策，进而为相关政策的制定提供借鉴。这一目的往往通过效用评估、原因分析、知识学习和经验积累，以及增进与相关者的合作等方式实现。首先，分析政策结果，测量政策在各方面的预期与非预期效果和影响。其次，挖掘取得该结果的深层次原因，分析政策制定、执行中的优点与不足。再次，通过学习不断提高决策能力和经验，为决策制定和政策调整提供有价值的建议。

二、概念与基本范畴

不少学者对政策评估的定义有着不同的看法，就其基本概念与范畴并未形成统一的认识，主要观点可以分为三类。第一类观点认为，政策评估是针对政策效果的评估，是对政府干预的价值、产出及结果的回顾与评价（Vedung，1997）。在此基础上，有学者强调政策评估是评价人们所执行的政策在实现其预定目标上的效果（Rutman，1980），也有人强调不仅要考察预期效果的达成情况，还要考虑其他非预期影响（Vedung，1997）。第二类观点认为，政策评估主要是对政策方案的评估，"主要关心的是解析和预测，它依靠经验性证据和分析，强调建立和检验中期理论，关心是否对政策有用"（Nagel，1999）。在此政策评估被看作是一种分析的过程（林水波、张世贤，1980），评估者通过搜集相关信息，对各政策方案进行分析，确定各种方案的现实可行性及优缺点，以供决策者参考。第三种观点认为，政策评估是对政策全过程的评估，既包括对政策方案的评估，也包括对政策执行以及政策结果的评估。它是用系统的方法分析、评价政策干预的战略、设计、执行过程和效果（Rossi、Freeman，1999）。

不少国内学者支持第一种观点，认为政策评估的着眼点应该是政策效果。张金马（1992）指出"公共政策评估就是对公共政策的效果进行研究"；刘斌、王春福（2000）对政策评估的定义是，"在政策执行之后，依据一定标准对政策效果、政策效益、政策效应所作的考察，并进而对政策所做出的分析"；陈振明（2004）也将政策评估界定为"对政策的效益、效率、效果以及价值进行判断的一种评价行为"。

基于完善特定政策并为相关政策的制定提供借鉴的根本目的，本书认为，政策评估是在特定政策开始执行后，对其设计、执行、效果和成败原因进行系统分析和评判，以便为完善该政策和制定相关政策提供依据的行为。需要指出的是：首先，对某一政策的评估往往是一个多次的、持续的过程，未必在政策终结后进行，尤其是对于中长期性质的政策。政策开始执行后就会逐步显现其效果与问题,此时就需要有效的评估以便决定该政策应该继续、调整或终止。其次,政策评估不能只评价政策效果,知其果还要究其因,这样才能不断积累经验、完善相关的决策制定。再次,政策的设计、执行和效果等是紧密关联的,评估应该系统地考查它们之间的关联,孤立地评判其中的一点或几点无法有效达到评估的根本目的。

三、政策评估的主体

政策评估的主体包括以下三类:

(1)对象评估。它是由政策对象通过亲身感受和了解,对政策及其效果予以评定的方法。应该说,评价一项政策的好坏优劣,最有发言权的是政策作用的对象,因此,充分听取不同政策承受对象对特定政策的意见,加以综合,往往会形成对政策比较准确的评估。

(2)专家评估。组织专家审定各项政策,最后形成鉴定成果,也是政策评估常用的有效方法之一。一方面,由于专家的知识专业性,对某项政策的效果可以分析得比较透彻,视野也比较开阔,往往有较强的科学性。另一方面,专家没有参与政策的制定,评估也显得较客观。不利因素是专家的观点容易受政策制定者和评估组织者观点的影响。

(3)自我评估。这是指政策制定及执行人员对政策的效果和实现预期目标的进展情况进行评估。这种方法的优点是政策制定及执行人员参与了政策的制定或执行,比较了解情况,问题看得准,故也易于得出可信的结论。不利因素是政策制定者或执行者的部门或个人利益观可能会影响政策评估的公正性。

第二节　政策评估模式的演进与惯用模式

一、政策评估模式的演进与分类

根据评估模式的演进历程,Guba 和 Lincoln(1981)把政策评估划分为四个阶段。20 世纪 30 年代前为第一阶段,以测量为主要模式,评估者扮演技术人员的角色,他们需要掌握各种可能的测量工具,以提供所需的调查数据。从 20 世纪 30 年代到 1967 年为第二阶段,此时的政策评估通过描述的方式揭示政策执行效果的优劣。第三阶段从

1967 年到 20 世纪 80 年代早期，评估模式以判断为主。评估者不再简单地测量和描述政策效果，而是根据调查、实验并结合自身的经验进行判断，从而影响决策制定和政策调整。总的来讲，前三阶段的评估模式偏重于定量研究，并且趋于管理导向，缺乏对统治阶级以外群体利益的关注。Guba 和 Lincoln 提出的第四阶段的评估模式开始运用定性研究的方法，认为评估不能仅注重技术精良和方法严谨，更要具有实用价值；同时，评估者意识到价值的多元性，逐步关注政策对不同利益相关者的影响。

Rebien（1996）基于 Shadish（1991）等人的理论，认为政策评估活动经历了三个主要阶段。在第一阶段，自然科学的研究方法被引入社会科学，政策评估往往是定量化的，目的在于解决社会问题，评估者也会参与决策制定和调整。在这一阶段，人们假设政策干预可以随时调整并立即生效，因此认为评估的结果会直接影响实践。到第二阶段，人们认识到变革不是一朝一夕的事情，评估者也难以影响决策制定，因此评估成功的关键在于其结果能否被采用。为此评估活动邀请更多的相关者参与以便增加评估结果的使用率。第三阶段综合了前面两阶段的特点，既承认社会变革是逐步产生的，又认定评估将在长期的变革与政府干预中扮演重要角色。它强调评估的系统性和全面性，认为政策评估应该综合评估者的经验判断和相关者的感知，评估结果则既可以改进现有政策也可以增进学习以促进将来的决策制定。

具体的政策评估模式多种多样，并且还没有统一的分类标准，比较有代表性的是 Vedung（1997）的分类，如图 1-1 所示。

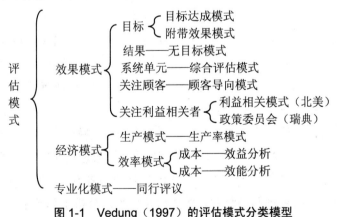

图 1-1 Vedung（1997）的评估模式分类模型

现有政策评估模式大体可以概括为对比分析、同行评议和综合评估三类。对比分析模式涵盖的范围比较广，既包括政策实施前后的情形对比、是否施行该政策的效果对比，又包括实施该政策的成本—收益对比，以及政策目标与政策效果的对比等。在具体的方法上包括实验法（一种是比较政策实施先后的差异，一种是比较受到政策"刺激"和没受到政策"刺激"对象的不同）、成本效益分析、成本效能分析、目标达成模式等。该类评估模式大多采用定量或半定量的方法，以证明政策效果。同行评议法较多采用定性分析的方法，通过专家的经验判断评价政策效果。综合评估往往采用定性和定量分析相结合的方法，不仅对比政策实施后的指标变化及目的达成情况，也综合评判政策对社会的整体影响，而且不仅站在政策制定者的角度评价政策效果，还会考虑到政策对其他利益相关者的影响。

二、政策评估现有的惯用模式

按照评估的动机，现有的政策评估大体可以分为两类：一类是政府或政策制定部门组织的评估，旨在了解政策的实施效果，为评价当前工作效果或为今后的政策制定提供依据。它可能是政府部门的自评估，也可能是请学者和专业机构进行的评估。另一类是学者或其他人士出于研究目的而进行的评估活动，旨在总结相关规律或完善相关理论等。目前第一类评估较为普遍。

OECD（经济合作与发展组织）国家大多对所制定的政策进行评估，也发布了众多的评估报告。世界银行和亚洲开发银行等国际组织也都设有运行评估部（Operations Evaluation Department）之类的部门，以便对其所颁布的援助发展中国家的政策和资助项目进行评估，并且发布了一系列评估标准和评估报告。这些评估大多以对比分析为主，采用定量分析的方法，通过对项目实施前后经济指标的比较来判断相关政策的效果。也有一些列出了评价指标体系，按照指标打分进行政策评价。我国的政策评估大多采用建立指标体系的方式，其中部分指标通过调查和统计数据得到，另一些不易获得实际数据的指标则采取专家打分的方式。

与政府和机构组织的评估相比，个人进行的评估研究模式更为多样化。有些评估者通过定性的方式描述政策影响以评估其效果；有些评估者通过实验或准实验的方式比较政策的效果；也有一些评估者采用了较具创造性的评估者方法，如 Ewald 和 Gerhard（2006）用系统模式对奥地利的林业政策进行了评估，分析了系统中不同主体的作用。但与理论研究相比，实际评估中采用的模式较为单调，且受到数据等的限制，很多评估无法按照既定模式进行。

第三节 政策评估的模型与方法

一、政策评估的模型

瑞典学者 Vedung 在其专著 Public Policy and Program Evaluation（1997）中归纳出了 10 种政策评估模型（如图 1-2 所示）。

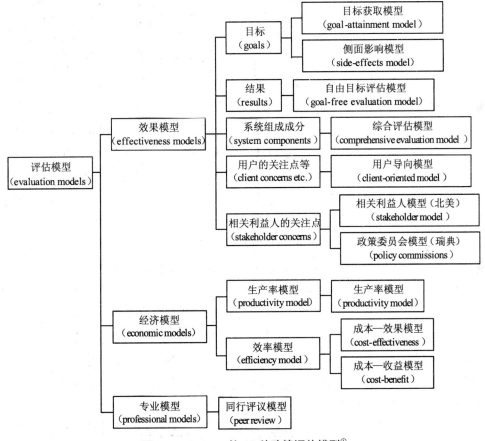

图 1-2 Vedung 的 10 种政策评估模型[①]

---

① 王瑞祥. 政策评估的理论、模型与方法. 预测，2003（3）.

其中的同行评议模型适用于专业性非常强的某些具体政策，这类政策评估必须根据专家的意见制定特殊的评估标准，而不能简单地套用一般的评估准则，这样的政策评估工作往往要由同行专家来进行。一般的政策评估都应征询专家的意见，不过在制定评估标准时只将其作为参考。

余下的九种模型归为两大类。需要考虑政策的经济效率，即进行投入（政策成本）和产出（政策效果）分析的属于经济模型（具体又可以分成三类）；而效果模型只将政策实施后产生的实际效果作为评估标准。

依据出发点不同，可以将对政策实施效果进行的评估分为两个体系：基于目标的评估和基于需求的评估。前者是从政策制定者的角度来考虑问题，包括目标获取模型、侧面影响模型、自由目标评估模型和综合评估模型；后者则是基于需求的评估，包括用户向导模型、相关利益人模型和政策委员会模型。

在基于目标的四种模型中，目标获取模型将政策目标作为评估时所持的唯一标准。Vedung 认为，这种评估方法需要做两个判断：一是政策或计划是否在目标领域内取得了预期的结果；二是所观察到的结果是否是该政策作用的产物。目标获取模型可以说是一种最简单、最直观的政策评估模型。但这个模型只将政策实施后在目标领域内取得的结果作为评估对象，而实际上政策的外部效应是很强的，政策评估者如果要客观、全面地评估一项政策，就必须将这些外部结果都纳入考察范围，包括"非预期的侧面影响"。对于这些预料之外的结果，有些是难以评估的，Vedung 建议将可以评估的给予评估，而将难以评估的"侧面影响"列举出来，留给决策者（或其他用户）自行考虑。侧面影响模型将政策效应划分为若干层次，有意突出了目标领域内的政策效应，有一定偏见，为了消除这一缺陷，有人提出了自由目标评估模型，让评估者在没有任何目标约束的条件下开展评估，全面考察政策实施带来的方方面面的影响，不论它们是预期的，还是非预期的。该三种模型只将政策实施的最终结果作为评估对象。但如果将政策的制定、实施和成果三个阶段都纳入评估范围，就是 Vedung 所归纳的"综合评估模型"。其优点在于将政策的制定和实施过程都纳入评估范畴，从阶段上较完整地对政策进行评估。

用户向导模型着眼于政策接受者或者称作"政策用户"的目标、需求、关注点等进行评估，在西方国家的公共政策评估中得到了广泛应用。相关利益人是对政策用户的发展，除了政策作用对象外，还包括政策决策者、实施者以及其他相关人员。在瑞典，由相关利益人组成特别政策委员会，对他们所关心的政策自行评估；在北美，则由评估专家做评估，相关利益人仅是采访或咨询对象。"相关利益人模型"不局限于既定的政策目标，而是综合考察政策制定、实施过程中涉及的各种因素，并且将相关利益人各方面的意见都反映到评估报告之中，对政策制定方有较全面的反馈。其缺陷是很难将方方面面的意见收集齐全，此外，目前国内外也没有对"相关利益人"给出明确的界定。因此，相关各方不可避免存在过分强调自己利益的倾向，导致得到一些矛盾的反馈意见。

二、政策评估的具体方法

评估模型建立后，需要选择具体的操作方法。目前常用的政策评估方法包括定性方法和定量方法。常用的定性分析方法有同行评估、问卷调查、访谈及案例研究等；定量分析方法有数据统计分析、投入—产出分析、多目标综合评估法等。由于各种分析方法都有一定的适用性和互补性，在实践中一般是根据具体情况选择一种主要的分析方法，同时结合其他分析方法进行综合评估。

（1）专家评议法。有几种不同做法：专家会议法，即组织专家面对面交流，通过讨论形成评估结果；Delphi 法，即征询专家，用信笺背靠背评估、汇总、收敛等。专家评议的优点是操作简单，可以利用专家的知识，结论易于使用。缺点是主观性比较强，多人评估时结论难收敛。一般用于定性分析。

（2）前后对比分析法。通过比较分析政策作用对象在政策执行前后的变化状况，来判断政策效果。前后对比分析法可细分为四种，即简单前后对比分析法、"投射—实施后"对比分析法、有无对比分析法和控制对象—实验对象对比分析法。由于政策作用对象的变化不仅与被评估的政策有关，还往往与其他因素相关，因而致使被评估政策的效果难以从政策作用对象的变化中分离出来，这就大大降低了政策评估的准确性。

（3）个案研究分析方法。个案研究分析方法也是定性分析法中经常用到的政策评估方法，一般选取受政策影响的典型性案例，通过对案例进行详细调查分析，找出该案例受政策影响情况，具体评述其对政策的反应，然后由个体推广到一般情况，找出政策的优缺点，提出改进建议。

（4）成本—收益分析方法。测定政策的收益和成本及其比较是成本—收益分析方法评估政策效果的核心。政策成本包括政策制定费用、执行费用、新旧政策交替过程中造成的效益损失和社会浪费，政策效益则包括政策目标效益和非政策目标效益。由于对政策成本和收益的测度一般比较困难，该方法仅适用于政策执行过程简单且涉及面较小的情况。

（5）多目标综合评估法。多目标综合评估法是一种能够对政策效应进行多目标的定性分析和定量评估的方法。运用该方法进行政策评估的步骤主要包括选择评估目标、确定评估标准和指标、确定指标的权重、构建综合评估模型等。确定评估指标及权重是该方法的关键。由于该方法充分考虑了政策效果的系统性和层次性，并且能够随着系统结构的变化而较方便地增减指标类和指标项，使得多目标综合评估法具有较好的适应性，目前在实际中应用较多。

第四节　政策评估的评判标准与方法标准

一、政策评估的一般标准

评估标准的选取直接影响评估结果，同时也反映了评估者的价值取向，但更多考虑的是指标的系统性、客观性和数据的可得性。

美国政治学家 P.狄辛将人类社会所追求的五种理性作为政策评估的一般标准：一是技术理性，即政策是否对社会产生效用而解决人类所面临的科学技术问题；二是经济理性，即政策是否对社会有效益，以最低的成本提供最大的效益，或者提供固定的效益而消耗最低成本；三是法律理性，即评定政策是否符合成文的法律规范和各项先例，以探讨政策在社会上的合法性问题；四是社会理性，即断定政策的内容是否与社会上流行的规范与价值一致，分析政策在维持社会制度中所做出的贡献；五是实质理性，即政策是否追求前述四种理性中的两种或两种以上内容，以及能否解决各项理性之间的冲突问题。威廉·邓恩在其著作《公共政策分析导论》中，将政策评估标准分为六类，即效果、效率、充足性、公平性、回应性和适当性。

国内学者将政策评估标准概括为以下八种：一是工作量，即在政策执行过程中资源投入的质量及分配状况；二是绩效，即政策的实际产出是否达到了预期的结果；三是效率，即工作量与绩效之间的比例；四是充分性，即政策目标实现后所能消除政策问题的程度；五是公平性，即政策成本与利益在不同集团中分配的公平程度；六是适当性，即政策的各项目标在现实社会生活中的重要性以及确定目标的各项假设的可靠性；七是执行力，即探求影响政策成败的原因，进而导致因果模型的构建；八是社会发展总体指标，即通过对政策执行前后社会发展总体状况的变动的描述和分析，衡量政策给社会带来了什么影响，造成了什么后果。国内学者陈振明认为，一般而言政策评估有生产力标准、效益标准、效率标准、公正标准和政策回应度五个标准。表 1-1 是国内外学者对政策评估标准的相关研究。

表 1-1　国内外政策评估标准的相关研究

国外相关研究		国内相关研究	
E.A. Suchman（1967）	绩效充分性、投入、绩效、效率、过程	陈振明	生产力标准、效益标准、效率标准、公正标准和政策回应度
E. J. Bennet（1979）	投入、影响、质量、效率、效果	孙光（1998）	政策投入、政策效益、政策效率和政策回应程度
Nakamura & Smallowd（1980）	目标实现程度、效率、民众满意度、回应性、系统的维持	郭峰（2005）	政策制定：合理性、科学性、完整性、必要性、有效性 政策实施：政策认同度、实施主体能力、执行对象能力、监督机制 政策效果：预定目标的实现程度
William Dunn（1994）	效果、效率、充足性、公平性、回应性和适当性	綦良群（2005）	效果、效率、效应
Vedung（1997）	效果、产出、效率	管书华（2004）	政策制定：科学性、合理性、协调性、合法性 政策效果：效率
		韩萍（2005）	政策效果：既定目标的实现程度、效应、政策对象的看法和意见

从表 1-1 中可以看出，国内外学者对政策评估的标准的看法不尽相同，但都对效果标准、效率和效应标准予以了充分关注。相应的指标体系可参考表 1-2。

表 1-2　政策评估指标设计主要考虑的问题

评 估 阶 段	评 估 标 准	评 估 指 标
政策制定	合理性	目标设置是否合理
	完备性	内容是否完整、与其他相关政策是否冲突
	科学性	制定程序是否科学、采用的方法及手段是否科学
		对政策对象的了解程度

评 估 阶 段	评 估 标 准	评 估 指 标
政策执行	有效性	执行力度、政策作用对象的认同感及回应度
	合理性	执行机构的权限、监督机制的设置
	科学性	执行的手段是否科学
政策效果	效果	既定目标的实现程度、政策对象的满意度
	效应	对相关政策目标的作用

二、政策评估方法适当性的评判标准

政策评估是对政策设计、执行、效果和成败原因进行的系统分析和评判，目的在于完善该项政策，并为新的相关政策的制定提供借鉴。因此一个好的政策评估应该利用恰当的标准，选用客观、充分的证据，系统地分析和评判政策的效果和产生该效果的原因，并给出清晰、可靠的结论及有效的政策建议。选择评估模式时应该确保上述政策评估的目的可以实现。多边开发银行评估合作组织认为，好的评估模式应该满足评估标准中肯、能够有效执行、评估目标明确且通过所选方法可以实现该目标等条件。Nagel（2002）认为，好的评估模式应该有效、有用、有新意并且可行。Matthijs 和 Cees（1999）提出的模式选择标准包括有效性、可行性和普遍适用性。此外，透明度、可测量性、明确每个参与者的责任和义务等同样被认为是政策评估模式选择时所需考虑的因素。基于对现有政策评估实例的分析，本书作者认为，除了有效性、可行性、充分性等被学者们广泛提到的评估标准外，选择评估模式时还应该考虑以下因素。

1. 适用性

被选择的评估模式首先要满足适用性原则。政策评估既是一门科学，也是一门艺术（Sanderson，2000）。没有两个评估面对的是完全一样的政策和相关背景，所以不存在通用的、万能的评估模式和方法。正如 Rossi 和 Freeman（1999）所指出的，一个好的政策评估必须适合它所处的环境，针对评估要达到的目的给出可信和有用的分析和解释。因此，评估者需要根据实际情况去选择与评估目标相匹配的方法（Clarke，1999；OECD）。此外，选择时还必须考虑到模式的条件适用性，即在该评估的各项条件约束下该模式是否适用。时间、预算、伦理问题等都是模式选择时不可忽略的因素（Pitcher，2002），有些模式虽然适用于要评估的政策和目的，但可能在现有的条件约束下难以完成。

2. 系统性

复杂性是政策的一大特征，政策环境、政策问题、解决方案、利益相关者及其之间的关系等都越来越复杂。同时，政策之间往往有着紧密的关联，即便是独立的政策也可能是由不同的管理部分共同制定的，因此不能简单地把政策看成一个个独立体。不仅要以系统的观点来看待政策，而且政策评估也应该是系统性的思考。Pitcher（2002）也提出，"与多项实证评估的叠加相比，一套系统方案能够促成更全面的判断"。政策评估应该系统考查政策实施的整体效果，综合分析对社会和各类利益者相关者的影响，不仅要注重评价政策的预期效果，也要衡量非预期影响；不仅要考虑到政策对目标群体的影响，还要考虑到对非目标群体的影响。同时，应该以系统的方式、全局的眼光，综合分析上述政策效果和影响，权衡政策的利弊得失，以便做出科学的判断，为后续政策制定提供借鉴。

3. 适当的价值导向

价值导向问题也是评估模式选择时不可忽略的重要因素。评估者在设计和执行政策评估活动时不可避免地带有评估者的价值倾向（Laura，1999），而这种价值导向将影响到评估的效果和政策建议的提出。因此，评估者在设计评估方案和选择评估模式时，需要考虑自己代表谁的利益，使谁的价值最大化（Rossi、Freeman，1999），怎样平衡不同相关者的利益，怎样使评估结果更加有效。并且自上而下的政策评估往往是为了强化已有政策和管理体系（Kettunen，1994），为现有政策和管理的存在提供理论上的"依据"（Kogan，1999）。为此，评估者更需要在必要时站出来代表社会公众的利益（Anders，2001），并且尽量专注于其根本目的，避免与管理者的联系过于紧密，成为证明"现有政策和管理是卓越而有效"的工具（Kogan，1999）。

4. 与利益相关者的沟通

各类利益相关者参与评估的广度和深度，以及评估结果是否会被采用、将被谁使用等都将影响到评估的效果。参与评估的相关者类别越多、参与程度越高，评估所获得的信息越全面，越有可能比较客观、系统地评价所评估的政策。已有很多学者建议让不同的相关者参与到评估过程中，以获得充足的信息和数据（Reese、Fasenfest，1999；Pitcher，2002）。同时，设计评估模式时也不能忽略政策制定者的意见，评估结果能否被政策制定者所采纳是实现评估价值的关键。因此，所选择的评估模式应该充分考虑到相关者在评估中的重要作用，在评估中要保持与各类相关者之间充分、必要的沟通，以便获得更全面、准确的信息，做出更系统的评判，并给出有效、可被关注的评估结果和政策建议。

5. 简洁易行

政策评估的具体模式应尽量简单、易于操作。受信息采集、评估者能力、时间和资源等多种因素限制，复杂的评估模式在实际操作中容易产生误差，这就会影响评估结果的准确性和有效性。再者，如果获得的数据和信息不符合实际，再精确的处理方法也难以做出客观的评判。因此，选择政策评估时应该尽量选取简洁易行的模式。此外，政策目标越复杂，具体方法对评估的影响也越明显，评估者越需要想办法将复杂的政策过程简化，以便于理解相关问题并做出评判（Lang，2001）。

第二章 以市场换技术的政策评估

本章导读[①]

　　我国明确实施"以市场换技术"的战略和政策已近二十年，我们需要对该战略与政策进行客观的评估，但以往国内对该战略和政策缺少较为系统的评估。对该战略和政策进行客观的评估有助于政府完善相关政策，有助于我国政策评估理论的发展。本章相关研究涉及我国汽车、发电机、程控交换机、手机、计算机等五个行业，回顾了"以市场换技术"战略与政策提出的历史背景和具体政策内容；分析了我国五个行业"以市场换技术"的具体情况以及实施该战略与政策的利弊得失；讨论了该战略与政策对五个行业产生的正、负面影响及其成因；为政府政策调整和企业技术战略调整提出了相应的建议。

[①] 本案例于 2007 年完成，不免带有当时的痕迹，望读者见谅。

第一节 以市场换技术的政策评估的目的与方法

一、研究与评估的目的

改革开放以来，为改变我国多数行业技术落后的局面，我国政府推出了"以市场换技术"的重大战略与政策。所谓"以市场换技术"，即以允许外商在我国大量销售其产品、在我国工程招标中中标、在我国独资或合资设厂为代价，力求为我国资本企业换取国外的先进技术[①]。

我国明确实施"以市场换技术"战略和政策已近二十年，如今外商在我国日化、汽车、机械制造、IT通信、生物医药等几乎所有领域都有涉足，市场份额仍有不断提高之势。但我国企业究竟获得了多少技术，特别是核心技术？"以市场换技术"政策是否起到了预期的效果？其中有哪些经验与教训？本项研究正是针对"以市场换技术"战略和政策的实施效果而展开的，希望对我国若干行业"以市场换技术"的情况予以分析和评价，进而探讨其成败得失及经验教训。

本章案例涉及汽车、发电机、程控交换机、手机、计算机等五个行业，以期为政府调整和完善相关政策提供依据，并为重大经济及科技政策评估提供方法论方面的参考。

二、研究与评估的意义

1. 对"以市场换技术"战略和政策需要进行客观评价

我国实施"以市场换技术"战略和政策以来，关于此项战略和政策是否应该继续执行的争论一直没有停止过。业界、学界和管理部门普遍认为，改革开放后，国外品牌和产品逐步进入中国市场，合资、独资企业不断增加，并在一些行业占据了很大的市场份额；但就国内企业是否换来了技术，则是仁者见仁，智者见智，各方观点相差

[①] 需要说明的是，"以市场换技术"既是一种战略，也是一种政策；另外，改革开放后我国是这样做的，但在文字上却不曾见到哪份政府文件或哪位领导的讲话关于这一战略和政策的明确界定与具体描述。

甚远。持支持态度的学者提出,技术引进比自行研发成本低,且可为自主创新积累经验(汪前元等,2005),可以节省时间、提高效率(马宇,2006)。而持否定态度的学者则认为,我国出让了市场却没有换来技术,这可以通过对技术进步和经济发展两方面的评估来审视。在技术方面,"以市场换技术"战略和政策实施二十多年来,我国技术进步速度低于 GDP 增长速度(曹建海,2005);外资企业的技术转移只是边缘性技术扩散(汪前元,2004),我国企业仍没有成为创新的主体,技术依赖现象十分严重(时间等,2000)。在经济和产业发展方面,外资企业在我国的市场垄断地位日益增强(董书礼,2004);该政策实施后,国内企业盈利机会减少,不少内资企业甚至被挤出市场,使得国内技术的需求减少(郑治国等,1996);我国产品的国际竞争力没有大的提高(曾繁华,2000)。近年来,更有不少学者和企业界人士从根本上对"以市场换技术"战略和政策产生了怀疑,认为这一政策的提出和实施不具科学性。基于这样的现实状况,对这一政策的利弊得失进行系统研究就具有十分重要的意义。这不仅是对已有政策的总结,更可以为日后相关决策和政策设计提供有益的借鉴。

2. 以往对"以市场换技术"战略和政策缺少系统的评估

截至目前,已有不少学界、企业界和政府人士对"以市场换技术"的战略和政策给出了多种评价。但客观地看,无论是肯定还是质疑,目前各界对"以市场换技术"战略和政策的评价尚不具备系统性,且缺乏实证研究。现有的判断依据主要是对个别行业的直观印象或小样本的调查。如果假设"政策效果不佳"是成立的,但究竟是政策目标设计得不当所致,政策机制设计存在缺陷,还是因为政策执行中发生了扭曲,抑或是某些行业本身的特点所致,现有研究并没有给出多少十分有说服力的回答。为此,目前极有必要通过对若干行业的调查,对这一政策进行系统的分析和有效的评估,即便这种调查是十分有限的。

3. 对"以市场换技术"战略和政策进行评估有助于政府完善相关政策

"以市场换技术"作为国家的一项重大战略和政策实施了二十余年,对该政策的实施效果进行系统分析,剖析其奏效或效果不佳的深层次原因,相应提出政策调整的可能方向,这不仅有助于政府调整、完善相关政策,也可为政府相关部门制定和修改其他社会、经济政策提供可借鉴的佐证。因为对改革开放若干年来政府制定的其他某些政策,目前也存在这样那样的争论。

4. 对"以市场换技术"战略和政策进行评估有助于政策评估理论的发展

在发达国家，政策评估已有相当长时间的历史。政府在推出和实施某一重大政策的前、中、后期，都会组织相应的政策评估。"前期评估"是为政府制定或实施政策提供依据；"中期评估"是为政府调整政策提供依据；"后期评估"是为政策调整及制定新的政策提供依据。其结果一方面为政府制定、实施、完善相应政策提供了客观依据；另一方面推动学术界建立了"政策评估的理论与方法"。

但在我国，由于政府缺少对政策评估的需求，结果一是导致政府的政策制定、实施、调整缺少客观的实证研究依据；二是导致关于"政策评估理论与方法"的研究在我国刚刚起步，时至目前，尽管不少学者和政策研究机构曾对改革开放以来的某些政策进行过评估，但我国还没有建立起系统、科学的政策评估的理论与方法；三是学术界没有建立系统、科学的政策评估的理论与方法。这就形成了恶性循环，一方面，学术界难以对政府某些政策给出客观的评估；另一方面，政府对于学术界关于某些政策的"评头论足"也就无法给予足够的重视和采纳。

"以市场换技术"战略和政策涉及外资、外贸、产业、科技、国家安全等多领域的政府政策，对该政策进行评估需要多领域的知识和信息，需要对不同行业开展典型案例研究和大样本的调查。如能对其进行科学、有效的评估，并进一步探讨政策设计、制定、执行和评价的方式和影响因素等相关问题，必将对积累政策研究经验，完善和丰富"科技政策学"、"经济政策学"及"技术经济学"的知识体系，特别是对丰富"政策评估理论与方法"等具有重要的学科发展意义。

三、研究与评估的方法

本项研究借助多种渠道、综合采用多种研究方法，力求对"以市场换技术"的战略和政策做出客观、公正的评估。所采用的方法主要是文献研究、产品技术树分析、案例调研及问卷调查。

1. 文献研究

通过网络、数据资料库和图书资源，课题组搜集、整理了大量对"以市场换技术"战略和政策进行分析和评估的文章，总结了学者、业界人士和政府官员对该项技术的看法和评价。前人的这些研究对课题组进行本项研究具有一定的启发。同时，本书作者广泛阅读了"政策评估方法"方面的文章和书籍，希望在已有评估方法的基础上，设计、选择适当的方法对"以市场换技术"政策进行有效的评价。

2. 产品技术树分析

在学习相关领域技术知识和向行业专家请教学习的基础上，我们对五个行业的典型产品分别进行了产品技术树分析，并分别勾画了它们的产品技术树，以此作为案例调研和问卷设计及调查的基础。这是本项研究有别于国内同类研究的重要特点。据此进行案例调研和问卷设计及调查，我们才能真正搞清实施"以市场换技术"战略和政策过程中，我们在五个行业中分别换得了哪些技术，没有换得哪些技术，不同获取方式的差异何在。

3. 案例调研

为了充分了解"以市场换技术"战略和政策的实施情况，在勾画出五个行业中各行业的主导产品的技术树的基础上，我们分别深入到汽车、发电机、程控交换机、手机、计算机等五个行业的典型企业，与企业技术人员、管理者等进行了深入的访谈。增进了对企业技术引进、学习、创新过程和政府对企业引导、规制情况的了解，这对于分析"以市场换技术"的政策效果，总结影响该政策效果的因素有着十分重要的意义。

4. 问卷调查

在分析"以市场换技术"战略和政策的实施效果及具体技术换取情况时，我们通过一定量的问卷调查，了解了汽车、发电机、程控交换机、手机、计算机等五个行业的技术来源和技术获取情况，利用第一手数据分析了"以市场换技术"的政策实施效果及政策实施中的具体代价和收益情况。

第二节 以市场换技术的政策来源与内容

一、政策背景

20世纪70年代末，我国开始了改革开放，党的工作重心转向了经济建设。但由于我国工业基础薄弱，尤其缺乏资金和先进的技术经验，很多行业尚不具备满足人民群众日益增长的物质需求的技术能力及生产能力。在直接购买国外技术效果不甚理想的情况下，政府出台了"以市场换技术"的战略与政策，希望以巨大的中国市场作为"诱饵"，吸引外商向中国本土资本企业转让先进技术，或是在中国投资，带来并扩散先进的技术，进而从整体上提高我国本土资本企业的技术能力。

在当时的环境下，采用合资、合作或外包生产等方式的原因主要有两点：第一，本土资本企业不具备相应产品或产品模块的生产能力，需要借助"外力"才能生产符合市场需求的产品，或实现最初的产品设计，因此需要与其他具备相应技术及生产能力的国外企业合作。此类情形又可分为"技术匮乏"和"产能不足"两种情况。第二，出于经济利益考虑的合作或外购。为了追求"规模经济"和"比较优势"，所有生产环节都在同一企业内进行并不是最优选择，因此一些企业将不具备比较优势的生产环节外包，以求降低成本、提高效率。

二、政策演变

我国历来重视技术引进。早在《1963—1972 年科学技术发展规划纲要》中，我国政府即明确指出，要加强国际科技合作与交流；积极参加国际上的重要学术活动；组织有经验的科学技术专家出国访问考察；派遣留学生、实习生；购买国外专利和先进仪器设备等。在《1978—1985 年全国科学技术发展规划纲要（草案）》中，又提出要研究和消化引进的国外先进技术；聘请外国专家来华工作；加强国际科技合作和技术交流。

改革开放后，中央政府对于技术引进有了更加明确的目标。1979 年颁布的《中华人民共和国中外合资经营企业法》中明确指出，"外国合营者作为投资的技术和设备，必须确实是适合我国需要的先进技术和设备"；"具有世界先进技术水平的合营企业开始获利的头两年至三年可申请减免所得税"。故当时最为普遍的做法就是采用补偿贸易形式，或者直接付费的方式，从国外引进设备和技术，在国内生产产品。

其后，1984 年成了中国名副其实的"引进年"。在大量进口汽车，大量引进彩电、冰箱生产线的同时，各科研、制造单位和大专院校也大量引进半导体器件等的生产线。从 1984 年到"七五"末期，仅集成电路生产线我国就先后引进了 33 条；按每条线花费 300～600 万美元计算，这 33 条生产线共花去 9 900～19 800 万美元。然而，这一批高价引进的技术和设备，基本上都是发达国家淘汰的技术设备，其中只有 1/3 可以开动，而引进企业也很少有明确的消化吸收方案，因此无法满足当时中国对先进技术的需求。到 20 世纪 80 年代末期，这批技术和设备还在中方运营的已经寥寥无几，其他的不是当废铁卖了，就是承包给当初的技术和设备提供方经营了。

继而，《中华人民共和国科学技术发展十年规划和"八五"计划纲要》（1991—2000）在"坚持对外开放，积极推进国际科技合作"这一部分，特别提到"技术引进要与国内科技工作和技术贸易结合起来，注重软件和关键生产技术的引进，做好技术、资金、设备、管理、人才和市场的协调配合"。同时，该文件也提出要"发展技经、技贸密切结合的国际合作机制，充分利用高新技术产业开发区，吸引国外技术、资金和人才在国内兴办独资或合资科研机构和科技型企业"。

1992 年初邓小平同志南巡，提出了"三个有利于"的标准，扫除了发展市场经济的意识形态障碍，激发了全国各地发展经济的空前热情。当年，全国新批合同外资金额超过前 13 年的总和。与改革开放初期的境外投资者（以港、台投资者为主）不同，这一轮外商直接投资以欧美跨国公司为主，它们深受中国巨大市场潜力的鼓舞，大举进入中国市场。这意味着，政府最终明确提出了"以市场换技术"战略和政策，允许外商进入中国市场，但要求他们带来先进的技术。随之带来的变化是，将引进先进技术作为吸引外资的核心，外资战略转向以吸引技术和知识密集型的大公司投资为主；对需要引进的技术，进一步明确为"国外先进资本、先进技术以及先进管理经验"。

随着 1992 年以来中国"以市场换技术"战略和政策的明确，我国的市场开放程度不断提高，1992—1997 年跨国公司对华投资大量增加，促进了中国经济高速增长的势头不减。

三、政策要点

20 世纪八九十年代，中国经济管理学术界普遍认为，在国际直接投资方式下，东道国可以从三个方面获得技术。首先，跨国公司为追求利润最大化，会将先进技术转移给东道国的分支机构；其次，外国直接投资可能会将技术转移给东道国独立的分包商；最后，外国直接投资还会产生技术溢出效应，从而提高东道国生产相似产品的竞争力，乃至提升东道国整个产业的技术水平。于是，中方在与外资谈判中目的非常明确：一是对方要有先进的技术和生产工艺；二是对方要有雄厚的实力和良好的合作信誉；三是对方不仅要转让整体的组装技术，还必须转让零部件技术；四是对方带来的产品必须是适用的和最新款（最起码是次新款）的产品。尽管此后"以市场换技术"又经过几次调整，但万变不离其宗，上述思路一直是其后 10 年间中国"以市场换技术"战略的主脉络，这实际上给合资公司的双方界定了一种竞争关系，外方看重的是中国的广阔市场，中方企业要的是外方的先进技术，谁能成为最后的赢家，就要看谁学得更快些。

1. 外资与外贸政策

"以市场换技术"的战略和政策，在我国的外资及外贸政策上均有所体现，具体表现为：

（1）鼓励外商投资的优惠政策

根据《外商投资企业和外国企业所得税法》（1991），外资企业可以享受以下所得税优惠：外商投资企业的企业所得税税率为 30%；地方所得税，按应纳税的所得额计算（税率为 3%）；生产性外商投资企业，经营期在十年以上的，从开始获利的年度起，第一年和第二年免征企业所得税，第三年至第五年减半征收企业所得税（石油、天然气、稀有金属、贵重金属等资源开采项目另行规定）。外商投资企业实际经营期不满十年的，应当补缴已免征、减征的企业所得税税款。

相关政策还规定：外商投资企业的外国投资者，将从企业取得的利润直接再投资于该企业，增加注册资本，或者作为资本投资开办其他外商投资企业，经营期不少于五年的，退还其再投资部分已缴纳所得税的 40%税款。由外国投资者持有 100%股份的投资公司，将其从外商投资企业分回的利润（股息）在中国境内直接再投资，也可享受再投资退税优惠。此外，外国投资者从外商投资企业取得的利润，免征所得税。

（2）对先进技术企业的额外优惠

为改善"以市场换技术"的政策效果，我国政府对从事高新技术产业或带来先进技术的外商投资企业，除了给予外商投资企业以一般性政策优惠外，还有额外的政策优惠。例如，在部分经济技术开发区的外资企业可以享受 15%的公司所得税（同期国内企业税率为 33%）；对于投资高新技术行业，或者出口产品占全部产品 70%以上的外资企业，在上述政策到期后的 3 年里，可继续享受减半征收公司所得税的优惠。

如果外商投资企业的外国投资者直接再投资兴办、扩建产品出口企业或者先进技术企业的，还全部退还其再投资部分已缴纳的企业所得税税款。

对已设立的鼓励类和限制类外商投资企业、外商投资的研发中心、先进技术型和产品出口型外商投资企业的技术改造，在原先批准的生产经营范围内进口国内不能生产或性能不能满足需要的自用设备及其技术、配件、备件，可按有关规定免征进口关税和进口环节税（《国务院办公厅转发外经贸部等部门关于当前进一步鼓励外商投资意见的通知》，1999）。

此外，外商投资建设研发中心，总额内进口自用设备及其配套的技术、配件、备件（不包括《外商投资项目不予免税的进口商品目录》中的商品和船舶、飞机、特种车辆、施工机械），且限于不构成生产规模的实验室或中试范畴的，免征进口关税和进口环节税（《对外贸易经济合作部关于外商投资设立研发中心有关问题的通知》，2000）。

（3）设定鼓励及限制外商投资产业目录

我国政府定期颁布《外商投资产业指导目录》，列举鼓励或限制外商投资的项目。例如，1995年的目录显示：鼓励外商投资非金属制品模具设计、加工、制造，无汞碱锰电池、锂离子电池、氢镍电池；高仿真化纤面料；异步转移模式（ATM）交换机设备制造；20万吨以上短流程和50万吨以上钢铁联合生产线；离子膜烧碱及新的有机氯系列产品；精密、高效、大型数控机床及功能部件制造；汽车关键零部件制造；大规模集成电路生产；可兼容数字电视、高清晰度电视；采用生物工程技术生产的新型药物等产业。禁止外商投资于我国稀有的珍贵优良品种（包括种植业、畜牧业、水产业中的优良基因）；绿茶及特种茶（名茶、黑茶等）加工；宣纸、墨锭；放射性矿产的采、选、冶炼加工；硼镁石开采及加工；列入国家保护资源的中药材（麝香、甘草、杜仲、厚朴）等产业。另外，根据客观情况的变化，这一目录是与时俱进、定期变更的。

（4）限制性条款

一方面，我国政府给予了外商投资企业很多政策优惠；另一方面，又在某些方面对外资企业进行了一定限制，且这些限制性措施往往义是给予其他优惠待遇的前提条件。这些限制措施主要包括当地含量要求、贸易平衡要求、外汇平衡要求、国内销售要求、技术转让要求、汇款限制要求以及当地股份比例要求等。例如，《中华人民共和国外资企业法》2000年底修改前就曾明确规定：设立外资企业，必须采用先进的技术和设备，产品全部出口或大部分出口。

在外贸政策方面，我国政府也有鼓励进口先进、适用技术等方面的政策或法规出台。例如，《中华人民共和国技术进出口管理条例》中就明确规定，国家鼓励进口先进、适用技术。

2. 行业技术政策

除了外资外贸方面统一的政策或法规之外，我国政府一些主管部门还制定了专门的行业性政策及相应的法律法规，以指导和规范该行业的生产经营活动。

（1）汽车行业

1994 年出台的《汽车工业产业政策》明确指出："国家引导汽车工业企业充分运用国内外资金，努力扩展和开拓国内国际市场"；"国家鼓励并支持汽车工业企业建立自己的产品开发和科研机构，通过消化吸收国外技术，形成独立的产品开发能力"；"国家鼓励汽车工业企业与外国企业合资、合作建立技术研究开发公司"；"国家鼓励汽车工业企业利用外资发展我国的汽车工业"。为此，该政策提出了股权比例限制、国产化率要求、合作的技术条件、外汇平衡、贸易平衡等一系列规定，以求促进跨国公司的技术向我国国内合作方以及上下游配套企业转移和扩散，希望最终达到"以市场换技术"的初衷。

为了保证让出市场后可以换来技术，该政策提出了对引进的技术及其转让的明确要求。例如，该政策第三十一条规定，"中外合资、合作的汽车工业生产企业，必须同时满足下列条件方可建立：一是企业内部建立技术研究开发机构。该机构具备换代产品的主要开发能力。二是生产具有国际 20 世纪 90 年代技术水平的产品。三是合资企业应以本企业生产的产品出口为主要途径，自行解决外汇平衡。四是合资企业在选用零部件时，国产零部件应同等优先"。该政策第四十二条规定，"汽车工业企业在引进产品制造技术后，必须进行产品国产化工作。引进技术产品的国产化进度，作为国家支持其发展第二车型的条件之一"。该政策第四十三条规定，"汽车工业企业不得以半散件（SKD）和全散件（CKD）方式进口散件组装生产"。此外，该政策第四十四条提出，"国家根据汽车工业产品的国产化率，制定进口关税的优惠税率"；规定"外国投资的整车国产化率必须至少达到 40%，才能享受关税减免待遇"。

为了保证中方在合资企业和汽车行业中的控制力，该《汽车工业产业政策》规定，合资、合作企业的中方所占股比不得低于 50%，外国（或地区）企业同一类整车产品不得在中国建立两家以上的合资或合作企业。

国家颁布的《外商投资产业指导目录》中也有一些与汽车行业有关的内容。例如，1995 年出台的《外商投资产业指导目录》列举的鼓励投资项目包括：汽车关键零部件制造，具体包含制动器总成、驱动桥总成、变速器、转向机、柴油机燃油泵、活塞（含活塞环）气门、液压挺杆、轴瓦、增压器、滤清器（三滤）、铝散热器、膜片离合器、等速万向节、减震器、车用空调系统、安全气囊、座椅调角器、车锁、后视镜、玻璃升降器、组合仪表、电机、灯具及灯泡、专用高强度紧固件、专用轴承等；汽车模具（含冲模、注塑模、模压模等）、夹具（焊装夹具、检验夹具等）制造；汽车用铸锻毛坯件；以及汽车研究中心与设计开发机构。

2001 年后，随着我国加入 WTO，我国原有的产业政策中一些逐步被废除。2004 年国家出台的《汽车产业发展政策》对"以市场换技术"的政策进行了大量调整，转向以"自主创新"为核心的政策思路，提出了"要坚持引进技术和自主开发相结合"的原则。

（2）发电机行业

在发电机行业，我国政府也有一些"以市场换技术"的政策出台，最典型的是三峡工程的技术引进。我国政府主管部门曾专门为三峡工程规定了一整套技术引进的办法，诸如捆绑招标、转让技术、联合设计、合作制造等。基于此，1996 年 6 月，我国向国际上发布了关于三峡左岸机组招标的文件。该文件规定，14 台一次性招标责任方为外商，前 12 台以外商为主，中方参加，中方分包份额的比例按合同总价不低于 25%；后两台机组则以中方为主，要求外商和中方联合设计、合作制造，并向中方转让技术，中方指定哈电和东电两家中方企业为技术接让方。投标前，外商分别与哈电和东电签订技术转让和分包协议，作为投标文件的必要内容，凡不肯转让技术者均无权参加投标。《三峡工程水轮发电机技术转让协议》相关条款明确规定："所转让的软件和技术应是用于三峡发电机上最先进的技术，包括三峡发电机的开发、设计和制造的关键技术，以及联合设计和联合制造中必须提高的软件、图纸和文件"；如果外方不按协议转让技术，外商将失去订单。

（3）程控交换机行业

改革开放初期，邓小平同志提出要把能源、交通和通信等行业作为投资发展的重点。1984年2月，邓小平同志再次指出，先要把交通、通信搞起来，这是经济发展的起点。1984年10月和12月，国务院常务会议和中央书记处分别对邮电发展做出了"六条指示"。两个"六条指示"在很大程度上解除了人们对电信领域引入外资、技术和设备的顾虑，对技术方案的选择、区域发展策略等提出了建设性思路。在此基础上，我国从中央到地方出台了一整套扶持邮电通信行业发展的政策，极大地推动了电信事业的快速发展。

为了扶持民族高技术产业，发展国产局用交换机，国家规定从1995年1月1日起停止使用软货款购买进口交换机。从1995年4月1日起，不再对进口程控交换机提供免税优惠，这一政策大大限制了国外整机的进入，同时也促进了国产交换机的发展。从此，国内自主开发的程控机进入腾飞阶段，其国内市场占有率即由1992年的10.6%上升到1995年的21.7%。

此外，金融部门也出台政策对我国交换机产业的发展提供资金支持。1997年中国人民银行下发了《关于进一步加强和改善对程控电话交换机生产企业的信贷支持和金融服务的通知》银发[1997]473号，明确支持交换机用户运用买方信贷购买国产交换机。中国建设银行还据此制定了《关于开办邮电通信设备买方信贷的通知》（建总函字[1998]247号）和《中国建设银行通信设备买方信贷业务操作规程》（建总发[1999]47号）等文件。

（4）手机制造行业

手机制造行业相关的产业政策主要涉及牌照、技术标准和国家鼓励的技术发展方向等方面。

① 牌照。1998年12月31日，信息产业部和国家计委联合发出了《关于加快移动通信产业发展的若干意见》。该文件提到"严格控制移动通信产品生产项目的立项、审批"，同时"对移动通信产品生产企业严格监管，并将移动电话的生产纳入国家指导性计划，由信息产业部根据市场需求和产业发展需要提出计划，报国家计委列入国家年度指导性生产计划，外经贸部根据上述计划批准生产所需配件及零部件进口，并从严控制移动通信产品（含移动交换机、基站、移动电话）的进口"。这一文件形成了在国内生产手机需要信产部和国家计委批发"牌照"的制度，并沿用至今。"牌照"制度一定程度上限制了外资的进入，减少了手机制造行业竞争的激烈程度，给现有手

机生产商提供了一层保护屏障。但实践中因为政府监管不到位和一些企业的短视，生产牌照出租的现象较为严重，也引发了很多产品质量问题。

② 产品标准。除了国际电联等机构颁布的世界性行业标准外，我国信产部等相关主管部门也时常出台一系列标准及指标，以规范产品质量，实现兼容性等。例如，信息产业部 2006 年 12 月 14 日公布了手机充电器及接口标准，统一了不同品牌、型号的手机充电器，按新标准生产的充电器可通用。这一标准的出台，受到广大手机用户欢迎，也给充电器生产企业带来了新的挑战和商机。

③ 鼓励投资的技术。2003 年科技部与商务部联合制定的《鼓励外商投资高新技术产品目录》明确指出，鼓励外商在我国投资生产手持 GPS 接收机、无线网络终端手持检测设备、3G 移动通信手机等手机相关产品。

（5）计算机行业

20 世纪 80 年代初以来，我国政府采取了一系列支持计算机产业发展的政策。原国务院电子振兴领导小组及电子工业部在 1984 年、1986 年先后提出了计算机行业的发展战略和相应政策。20 世纪 80 年代中期，主管部门采取了重点支持长城公司发展长城系列计算机的政策，并通过生产许可证的发放，管理计算机企业的布点和发展。在"以市场换技术"方面，主要制定了如下政策：

一是税收减免。根据电子部 1986 年提出的电子工业发展战略，国务院明确在"七五"（1986—1990）、"八五"（1991—1995）期间，对计算机、集成电路、软件、程控交换机四种产品实行免征产品税，减半征所得税，可按销售收入的 10%提取研发费，对重大引进工程项目免征进口税。1994 年中国进行财税体制改革后，该税收优惠政策即被取消。

二是逐步放松进口管制。20 世纪 80 年代，中国对计算机及其零配件进口实行进口许可证管理，90 年代初以后基本取消了进口许可证管理，进口税率也有所调减。此外，政府也曾规定计算机产品必须达到一定的国产化率，其后该政策被取消。

三是鼓励外商在中国投资计算机行业。2003 年科技部与商务部联合制定发布的《鼓励外商投资高新技术产品目录》明确指出，鼓励外商在我国投资建设计算机数字信号处理板卡、高速大容量存储系统设备、大幅面高分辨率彩色打印设备、平板 PC 用数位输入液晶屏、DVD 读取及刻写激光头、计算机硬盘及其关键件（120GB 以上）等产品的生产线。

第三节　五行业以市场换技术的具体情况

为了评估"以市场换技术"战略和政策在汽车、发电机、程控交换机、手机、计算机等五个行业的实施效果，我们综合采用文献研究、访谈和问卷调查等方式对上述五个行业"以市场换技术"的情况进行了调研和分析。希望通过对这五个行业发展情况、技术外部获取历程的回顾，以及对"以市场换技术"的主要模式、换取效果和目前的技术差距等问题的分析，探讨"以市场换技术"政策在这五个行业的实施效果，以总结其中的经验与教训，为行业发展和未来相关政策的制定提供可借鉴的依据。

一、汽车行业情况

1. 发展历程

建国初期，在苏联的帮助下，我国汽车制造业得到了一定程度的发展。1953 年随着长春第一汽车厂的破土动工，中国出现了真正意义上的现代汽车工业。第一汽车厂从工厂设计、工艺装备、工艺流程到生产管理全盘复制自苏联。1956 年第一汽车厂建成投产，同年生产出第一辆解放牌 4 吨载货汽车，1958 年 5 月第一辆国产轿车——东风轿车问世，8 月第一辆红旗高级轿车试制成功。第一汽车厂的建设与发展，实现了"出产品、出人才、出经验"的目标，使得中国在一穷二白的基础上逐步建立了比较完整、系统的现代汽车工业体系，这一步是真正的跃进。值得关注的是，当时韩国的汽车工业还未起步。

"文革"期间，我国相对封闭，片面强调自力更生，汽车行业的技术引进也处于停滞状态。这一阶段尽管我国汽车工业也取得了一些进步，但在技术水平、生产能力、人才培养等方面与发达国家甚至与韩国都拉大了距离。到 1978 年，我国汽车工业已远远落后于其他国家，汽车产品 30 年一贯制，基本上没有升级换代，技术进步极其有限，汽车企业缺乏自主创新的机制与能力。据估计，当时中国汽车工业的技术水平与发达国家相比存在 30 年左右的差距；产业规模也发展缓慢，全国汽车产量只有 14.9 万辆，其中轿车只有 2.89 万辆，而当时韩国的汽车产量已为 15.64 万辆，其中轿车为 8.57 万辆。

改革开放之初，中国汽车工业面临着技术、资金、管理、市场的四重瓶颈：技术水平低下；在传统计划经济体制束缚下难以得到发展资金，企业基本没有自筹资金的机制与能力；企业基本上不存在经营管理，只是社会大工厂的一个个"生产车间"；市场狭小，私人轿车市场还未形成。在这种情况下，中国汽车工业开始通过改革开放寻找新的发展途径。

实施"以市场换技术"政策以来，我国汽车产量明显增加，尤其是2001年后，轿车平均年增长率达到36%，如图2-1所示。2005年，我国汽车出口首次超过进口。2006年我国汽车产量已达到727.9万辆，同比增长27.6%，其中轿车产量386.9万辆，同比增长39.7%。随着我国加入WTO并履行相应条款，逐步放开汽车产业，国内汽车企业开始走上谋求自主创新的道路，国家对自主品牌出口非常重视并寄予厚望，不惜物力、财力建设"国家汽车整车出口基地企业"，出台了一系列鼓励自主品牌走出国门的政策。2006年底，华晨集团与欧洲大型知名物流公司HSO汽车贸易公司一次签署为期5年、共15.8万辆中华轿车出口的协议，这标志着中国民族汽车开始登陆发达国家市场。2007年，华晨又与俄罗斯帝国贸易公司签订了8万辆华晨金杯出口俄罗斯的协议，合同金额达13亿美元。

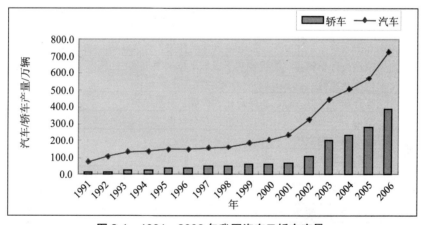

图2-1   1991—2006年我国汽车及轿车产量

数据来源：中国汽车工业协会及国家统计局《统计公报》

2. 汽车产品的技术树

在学习汽车领域知识并向行业专家请教的基础上，我们总结出了汽车产品的技术树，如表2-1所示。

表 2-1　汽车产品的技术树（各级技术模块）

一级模块	二级模块	三级模块	四级模块
底盘	传动系统	离合器、变速器、液力耦合器、液力变矩器、自动变速器	
		万向传动装置	十字轴刚性万向节、等速万向节
		驱动桥	主减速器、差速器、半轴
	行驶系统	车架、转向桥、转向轮定位、转向驱动桥	
		车轮	轮辋、轮胎
		悬架	弹性元件、减震器、导向机构
	转向系统	转向器、转向传动机构、动力转向系统	
	制动系统	行车制动系统、驻车制动系统、防抱死制动系统	
发动机	曲柄连杆机构	活塞、活塞环、活塞销、连杆、曲轴、飞轮	
	配气机构	气门、气门导管、气门弹簧、气门座、凸轮轴、正时齿轮、挺柱	
	供给系统	空气滤清器、油箱、输油泵、化油器/汽油喷射系统、喷油泵、进/排气管、排气消音器	
	润滑系统	油底壳、机油泵、机油滤清器、机油散热器、润滑油管、油道	
	冷却系统	散热器、水泵、风扇、节温器、汽缸体、水套	
	起动系统	起动机及其操纵机构、蓄电池	
	点火系统	蓄电池、点火开关、点火线圈、继电器、配电器、火花塞	
车身	顶盖及行李箱盖、围板及翼子板等、框架及立柱与边梁、发动机罩及前支撑板、门窗及座椅		
安防装置	车外防护装置	保险杠、护板、车身结构	
	车内防护装置	安全带、安全气囊	
汽车电子	发动机控制系统		
	底盘控制系统		
	车身电子	电子控制安全系统、电子防盗系统、电子仪表、其他车身电子系统	
	汽车信息系统		
	电子装置		
	导航系统		
	其他汽车电子系统		

3. 技术合作——引进模式

　　汽车行业涉及面广，产品结构复杂，技术引进基本上是以技术合作方式实现的。

按照合作伙伴的性质，汽车产业的技术合作可以分为以下类别：

（1）研究机构。企业从研究机构获取的技术主要来自于专业研究所，与大学更多的是技术交流。因为大学研究的技术与生产所需的成熟技术差别较大。

（2）中立的技术咨询机构。例如，德国的 FEV、英国的里卡多（LICADO）、奥地利的 AVL 等，这些机构具有丰富的研发经验，但它们不从事生产活动，所以对工艺技术了解有限，其技术产品大多数需要进行工艺完善、改进和试制后才能投入使用。

（3）大企业旁的技术咨询公司。例如，德国大众旁的 IAV、日本三菱旁的 MAE，这些公司与大型汽车生产商有着千丝万缕的联系，具备相当的设计及生产知识。

（4）零部件公司。越来越多的公司选择零部件供应商作为自己的战略合作伙伴，共同开发产品。

（5）整车厂。从引进全套生产线到培养工程技术人员，整车厂之间的合作大多集中在生产领域。但整车厂之间的合作基本都在国内企业与国外企业之间进行，国内企业之间较少合作。

在选择合作伙伴时，企业往往选择经验丰富、技术能力强的国外企业或技术研发与技术咨询机构，并倾向于建立相对稳定的伙伴关系，因为这样可以促进双方彼此了解，有利于合作快速而有效的开展。当然，根据实际需要，针对不同的发展阶段、不同领域的设计或研制企业会选择不同的合作伙伴。

按照合作方式，汽车产业的技术合作主要有下列形式：

（1）外借工程师。不少企业在设计和研发阶段采用外借工程师的方式，以弥补本企业技术人才不足的缺陷，满足研发和生产的需要。例如，在整车设计阶段，不少企业从意大利聘请了 1～2 名工程师来协助设计。

（2）项目外包。如果某阶段或模块的研发活动需要严格的试验条件或先进的试验场地等，当企业自身不具备相应设施时，更倾向于将该阶段或模块的研发工作外包给国外的生产商，其后再与其他研发设计环节进行整合。

（3）研讨及培训。汽车企业在技术购买、合资、合作等情况下，大多数会与技术提供方签订人才培训协议，或与其他企业合作研发、生产时双方会定期进行电视、电话会议及面对面的研讨交流。必要时企业也会专门派技术人员到其他企业参观、学习。

（4）兴办合资企业。这是改革开放以来汽车行业较多采用的技术合作和技术获取方式。在合作生产中，逐步学习外方的生产、工艺及设计技术。

4. 技术合作—引进效果

大部分汽车生产企业认为，在过去一段时间实施"以市场换技术"的政策是有一定效果的。通过技术引进、合作研发等方式，企业的技术水平有所提高，在一些关键技术上取得了突破，技术人员得到了一定的锻炼，并积累了相当的研发与生产制造经验。通过"干中学"，企业初步具备了自主创新的能力。此外，通过与国外企业、研发机构的合作与交流，我国汽车制造企业在技术管理、生产流程设计、质量控制等方面受益匪浅。

根据调查，从产品技术角度看，除了发动机和电子仪表等模块外，我国企业已经掌握了大部分汽车零配件的设计与制造技术，具备了相应的生产制造能力。以各模块成本占产品总成本（不考虑各项费用）的比例为权重，综合各模块的技术来源，计算得出表 2-2 的数据：底盘部分，有 6%的技术还需依靠国外企业，其他技术通过与国内企业合作研发或购买技术/产品模块等方式掌握；发动机部分，我国企业从国外企业处获得了大约 50%的技术，与国内企业合作研发或购买技术/产品模块的比例约是 46%，其余 4%为自主研发；车身部分，国内企业自主研发的技术占 25%左右，从国外获得的技术占 75%；汽车安全防护装置部分，大约 26%的技术为自主研发，约 43%的技术是与国内企业合作研发或购买的技术/产品模块，约 31%的技术从国外获得；汽车电子部分，约 62%的技术由企业自主研发，22%左右的技术是与国内企业合作研发或购买的技术/产品模块，2%的技术是从国外换来的，其余 14%的技术我国企业还未掌握。按成本比例加总，大约有 36%的技术是由企业自主研发的，32%的技术是与国内企业合作研发或外部购买的技术/产品模块，28%左右的技术是从国外换来的，其余 4%技术我国企业还未掌握。

表 2-2　汽车产品/模块技术来源与技术获取情况

产品/模块	该模块成本占总成本的比例/%	自主研发比例/%	与国内企业合作研发或购买技术/产品模块比例/%	从国外企业获得的技术比例/%	未得的技术比例/%
底盘	**34**	**65**	**29**		**6**
离合器	1		80		20
变速器（配普通型手动变速器）	10		90		10
液力耦合器	0.07				100
液力变矩器	0.07				100
自动变速器	0.07				100

续表

产品/模块	该模块成本占总成本的比例/%	自主研发比例/%	与国内企业合作研发或购买技术/产品模块比例/%	从国外企业获得的技术比例/%	未得的技术比例/%
万向传动装置	2				30
车架	3.60	100			
车轮（含轮胎）	2.60	100			
悬架	0.60	100			17
转向器	0.60	100			
转向传动机构	0.60	100			
动力转向系统	6	100			
行车制动系统	2.40	100			
驻车制动系统	0.40	100			
防抱死制动系统	4	100			
发动机	36	4	46	50	
活塞（包括活塞环等）	1.18		50	50	
连杆	1.46		50	50	
曲轴	1.86		50	50	
飞轮	1		50	50	
气门	0.60		50	50	
凸轮轴	0.85		50	50	
正时齿轮	0.10		50	50	
挺柱	0.06		50	50	
空气滤清器	0.40	20	30	50	
油箱	0.53	15	35	50	
输油泵	1.30		50	50	
化油器/汽油喷射系统（电喷系统）	5.40		50	50	
进、排气管	2.80	35	15	50	
排气消音器	0.52	10	40	50	
油底壳	0.29		50	50	
机油泵	0.54		50	50	
机油滤清器	0.40		50	50	
机油散热器	0.60		50	50	
润滑油管	0.40		50	50	
油道	0.40		50	50	
散热器	1.16	15	35	50	

续表

产品/模块	该模块成本占总成本的比例/%	自主研发比例/%	与国内企业合作研发或购买技术/产品模块比例/%	从国外企业获得的技术比例/%	未得的技术比例/%
水泵	0.35		50	50	
风扇	0.20	30	20	50	
节温器	0.04		50	50	
汽缸体	9		50	50	
水套	0.60		50	50	
起动机及其操纵机构	2.40		50	50	
蓄电池	0.60		50	50	
点火开关	0.10		50	50	
点火线圈	0.36		50	50	
继电器	0.20		50	50	
配电器	0.10		50	50	
火花塞	0.20		50	50	
车身	**11.40**	**25**		**75**	**0**
顶盖、行李箱盖	1.20	20		80	
围板、翼子板等	3.20	25		75	
框架、立柱、边梁	1	35		65	
发动机罩及前支撑板	1.20	25		75	
门、窗、座椅等	4.80	25		75	
汽车安全防护装置	**4.60**	**26**	**43**	**31**	**0**
保险杠	0.54	25	50	25	
护板	0.46	50	50		
车身结构（门锁、倒车镜）	1.40	30	50	20	
安全带	0.20	20	80		
安全气囊	2	20	30	50	
汽车电子	**14**	**62**	**22**	**2**	**14**
照明系统	2.40				
空调系统	3				
电子仪表	4	17	27	8	48
其他车身电子（含收放机/全车线束）	4.60	43	44	13	
总计	**100**	**36**	**32**	**28**	**4**

说明：表中空格表示数据为"0"。

　　从工艺技术角度看，国内企业的技术部分是通过自身积累获得的，另外大多数技术是从国外企业或院所学习所得的，少量技术是从国内企业或院所学到的，如表 2-3 所示。

表2-3　汽车工艺技术来源

汽车工艺	该项技术的重要程度[①]	自身技术积累比例/%	从国内企业院所学习比例/%	从国外企业院所学习比例/%	未完全掌握该项技术
铸造	3	35		15	√
锻造	3	35		15	√
机械加工	4	65	35		
冲压	6	80		20	
焊接	6	55	5	45	
总装	7	55	10	35	
涂装	7	55	10	35	

　　从其他技术和工艺角度看，我国企业还未完全掌握数控加工、柔性制造、智能制造等工艺和技术，所掌握的技术大部分是国内企业自身在生产实践中积累的，从国内外企业和院所学习的技术和经验比例较小，如表 2-4 所示。

表2-4　汽车其他技术和工艺来源

其他技术和工艺	该项技术的重要程度	自身技术积累比例/%	从国内企业院所学习比例/%	从国外企业院所学习比例/%	未完全掌握该项技术
数控加工	4	35		15	√
柔性制造	7	25	5	20	√
计算机集成制造	4	15	25	20	√
智能制造	4	10	20	10	√
环保工艺	5	25	25		√
材料	4	60	15	25	
ERP 系统	5	60	40		

　　此外，从图 2-1 的汽车产量变化情况也可以看出，"以市场换技术"战略和政策实施以来，我国汽车产量持续上涨。且在多年技术及经验积累后，一些本土资本企业初步具备了自主创新能力，奇瑞、华晨等企业的产品已开始走向世界。

---

① 重要程度为 1～7 打分，其中 1 为非常不重要，7 为非常重要。后面的"重要程度"指标与此处相同。

5. 差距和发展方向

近年来，国内汽车工业虽然取得了突飞猛进的发展，汽车产销量连年快速增长，汽车出口已超过进口，但国产汽车企业与发达国家先进汽车公司之间仍有较大差距，且差距是全方位的。现在，我国可以生产出自己的汽车，不仅拥有了品牌，也拥有了技术，但还需做精做细，这个过程需要大量的资金投入、充分的技术和经验积累，需要全体汽车人共同长期不懈的努力。同时，我国企业应密切关注国际汽车行业的发展趋势，除了对现在技术的追赶外，还要朝着未来的发展方向努力。

以美国、日本及欧洲为代表的汽车工业发达国家从 20 世纪 90 年代中期就先后从节能、安全、环保等方面制定了汽车技术的发展规划，并组织科技攻关。预计在未来几年里国际市场汽车结构将会出现新的特点：柴油机将被更多的轿车所采用；汽车安全标准将会更加严格；使用更多替代钢的轻质材料以降低车重；汽车上也会应用更多的电子装置。

此外，我国汽车产业技术能力与发达国家尚有较大差距，尤其是创新能力不足，这从汽车行业的专利获取情况可见一斑。据统计，1985 年 9 月到 2005 年 11 月，包括一汽、东风、奇瑞、吉利在内的我国 10 家主要本土资本汽车生产企业累计获得发明专利 116 项，上海大众、上海通用、东风日产等 14 家主要合资企业累计获得的发明专利仅有 10 项，而此间仅日本本田技研株式会社一家就在我国累计获得发明专利 2 654 项，是我国众多企业总和的 20 多倍；此外，丰田取得 960 项发明专利，日产取得 580 项，现代取得 402 项，大众取得 200 项，也都远高于我国汽车制造企业，如表 2-5 和表 2-6 所示。由此可见，中国从汽车制造大国到汽车制造强国还有很长的路要走。

表 2-5 汽车行业专利获取情况（按企业）

单位：项

企 业 名 称	发 明 专 利	实 用 新 型	外 观 专 利	三项专利小计
东风汽车公司	66	145	61	272
中国第一汽车集团公司	30	157	66	253
奇瑞汽车有限公司	5	65	148	218
北汽福田汽车股份公司	1	40	127	168
长安汽车（集团）有限责任公司	7	77	49	133
长城汽车股份有限公司	0	0	39	39
吉利集团有限公司	6	9	10	25
江铃汽车集团公司	0	8	5	13

续表

企业名称	发明专利	实用新型	外观专利	三项专利小计
江西昌河汽车股份有限公司	1	0	8	9
天津汽车夏利股份有限公司	0	0	4	4
合计	116	501	517	1 134

数据来源：中华人民共和国知识产权局专利检索（数据为 1985 年 9 月到 2005 年 11 月中国公布的累计专利数）

表 2-6　汽车行业专利获取情况（按国别）

单位：项

所属地区	企业名称	发明专利	实用新型	外观专利	三项专利小计
欧洲	大众汽车有限公司	200	0	1	201
	菲亚特汽车公司	20	0	67	87
	标致-雪铁龙汽车公司	8	0	3	11
	戴姆勒-克莱斯勒股份公司	47	0	205	252
	宝马公司	8	0	49	57
	梅塞德斯奔驰公司	3	0	0	3
	奥迪股份公司	17	0	2	19
	合计	303	0	327	630
美国	通用汽车公司	123	0	1	124
	福特汽车公司	36	0	0	36
	合计	159	0	1	160
日本	本田技研工业株式会社	2 654	47	681	3 382
	丰田自动车株式会社	960	15	581	1 556
	日产自动车株式会社	580	21	260	861
	马自达汽车株式会社	82	0	60	142
	铃木汽车株式会社	13	0	4	17
	三菱自动车工业株式会社	196	3	36	235
	合计	4 485	86	1 622	6 193
韩国	现代自动车株式会社	402	0	29	431
	起亚自动车株式会社	80	0	0	80
	合计	482	0	29	511
总计		5 429	86	1 979	7 494

数据来源：中华人民共和国知识产权局专利检索（数据为 1985 年 9 月到 2005 年 11 月中国公布的累计专利数）

6. 某汽车企业案例

某国内汽车生产企业自 20 世纪 80 年代末期起通过"以市场换技术"方式，引进国外整车生产线进行生产。先后与日本、德国、意大利等国的整车厂家和专业技术公司合资、合作，希望以市场和股权换取先进的技术。

起初，该企业缺少技术人才和研发、生产经验，完全依照引进的技术和工艺进行生产，且大多数零部件也依靠进口，企业几乎只是个整装厂。在这一阶段，国外工程技术人员帮助该企业培训了部分员工，但大多是教他们如何操作机器设备等，目的在于使该企业可以完成生产活动。与技术相比，该企业在管理经验方面收获更多一些，向国外企业学到了先进的生产运作流程、质量和过程控制方法等，对后期的生产和研发活动提供了很大帮助。

其后，为了降低成本、提高国产化率，该企业开始根据生产经验和市场需求改进生产工艺，还多次派技术人员到国外公司参观学习，了解他们的技术和生产过程，以完善企业运作流程，提高生产效率和技术水平。同时，在这一阶段，该企业也注重发现和培养国内的供应商，逐步以国内生产的零部件代替进口零部件，该企业的成长还带动了产业链上游企业的快速发展，为后期自主研发打下了一定基础。

随着企业生产规模的扩大和对产品及生产线的了解不断加深，该企业技术人员即可以根据国内消费者的需求和生产需要对外围技术和生产工艺进行改进。1999年起，该企业开始进行自主系统开发，2004年该企业已可以主导整车的研发和设计。开发产品时，企业首先结合自身优势和市场机会进行新车型的总体规划和产品定位，并确定产品的概念设计和结构框架，再根据企业自身积累的经验和关系网络组织研发活动。只在外观、底盘设计等方面聘请少量国外工程师参与，并请国外企业协助完成空气力学、振动、噪声等试验。在这一过程中，通过"干中学"及与外方专家的交流合作，该企业技术人员的能力得到了很大提升；企业设计能力不断增强，积累了大量研发经验；企业的生产制造水平也进一步提高。此时，无论是产品开发、工艺装备，还是管理水平，该企业与跨国公司之间的距离都在逐步缩小。目前，该企业的产品已开始出口到海外市场。

二、发电机行业情况[①]

1. 发展历程

共和国建国之前，中国不会制造发电机，国内企业仅仅零星仿造过少量小容量发

[①] 本研究所指发电机一般指供水电、火电、核电站之用的大型发电设备，一般企业、个人使用的小型补充或备用电源不在考虑之列。但引用的一些统计数据涵盖了全部类型的发电设备。

电设备的零部件。建国之初，我国人均发电量为 2.76 千瓦时，当时印度为 10.9 千瓦时，美国为 2 949 千瓦时。鉴于当时电力发展严重制约着新中国的建设与发展，党和国家领导人十分重视发电设备的设计制造，1952 年政府决定在哈尔滨、上海分别兴建两个发电设备主机生产基地，1958 年又在四川德阳新建了德阳水力发电设备厂（后改名为东方电机厂）。后来，这三个地方即成为我国三大发电设备制造基地。在 20 世纪 70 年代末、80 年代初开始的经济体制改革中，我国发电设备制造业又有了进一步发展，相继成立了哈尔滨电站设备集团公司、东方电气集团公司和上海电气联合公司，形成了国内发电设备产业的集团优势。目前，哈尔滨、上海和东方三大动力集团的大型发电设备能力已占到全国生产能力的 80% 以上。

20 世纪 50 年代初，哈尔滨电机厂、上海电机厂分别引进苏联和捷克斯洛伐克的生产设备，并在外国专家的帮助下先后生产出我国第一台水轮发电机和汽轮发电机，并均形成了一定的发电机组生产能力。随后，国内企业与大学及科研院所合作，广泛借鉴世界先进工业化国家的新技术，自行研究开发、制造更加适合我国国情的新产品。1958 年 10 月，世界上第一台双水内冷汽轮发电机在上海电机厂试制成功，使得国外同行对中国发电机行业的成长之快颇为震惊。

20 世纪六七十年代，由于国际和国内环境等原因，我国发电机制造行业进入了较为封闭的状态，但各企业依靠自力更生、艰苦奋斗的精神，完成了葛洲坝、刘家峡、白山水电站等一系列大型供电项目发电机组的生产，并积累了丰富的设计和制造经验。此时，我国发电机制造工业已从仿制进入到独立设计和制造的新阶段。20 世纪 70 年代末、80 年代初改革开放后，我国发电机产业进入了"大功率发电机组上等级、上水平"的时期。

首先，国家大力引进大型火电机组的设计和制造技术。1981 年我国从美国西屋电气公司和燃烧工程公司引进了全套 30 万千瓦、60 万千瓦主机制造技术，并购买了部分零部件。为此，上海、哈尔滨、四川基地及有关辅机厂和研究所派出数百名技术人员去美国西屋公司学习相关技术。经过努力，上海电机厂和哈尔滨电机厂先后制成引进型亚临界 30 万千瓦和 60 万千瓦火电机组。在技术引进的同时，各企业非常注重引进技术的"消化—吸收—再创新"。以上海市电机厂引进全氢冷汽轮发电机为例，1985 年底第一台引进型 30 万千瓦全氢冷汽轮发电机组试制成功，国产化率为 27%；1988 年，第二台 30 万千瓦全氢冷汽轮发电机组的国产化率上升为 57%。1989 年，上海电机厂与美国西屋公司联合设计的水氢冷优化 30 万千瓦汽轮发电机组试制成功, 国产化率达到 83.7%。通过大规模技术引进及有效的消化吸收, 我国国产大容量火电机组的技术经济指标和成套能力在较短时间内有了很大提高。

其次, 我国采取合作生产、合资方式引进技术, 发展大容量、高参数发电机组。例如, 东方电气集团公司与日本伊藤忠商事株式会社/日立制作所株式会社于 20 世纪 90 年代初合作设计、合作生产亚临界 60 万千瓦汽轮发电机组。通过合作, 东方电气集团全面掌握了日立公司具有当今世界先进水平的 60 万千瓦等级汽轮发电机组的设计和制造技术。上海汽轮机厂、上海电机厂也于 1995 年与美国西屋公司合资, 生产 30～130 万千瓦汽轮发电机组。北京重型机电厂与法国阿尔斯通公司签订长期合作协议, 合作生产 33 万千瓦等级汽轮发电机组。在水电方面, 通过几十年来的自行研制、与国外合作、引进技术, 我国已实现了从生产中小水电产品到生产各类大型水电机组的转变, 产品得到了升级换代。国产葛洲坝 17 万千瓦、龙羊峡 32 万千瓦、李家峡 40 万千瓦、二滩 55 万千瓦等大型机组陆续成功投运, 现正在合作制造三峡地下电站 70 万千瓦机组。这皆表明我国已进入了水电机组设计和制造的先进国家行列。图 2-2 为我国 1978—2006 年的发电设备产量。

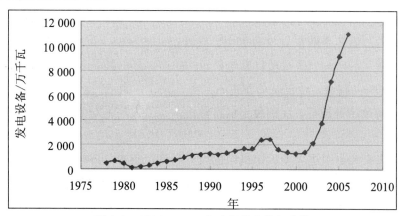

图 2-2 1978—2006 年我国发电设备产量

数据来源: 中国工业经济统计年鉴及国家统计局《统计公报》

但与之同时, 受较多因素影响, 发电设备的市场需求具有很大的不确定性, 因此, 发电机行业的产量波动较大。当较少有大的电力项目上马时, 发电设备需求低, 企业生产能力过剩, 产品滞销; 而国家一旦兴建较大的水电、火电或核电工程, 发电机需求数量即会激增，国内企业往往又难以在短时间内扩大产能，满足市场需求，于是发电机产品进口数量增加，价格也随之上涨。例如，2000年前后，因为没有重大电力工程上马，国内发电机产量有所下降。其后随着三峡工程的推进和各地电力需求的不断增长，发电机产量也直线上升，同时发电机产品进口也不同程度地增加。又如2004年，全国范围内电力供应紧张，1~4月国内共有24个省市自治区拉闸限电，发电机产品需求旺盛，使得国内发电机生产企业订单饱和，需求远远大于供给能力，于是各地进口发电机数量猛增，发电机价格也大幅攀升。

随着技术水平不断提高，我国的发电设备也逐步走出国门，并在国际市场上具备了较强的竞争力。20世纪80年代初期，我国成套出口巴基斯坦单机容量21万千瓦超高压火电机组，为我国大型电站设备成套出口开创了先例。其后，我国生产的发电机和发电机组先后出口到巴西、美国、日本、加拿大、伊朗、印尼、越南、土耳其等国家。2006年底，我国发电设备出口又获得了新的突破，哈尔滨锅炉厂有限责任公司、东方电机股份有限公司等企业签订了向印度贾苏古达火电厂提供6台60万千瓦亚临界锅炉、汽轮发电机、汽轮机及其辅助设备的供货合同。这是迄今为止我国发电设备出口单机容量及总容量最大的一笔订单，实现了60万千瓦亚临界火电机组走出国门零的突破。

2. 发电机产品的技术树

在学习相关领域知识和向行业专家请教的基础上，我们总结出了发电机产品的技术树，如表2-7所示。

表2-7　发电机产品的技术树（各级技术模块）

一 级 模 块	二 级 模 块	三 级 模 块
整机设计		
主要系统		励磁机系统、配电系统、远程控制系统、电喷装置、自动电压调节器
	主机	永磁机、整流模块、冷却系统、主机定子、主机转子、上下机架、防震块
辅助件		风扇、端盖、电线电缆、轴承（上导轴承、推力轴承、下导轴承）、电子件（压敏电阻、旋转二极管、电子调速器）

3. 技术引进模式

20世纪70年代末、80年代初改革开放后，我国先后从美国西屋公司、法国阿尔斯通公司、日本日立公司、德国福伊特公司和西门子公司、瑞士 ABB 公司等世界先进发电机生产企业引进大型发电机生产和设计技术。不同时期和背景条件下，企业的技术引进采取了不同的方式。总的来说，随着我国发电机制造企业技术水平的不断提高，中外企业的合作方式也从最初的来料加工、来图制造，发展为现今的联合设计、共同投标、合作生产和相互学习。

（1）技术购买

发电机行业的一些技术是通过技术购买的方式获得的。国内企业直接购进国外的生产线或部件，按照外方提供的图纸进行加工、制造。但即便采用这种方式，我国企业仍较注重对购得技术的消化吸收。一般采用"对角线"的生产方式，第一台发电机完全进口，之后逐步增加国产化率，最后力争全部国产。

（2）合作生产

20 世纪 80 年代初，日本日立公司为了弥补产能不足的缺陷，与我国哈尔滨电机厂签订设立"友好工厂"的协议，由后者为其代工生产发电机。在合作过程中，哈尔滨电机厂不仅学到了日立的产品技术和生产工艺，更掌握了其先进的质量控制和生产管理方法。

（3）联合设计

为了满足一些重大项目的需要或达到客户的特殊要求，国内企业会联合国外企业共同设计某项产品。一般是中外企业各自发挥自己的专长，分别设计比较擅长的部分，联合完成该项产品。联合设计中，合作双方均可以学到对方的一些设计理念、经验和技术。

（4）共同投标

在三峡工程等重大项目投标中，国内外发电机生产企业结成合作伙伴，共同投标且完成了超大容量发电机的设计和生产。根据国家相关政策和规定，在这一过程中，外方的技术要完全转让给国内企业。

事实上，除缺乏相应的实战经验外，国内企业在相关产品生产上已有深厚的积累，具备了独立完成该项目的能力，但出于安全性和先进性的考虑，国家规定没有相应生产经营经验的企业不得投标，于是国内企业只好寻找国外企业作为合作伙伴。因此，这种方式的技术合作不仅使中国企业吸收了国外企业的先进技术，外国企业也可从中国企业学到一些先进的设计理念和技术经验。

4. 技术引进效果

调研发现，无论是学者、政府管理者，还是企业自身，都普遍认为发电机行业"以市场换技术"是比较成功的。通过技术合作和学习，我国三大动力集团基本掌握了国际上最为先进的发电机设计及生产技术，且在一些领域处于世界前列。我们的调研结果也验证了这一观点，并发现"以市场换技术"政策之所以能在发电机行业取得较好的效果，是与发电机行业所面临的政治环境、市场环境和本行业企业的基本状况分不开的。

（1）市场广阔、独特

我国幅员辽阔，经济发展迅速，电力需求大，因此，发电机产品在中国有广阔的市场。巨大的市场需求和进入管制使得国外企业不得不以转让技术的方式得到一些市场。同时，我国的一些重要水利水电工程在世界上是独一无二的，设计、技术难度等方面的挑战也能够激发国外企业的兴趣，诱使其进行创新。例如，三峡水利枢纽工程的特大型水轮发电机组的设计和生产，无论在技术方面，还是在收益方面，对国内外企业都有很大的吸引力。

（2）政策具体、强硬

在三峡工程等大型电力项目设备招标中，我国政府和相关管理部门明确规定，"中标外资企业必须将相应的全部生产技术转让给中方企业"。这一政策措施有效保障了"以市场换技术"政策的实施。这本质上是我们以巨大的市场为砝码，换取了国外的先进技术。

（3）企业自强、自立

从历史角度看，改革开放之前，由于 20 世纪 50 年代苏联的援助和六七十年代我国企业的自力更生，我国发电机行业三大龙头企业均已掌握了一定的设计技术和生产经验，皆可以独立完成发电机的设计和生产。因此，在改革开放后的技术引进中，我国发电机企业具有较强的谈判能力和话语权。一方面，国内发电机制造企业自身技术积累丰厚，外资企业必须拿出其最先进的技术和工艺，并以适当的价格出售，他们才能在中国发电机市场占有一席之地，这就保障了我方引进技术的先进性和经济性；另一方面，为了学习中国企业的技术经验和先进理念，国外企业也愿意将他们的技术成果传递给中国企业，这就促成了双方的相互学习、共同提高。

除了以上原因使得外方"愿意给"之外，我国企业自身的不懈努力也是成功地"以市场换技术"的关键因素。首先，我国发电机制造企业特别重视技术引进后的消化、吸收，引进第一台机型后，即会不断融入自己的生产过程，提高国产化率，最终使其完全国产化。其次，由于自身技术积累丰厚，我国发电机制造企业的研发人员可以迅速领悟国外的技术和工艺，并在其基础上进行模仿及再创新。通过不断到跨国公司参观和学习，我方技术人员的能力明显提高。再次，国内发电机制造企业坚持自强、自立，不盲目信任和依赖国外技术，无论在任何时期，均坚持自行研发，不断提高自身的技术水平，保持技术独立和在国际技术交流中的话语权。最后，在"以市场换技术"过程中，我国发电机制造企业不仅积极学习国际先进的设计和生产技术，还注重学习国外企业先进的管理规范。例如，上海电机厂在引进技术的同时，还引进了一整套制造工艺规范；哈尔滨电机厂为日立代工时，学习了日立的质量管理方法等。管理水平的提高进一步促进了我国企业生产能力和技术水平的提高，这就使发电机行业企业整体上不断迈上了新的台阶。

5. 差距和发展方向

我国发电机行业发展迅速，20世纪50年代在苏联的帮助下，我国发电机制造业刚刚起步时就能生产出当时世界水平的产品，令国外同行刮目相看。经过后来几十年的积累和不懈努力，目前我国发电机制造技术又达到了新的世界先进水平，甚至在一些领域达到了国际领先水平。

但是，我国发电机制造行业毕竟起步晚于西方发达国家，资金、技术实力均不及阿尔斯通、西屋等国外大公司，尤其是在大容量发电机生产、电控设备等方面，我国企业的经验不足，还有待提高，特别是励磁机、全氢冷却系统等一些核心部件的生产还依赖进口。另外，为了规避决策责任，不少客户电厂，甚至是我们的政府部门与工程设计单位还怀有一定的崇洋心理，常常认为国外大公司做的一定比国内企业好。因此，他们常常要求将发电机中一些核心部分交由国外企业完成，或不愿意将具有挑战性的项目交给国内企业付诸实施。这就使得国内发电机企业丧失了一些成就"世界第一"的机会。

6. 三峡工程案例[①]

举世瞩目的三峡工程是世界上最大的水利枢纽工程，也是中国政府依托重大工程

---

① 中华人民共和国商务部网站，2006-06；三峡特大发电机组国产化纪实：民族制造业的脊梁；新华网，2005-09-04.

实施"以市场换技术"战略和政策的成功范例。

三峡工程分左岸和右岸两部分,共需 26 台 70 万千瓦的水轮发电机组及其配套设备,这是当时世界上容量最大、直径最大、重量最重的机组,其设计和制造难度之高,让世界著名水轮发电机厂商也颇感棘手。如果仅靠自力更生,不仅代价很高,也难以追赶世界技术进步的潮流;但如果全部依靠进口,又将大大增加工程成本,同时也会使我国永远摆脱不了对国外大型发电设备的技术依赖。如何通过三峡工程的巨大市场换取国外先进技术,在引进技术的同时培养本土资本大型水轮发电机组及其配套设备的设计制造能力,即成为我国政府考虑的重要问题。

为此,国务院专门为三峡工程制订了一整套合理的技术引进方针,决定三峡左岸电站机组实行国际采购,走"技贸结合,以市场换技术"之路,具体做法是"捆绑招标、转让技术、联合设计、合作制造"。1996 年 6 月,我国向世界发布了三峡左岸机组招标文件,文件规定"14 台一次性招标责任方为外商,前 12 台以外商为主,中方参加,中方分包份额的比例按合同总价不低于 25%;后两台机组则以中方为主,要求外商和中方联合设计、合作制造,并向中方转让技术,中方指定哈尔滨电机有限责任公司(哈电)和东方电机股份有限公司(东电)两家国内最具优势的发电机生产企业为技术接受方"。投标前,外商分别与哈电和东电签订技术转让和分包协议,作为投标文件的必要内容,凡不肯转让技术者均无权参加投标。《三峡工程水轮发电机技术转让协议》明确规定:"所转让的软件和技术应是用于三峡发电机上最先进的技术,包括三峡发电机的开发、设计和制造的关键技术,以及联合设计和联合制造中必须提高的软件、图纸和文件",如果外方不按协议转让技术,则其将失去订单。

面对三峡工程这一巨大商机,不少外商十分想在这个工程中争到一份订单。1996 年 12 月,10 家跨国公司组成了 6 个投标联合体竞争投标,形成激烈角逐。1997 年 7 月,三峡总公司与法国阿尔斯通、瑞士 ABB 签订了 8 台机组合同,由哈电分包并参加联合设计,接受转让技术;与 VGS(德国伏伊特、西门子和加拿大 GE)联合体签订了 6 台机组合同,由东电分包并参加联合设计,接受转让技术。按合同规定,哈电、东电分别派人到主承包外商所在地参加联合设计和接受技术转让,包括核心的计算机软件。中方得到转让技术后,分别在两厂计算得出与国外相同的结果,并稳定运行一年、通过验收后再支付技术转让费。

在参与三峡左岸电站机组制造过程中,哈电和东电通过技术学习及与国外企业联合设计和生产，较好地消化吸收了 70 万千瓦水轮发电机组的相关技术，经过消化吸收及"二次开发"，两个企业完全掌握了当今世界最为先进的水轮发电机组的设计和制造技术，使中国大型水轮发电机组的技术水平提高到了世界先进水平。

由于我国大型水轮发电机组的设计制造能力有了显著提高，三峡工程右岸电站的 12 台 70 万千瓦水轮发电机组采取了与左岸机组不同的处理办法。在 12 台水轮发电机组中的第 19～22 号 4 台机组及其辅助设备采取国际招标方式采购。通过竞标，法国阿尔斯通公司夺得了该 4 台机组的生产合同。而 15～18 号、23～26 号等 8 台机组及其辅助设备则采取了询价采购方式确定制造商，经过激烈角逐，东电和哈电分别拿到了 15～18 号 4 台机组、23～26 号 4 台机组的生产合同。

三、程控交换机行业情况

1. 发展历程

改革开放以来，我国通信市场需求快速增长，通信技术水平不断提高。但由于基础薄弱，与发达国家的技术差距大，很多通信产品采取了先购买、再引进，最终自主研发的战略思路，程控交换机便是其中之一。"整机进口、合作生产、自主开发"三步走的程控交换机产业发展，形成了我国局用程控交换机发展的三个阶段。

第一阶段，引进整机。这一阶段，我国通信设备市场基本处于跨国公司垄断的局面。1981 年，为了解决沿海开放地区的通信急需，福州市电信局引进的第一部局用程控交换机顺利开通，从此拉开了我国引进国外程控交换机的序幕。随后，邮电部门先后利用日本、法国、比利时、西班牙、意大利等国的政府贷款，大量引进国外整机，并使我国的电话交换技术跨过纵横制式，跃进到了程控数字化制式。引进国外整机主要有八种机型：阿尔卡特的 S1240 和 E10、西门子的 EWSD、NEC 的 NEAX、AT&T 的 5E SS、北方电讯的 DMS 系列、爱立信的 AXE 10 和富士通的 F-150，俗称"七国八进制"。这种多制式的格局给通信网的网间互连、建立综合数字业务网、新业务拓展等带来了难以避免的困难。

第二阶段，合作生产。在引进整机的同时，当时的邮电部克服外方只愿卖产品、不愿卖技术等困难，积极引进国外程控交换机生产线，建立了上海贝尔、北京西门子、天津 NEC、广东北电、青岛 AT&T 等八个合资的程控交换机生产厂。但由于缺乏技术经验，1984 年第一家合资程控交换机生产企业上海贝尔成立时，企业无法生产交换机产品，仍需从比利时贝尔进口整机，其后上海贝尔经过多年努力，才将产品国产化。其他合资企业大多为整机进口或散件组装生产模式。

第三阶段，自主研发。在引进程控交换机整机并建立合资企业自行生产的同时，我国也非常重视程控交换机技术的自主研发，一些专家早年也曾在实验室研制过交换机技术，有一定的相关技术积累。1986 年，电信研究院一所研制的 DS-2000 程控数字电话交换机通过部级鉴定，实现了我国在电话交换技术上的重大突破。1991 年，电信研究院十所研制的 DS-30 中大容量程控数字市话交换机通过鉴定。同年 12 月，适应我国农话 C5 端局数字化改造的小容量数字局用交换机 ZX500（A）研制成功，1992 年 5 月获原邮电部入网许可证。1992 年洛阳电话设备厂（巨龙）与解放军信息工程学院合作研制、生产的 HJD04 型程控交换机正式通过生产鉴定，并拿到入网证，当年投入市场 5.3 万线。该交换机已达到当时的世界先进水平，填补了我国大型数字程控交换机研制与生产的空白。1994 年，华为推出了 C&C08 数字程控交换机。1995 年，西安大唐公司研制的 SP30 超级数字程控交换机通过生产定型鉴定。这期间，尽管国内自主研制的程控交换机机型过多，生产规模小，市场占有率不及国外品牌和引进生产线的合资企业。但以"巨、大、中、华"为代表的本土资本程控交换机生产厂家的崛起，不仅结束了国外厂家对我国交换机市场的垄断，同时也提高了我国自主开发高科技产品的能力，增强了民族自信心和自豪感。2000 年时，我国国产程控交换机的市场占有率即达到了 65% 以上。图 2-3 为我国 1993—2006 年程控交换机产量。

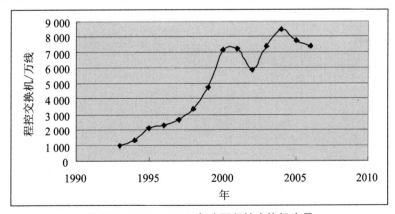

图 2-3　1993—2006 年我国程控交换机产量

数据来源：中国工业经济统计年鉴及国家统计局《统计公报》

2. 程控交换机产品的技术树

在学习相关领域知识和向行业专家请教的基础上，我们总结出了程控交换机产品的技术树，如表 2-8 所示。

表 2-8　程控交换机产品的技术树（各级技术模块）

一 级 模 块	二 级 模 块	三 级 模 块
硬件	控制系统	中央处理机、存储器、输入/输出系统
	话路系统	用户接口电路、用户集中级、中继接口电路、交换网络、信令设备
软件	运行软件	OAM、呼叫处理、数据库系统、操作系统
	支援软件	网管系统、计费系统、业务管理系统
其他		结构及电路设计、信令处理能力

3. 技术引进模式

我国程控交换机行业的技术引进主要有生产线引进和合作研发两种模式。

（1）引进生产线

如前所述，20 世纪 80 年代，为了培养本土企业的程控交换机生产能力，打破国外数字程控交换机产品对中国市场的垄断，原邮电部积极促成了国内外企业的合资、合作，力求引进程控交换机生产线，获得相应的制造技术。经过邮电部努力，我国先后成立了上海贝尔、北京西门子、天津 NEC、广东北电、青岛 AT&T 等八个合资程控交换机生产厂家。这些企业希望在生产经营过程中逐步学习国外的测试、组装和生产经验，以期最终形成自己的生产能力，但实际效果参差不齐。其后，还有一些企业、院所引进国外程控交换机生产线，但这些企业生产能力普遍较弱，一定程度上造成了程控交换机行业的混乱，且使得个别产品的产能过剩。

（2）合作研发

为了突破国外同行设置的技术壁垒，一些技术实力较强的本土资本企业采取了与国外企业合作研发的方式引进技术，开发并生产数字程控交换机产品。鉴于一些国外程控交换机生产企业不愿意转让技术，一些本土资本企业采取了与非交换机生产企业合作的方式，换取需要的通信技术，以研制数字程控交换机。例如，原电信研究院十所即西安大唐公司，就选择了与美国一家起步不久的高技术公司（ITTI 公司）合作。电信研究院十所过去积累了大量有关交换机设计、研发的经验，ITTI 公司拥有先进的集成电路、主线结构等方面的设计和研发能力，两者结合、优势互补，再加上陕西省政府的大力支持，西安大唐公司终于研制出了当时处于世界先进水平的 SP-30 型数字程控交换机，并很快投入了生产。

4．技术引进效果

调查发现，目前我国程控交换机行业"掌握的技术"约占产品所有技术的 83%左右。其中，国内程控交换机行业自有技术积累约占总技术的 65%；通过"以市场换技术"方式换得的技术约占总技术的 18%；其余技术仍靠进口。另外，以市场换得的技术约占"试图获取的技术"的 51%。从程控交换机行业的技术引进情况来看，其引进效果有如下特点：

（1）合作研发效果较好，形成了自身的技术能力

相比较而言，西安大唐公司等采取与国外企业合作研发的方式引进技术，其之效果相对较好。国内企业从国外获得了比较先进的技术和理念，与自身技术及经验相结合后，又应用到实践中。在这一过程中，国内企业学习、积累了相关技术，为未来研发和生产奠定了基础。但国内技术集中在程控交换机的设计和整机生产层面，中央处理机、存储器等主要元器件和操作系统等核心软件仍需要进口。

（2）引进生产线的企业消化和吸收能力较差

由于不少企业自身技术积累不足，对研发缺乏足够的重视，加之国外企业的技术封锁，除上海贝尔外，多数合资企业处于进口组装阶段。企业从国外进口生产所需的大部分模块，只从事组装和测试工作，而交换机的软、硬件技术仍掌握在外国人手里。上海贝尔是程控交换机领域仅有的通过引进生产线的方式获得了较好发展的企业。即便有上海市政府等部门在人员投入、资金等方面的大力支持和优惠，贝尔也经历了漫长的学习、模仿阶段，才逐步学会测试、外围配件生产、整机组装、整机生产技术，尽管目前其技术人员已能够利用外方提供的软件环境修改和开发部分软件，但仍无法涉足核心软件部分。

（3）促进了行业发展

虽然采取不同的合作方式换取技术的效果差别较大，但总体上看，"以市场换技术"政策在程控交换机行业取得了一定效果。首先，技术引进使得国内企业掌握了程控交换机生产技术，具备了生产能力，打破了我国程控交换机市场被国外产品所垄断

的局面。其次，内资企业的成功介入，使得程控交换机价格大幅度下降，如局用程控交换机由原先的每线 300 美元左右降到 30 美元。再次，合资企业的技术扩散也促进了国内程控交换机行业技术能力的提升，为日后华为、中兴等本土资本企业的自主研发提供了一定的技术和经验积累。

5. 差距和发展方向

程控交换机由控制系统、话路系统、运行软件、支援软件等部分组成。其中，控制系统、运行软件、结构及电路设计、大容量交换网络、低成本用户接口和信令处理能力等是程控交换机产品的技术重点和难点。

由于通信产品涉及信息安全等敏感话题，通信技术水平也是国家技术能力的重要体现，所以各国政府对通信行业的技术发展都极为重视，但通信领域的核心技术掌握在美国、日本、德国等少数发达国家的企业手中。世界通信产业都具有一定的垄断特征，特别是受政治、经济等因素的影响，国外企业大多愿意卖程控交换机整机产品给中国，以获得利润，但又几乎都不愿意出让相关技术，尤其是核心技术。

调查显示，目前我国通信设备制造行业已基本具备了自行设计和生产程控交换机的技术能力，但一些关键技术和部件与发达国家同行还有一定的技术差距。虽然行业整体技术依赖程度仅为 20%左右，并不算高，但存储器、中央处理机等核心部件仍需要依赖进口，即便是依靠自主研发起家的企业也不例外。所以，未来我国企业还需在这些核心部件上下工夫，力争具备相应的设计及生产能力。

6. 上海贝尔公司案例[1]

改革开放初期，随着我国经济社会的发展，人们对通信的需求日益增加。但当时我国通信技术十分落后，局用程控交换机产品是"七国八进制"，完全依赖进口。为了打破国外的技术垄断，发展本国交换机产业，我国政府特别是通信行业主管部门希望通过"以市场换技术"的方式掌握程控交换机的生产技术，并提出了"技术必须是最新的，生产必须最终国产化，中方必须控股"等三个基本原则。但国外通信设备制造企业为了保持自身的竞争优势，只愿意出售整机产品，而不愿意转让技术和生产线。

---

[1] 龚雯. 在合作中自主——从上海贝尔看合资. 人民日报，1997-12-22（1）.

陈德智. 上海贝尔以技术换市场　业务遍五洲. 人民网，2002-05-08.

做集三种创新之大成的排头兵. 人民邮电报，2006-08-31.

邮电部在寻找美国、日本、法国、瑞典等国合作伙伴过程中，最终以失败而告终。但"功夫不负有心人"，经过邮电部的不懈努力，最终对中国市场看好的比利时贝尔公司同意与中国合作。1984 年，由中国邮电工业总公司（占 60%股份）、比利时贝尔公司（占 32%股份）和比利时王国合作发展基金会（占 8%股份）联合投资的上海贝尔公司宣告成立，它也是中国通信设备制造业的第一家合资企业。

上海贝尔引进的 S1240 程控交换机技术当时处于国际同行的领先水平。不过，引进初期，上海贝尔缺乏生产经验，只能引进裸机，经检测、包装后作为自己的产品出售。但上海贝尔领导层认识到，如果引进只是简单采购，那将永远受制于人。只有把别人的技术转化为自己的生产力，才能实现产业化和国内技术及管理水平的迅速升级。因此，上海贝尔从合作之初就注重引进技术的消化、吸收。他们派出最优秀的中国本地技术人员赴欧洲学习、进修并参与研发；同时在合同及技术转让协议中明确规定了技术引进的内容和时间表，不给技术就不发订单。合作中，比利时方面也曾一度不肯拿出核心的专用集成电路技术，但在中方坚持下，终于转让给了上海贝尔最需要的技术。

合资期间，上海贝尔努力消化、吸收国外先进技术。每年研发经费由占销售额的 3%～5%，逐步提升到了占销售额的 8%～9%；从最初只能生产外围线路，发展到了掌握全套产品技术，并实现了大多数元器件的国产化。上海贝尔的发展也得到了政府和其他企业在资金和人才等方面的大力支持。大规模集成电路是程控交换机的关键部件，上海贝尔创立伊始困难重重，要投资 5 000 万美元引进专用集成电路技术更是难上加难。于是，1988 年，上海贝尔与上海无线电十四厂联合组建了上海贝岭微电子制造有限公司，把原由上海贝尔公司单独承担的 S1240 交换机专用集成电路引进项目交由贝岭公司负责。市领导亲临现场办公，要求限期啃下这块"硬骨头"。经过不懈努力，贝岭公司终于成功生产出了 S12 大规模集成电路，填补了我国国内的空白。1997 年，上海贝尔生产的 E 型机国产化率超过了 80%，新一代 J 型机国产化率也超过 70%，为之配套的九种产品也实现了国产化批量生产，摆脱了大散件组装的被动局面。

随着企业技术能力的增强，上海贝尔合作双方的关系也发生了微妙的变化。过去，外方反对上海贝尔开发交换机硬件，但当上海贝尔成功开发了新用户板技术后，外方态度随之大变，即表示愿意在硬件开发上加强与中方合作，包括联合开发。目前，上海贝尔程控交换机产品在国内市场的份额不断攀升，形成了数据、移动、传输网络和移动产品多元化发展的新格局，进而达到了走出国门"以技术换市场"的程度。他们先后在全球设立了近 20 个海外办事处和国际业务片区，从一般通信产品销售，拓展到承包海外"电信交钥匙工程"的一揽子技术输出。近年来，上海贝尔不断向海外输出先进技术，仅交换机就占据东南亚市场 50%以上份额，海外市场区域也由亚洲拓展至欧洲、南北美洲和大洋洲。

四、手机制造行业情况

1. 发展历程

20 世纪 90 年代以来，我国移动通信行业迅速发展，移动电话普及率逐年上升。2003 年 10 月，中国移动电话用户总数超过了固定电话用户总数。中国移动也已成为全世界最大的移动通信运营商。1994 年，我国移动电话普及率还不到 0.14%，2003 年这个数字上升到 35.1%。移动电话用户数也由 1994 年的 157 万户，上升到 2006 年的 46 108.2 万户，相当于 2002 年用户数的两倍多，远超过人口的增长速度，如图 2-4 所示。

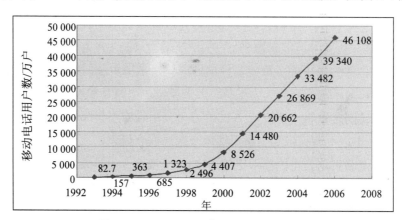

图 2-4 1993—2006 年我国移动电话用户数

数据来源：信息产业部统计公报

当然，我国 35.1%的移动电话普及率与发达国家 60%～70%的普及率还有较大差距。随着移动通信技术的日趋完善，手机及通信资费价格的逐步降低，以及人们生活水平的较快提高，我国移动电话用户数还将不断增加。由于人口基数大，移动用户普及率每增加 1%，就将带来 1 300 万部左右的手机需求。同时，HSDPA（高速下载分组接入）、DVB-H（数字广播电视）等各种新技术的应用，手机高速上网、手机电视等增值服务的出现，使得消费者对功能更加完善的手机的需求增加，更换手机的频率加快。这些因素都为移动终端设备——手机的生产带来了广阔的市场前景和异乎寻常的激烈竞争。截至 2007 年，中国经过核准的手机生产企业有 79 家，产能达到每年 5 亿部。2007 年一季度，中国手机的产量就达到了 1.34 亿部，超过国内市场全年的需求[①]，图 2-5 为 1998—2006 年我国手机产量。

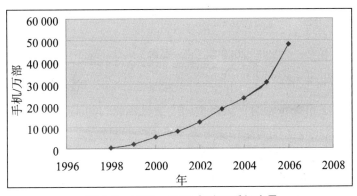

图 2-5　1998—2006 年我国手机产量

数据来源：信息产业部统计公报及中国工业经济统计年鉴

　　1998 年以来，我国手机产量持续快速增长。2002 年，我国已成为全球最大的手机生产国；占全球总产量的 29.6%。但国产品牌手机近年来经历了一个大起大落的过程。1999 年，摩托罗拉、诺基亚、西门子、爱立信四家手机企业占到国内市场份额的 84%，2003 年这个比例缩小为 24%，宁波波导、TCL、康佳等国产品牌冲进了当年市场占有率的前五强。2004 年起，国外品牌的市场占有率开始回升，以诺基亚、摩托罗拉等为代表的国际一流品牌继续强势占领主要市场份额。据统计，2006 年诺基亚国内市场占有率达到 35%，与国内品牌的市场占有率总和差不多；摩托罗拉达到 23%；两家共占据了一半以上的市场份额，遥遥领先于其他品牌。同时，有关调查显示，国内手机市场将近 2 000 款机型中，只有 20 款销量比较好，占到了近一半的市场份额，这意味着1%的机型占据了其手机销量的近半壁江山，图 2-6 为 1999—2006 年国内外品牌手机市场占有率比较。

---

① 张锴. 国内手机产能严重过剩 今年产需相差将达 4 亿部. 上海证券报，2007-05-22.

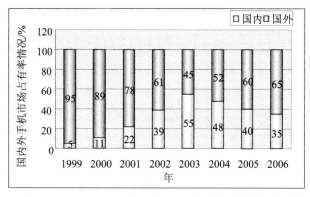

图 2-6　1999—2006 年国内外品牌手机市场占有率比较

数据来源：信息产业部统计公报

　　即便在具有较高市场份额时，大多数国产手机企业的利润也并不乐观。波导 2003 年上半年的毛利率与 2002 年同期相比下降了近 7.5 个百分点；联想集团 2003 年上半年手机业务亏损达到 4 272 万港元；东方通信股份有限公司 2003 年上半年亏损 6.39 亿元人民币。而在这种情况下，国外一些手机巨头在华仍然取得了不菲的业绩，诺基亚 2003 年第三季度的财务报告显示，在营业收入下降到 68.7 亿欧元的情况下，其利润比 2002 年增加了 35%，达到 8.23 亿欧元；摩托罗拉第三季度纯利润为 1.16 亿美元，比 2002 年同期增长约 4.5%。

　　我国手机行业的特点和国内手机制造企业的状况决定了行业的经营模式。2004 年前，国产手机厂商们过于追求生产规模和市场占有率，不重视产品的技术和研发活动，相应的资金、人力投入也非常少，造成核心技术严重匮乏、发展受制于人的状况。大部分国内手机制造企业从日本、韩国或中国台湾地区的手机生产企业购得裸机，贴上自己的牌照予以销售，即采取 OEM 方式。一些企业以 ODM 方式生产，但企业的研发几乎都停留在外观设计、部分简单电路和应用软件的开发阶段。由于本土企业对国内消费者喜好和审美的了解比国外企业深刻，加之国内企业有庞大的销售网络，熟悉国内的促销之道，产品销量一度直线上升。但由于缺乏核心技术，并对研发缺乏足够的重视，企业无法保证外包生产的产品质量，甚至无力进行维修等服务。

　　随着牌照发放量的增加，手机行业竞争的加剧，国产手机的市场份额和利润均急剧下降，一些代工厂自身取得牌照后也不再为国内企业代工生产。因此，这种情况下，本土手机企业才开始关注研发，一些技术实力较强的企业开始成为国产手机行业的"领头羊"。但即便是联想、中兴、夏新等自称自主研发的企业，在芯片、底层协议等关键部件和系统上仍完全依赖国外供应商。国内手机制造企业的研发活动主要集中在 ID 设计、应用平台开发、新功能的集成等方面。

另外，2002 年中国联通推出 CDMA 网络平台时，首次在中国采取通信产品与服务捆绑销售的运营方式。随后，中国移动也进行了"定制手机"的试点。目前，移动"定制手机"已成为中国手机市场的一大主要销售模式。为满足新业务的需要，中国移动要求供应商根据自身业务的需要研制具有相应功能的手机，这种产业链上下游的合作一定程度上促进了手机企业的研发，保证了企业生产与市场需求的一致。

2. 手机产品的技术树

在学习相关领域知识和向行业专家请教的基础上，我们总结出手机产品的技术树，如表 2-9 所示。

表 2-9　手机产品的技术树（各级技术模块）

一级模块	二级模块	三级模块
整机	结构设计	
硬件	主板	设计、无线收发信机、基带信号处理电路、基带控制电路、存储电路
	外壳	设计、制造
	人机交互	键盘 PCB 板、显示屏、按键、听筒、麦克风、摄像头
	外部接口	蓝牙、红外、USB、串口
	其他	EMI/EMC、环境适应性和可靠性电路
	电源	电池、充电器
软件	人机界面（MMI）软件	
	应用软件	GSM 第一层软件（L1 层软件）、GSM 第二层软件（L2 层软件）、GSM 第三层软件（L3 层软件）、数据/传真服务软件、测试及维护软件
	协议软件	GPRS 协议软件、WAP 应用协议软件

3. 技术引进模式

目前，国内手机制造企业主要采用以下方式来"以市场换技术"。

（1）代工生产

国内手机生产企业大多采用 OEM 或 ODM 的方式，请韩国或中国台湾地区的企业代工生产。这种生产方式一方面弥补了部分国内手机制造企业生产能力不足的缺陷，另一方面也有助于国内手机制造企业了解世界上比较先进的生产方式。

（2）出借牌照

1998年12月，信息产业部和原国家计委联合发出《关于加快移动通信产业发展的若干意见》，明确了手机制造业的"牌照"制度。这一政策在一定程度上限制了外资的进入，无法获得牌照的企业只能采取与国内企业合作的方式进入中国市场。受牌照所限，三星、LG、华硕、英华达等企业都曾与国内手机制造企业合作，或为国内企业代工。不过，国外或中国台湾企业一旦获得牌照，便往往不再与国内牌照提供商合作。三星与科健、LG和浪潮的合作关系终结都属此种情况。

（3）设计外包

设计外包也是国内手机制造企业常用的合作方式。他们比国外企业更了解中国市场，可以敏锐地感知消费者的喜好和需求。但是这些企业缺乏设计能力和相应技术，因此常常采用设计外包的方式，请国外或中国台湾地区的设计公司为之进行产品外观和结构等的设计。在合作中，中方设计及技术人员也积累了一些设计经验。

（4）与供应商合作

自己进行生产的企业会与芯片、协议栈等核心零部件的供应商达成合作协议，供应商与手机制造商的研发及生产人员进行技术交流，并提供与所供给产品相关的技术培训。这类培训和交流更多的是使国内手机制造企业能够更好地使用供应商的产品，实现兼容性，并发挥其功能。不过，联想等一些技术实力较强的企业也开始向上游供应商提出要求，使供应商为其进行研发或向供应商定制产品。

4. 技术引进效果

前文已对国内手机制造行业的经营情况和技术引进模式进行了分析，这些特征决定了国内手机制造企业对技术的引进和消化吸收难以重视，它们更关注市场分工、渠道优势和短期利润。因此，若以获得技术和生产能力为判断标准，手机行业的技术引进效果并不理想。如图2-7所示，从模块成本占总成本的比例看，半导体技术所占成本最高，但我国几乎没有换来手机的芯片技术；其次是软件的成本，其中非常重要的底层协议软件技术我国也没有换来；我国企业从国外学到了一部分设计技术和存储电路、控制电路技术以及操作系统等应用软件技术。根据调查，目前我国手机制造企业对国外的技术依赖程度仍高达60%以上。

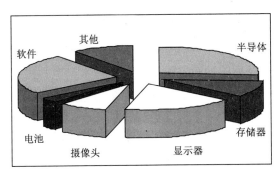

图 2-7　手机主要模块成本比例

但是，通过代工、合资办厂等方式，国内企业在生产中逐步积累了一定的技术经验，形成了部分模块的自主研发能力，而其他模块可以通过采购的方式获得。同时，国内手机制造企业普遍认为，"以市场换技术"对企业的技术能力和生产能力的提高起到了较大的促进作用；在"以市场换技术"过程中，企业还学到了国外企业先进的管理经验，对企业的研发过程设计、生产流程控制、质量控制等能力的提高具有重要意义。

5. 差距和发展方向

手机由主板、人机交互设备、外壳、外部接口、电源等硬件和协议软件、操作系统、应用软件、人机界面软件、测试及维护软件等软件组成。调查显示，国内手机制造企业普遍认为主板、协议软件、测试及维护软件、应用软件等是手机的技术重点，如图 2-8 所示。

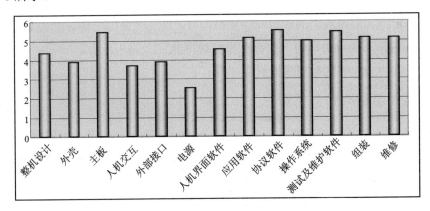

图 2-8　手机各部件/技术的重要程度

说明：1～7 打分，7 为非常重要，1 为非常不重要。

从产业链分工角度看，我国的手机制造企业大多属于平台级厂商。企业很少做基础研究，不涉足基带、射频芯片等核心技术领域，大多是基于产品进行开发，集成行业内外的先进技术，开发新的功能，满足消费者需求。而基础的技术和协议多需从国外购买。

从产品的具体结构角度讲，手机的设计包括外观设计、集成电路设计等。目前，我国企业已掌握外观及部分电路设计技术。手机产品由硬件和软件两部分组成。硬件主要包括外壳（含结构件）主板、人机交互、电源管理、外部接口、EMI/EMC、环境适应性和可靠性电路等部分。其中主板上的基带芯片、射频芯片等技术为摩托罗拉、诺基亚、德州仪器等企业掌控，我国企业只能够买其生产的模块。部分国内企业已拥有主板的电路设计及制造能力。软件方面的协议，尤其是底层协议，我国企业没有掌握，需要购买，这类软件基本与主芯片绑定一同进口；操作系统平台大部分企业从微软处获得。大部分国内企业掌握了人机界面软件、应用软件、测试软件等应用层软件的开发能力，可以自行设计、编写；部分传输协议软件属于行业标准，是经国际电联认可后，各国需共同遵守的标准。

在工艺技术方面，我国企业基本上已从过去的生产中逐步掌握了手机的组装和维修技术，只有少量组装和维修工艺需要从国内企业或院所学习而得。但由于大部分企业采取元器件外购的生产方式，我国手机制造企业在元器件生产方面的工艺积累十分有限。

同时，目前国内运营商已开始参与手机国际标准的制定。国际电信组织已经委托中国联通制定由其率先推出的双模双待手机标准，这也是国际手机标准的制定工作中，首次由中国运营商主导的事情。我国在手机标准制定上越来越有发言权，这意味着国内手机行业在将来能够拥有更多的机会。

6. 某手机制造企业案例

1998 年起，我国手机制造行业开始起步，1999—2001 年国产手机市场占有率几乎每年都以 50%左右的速度增长。通信行业的快速发展使众多企业看到手机制造业的巨大商机，但"牌照"制度限制了很多企业的进入。某电子信息企业正是在这种情况下进军手机制造行业的。为了获得生产许可，该企业最先与另一家先期获得手机生产牌照的企业创立了合资企业，后又购回了该手机制造企业的全部股权。该手机制造企业建立之初，几乎都以 OEM、ODM 方式生产，企业再借用自己原有的渠道和品牌优势销售产品，尤其是在二、三级市场。其后，该企业从一个台湾企业处购得手机生产平台，并获得了相应的技术支持，开始自己生产产品，但芯片、显示屏等核心部件仍依靠国外或中国台湾企业提供，该企业基本只能做贴片、组装、测试和销售工作。

随着 2004 年国产手机全线受阻，国内企业逐步认识到技术特别是核心技术对于手机制造的重要性，该企业也开始进行研发。该企业独自与国外企业、设计公司合作进行产品外观、主板及软件的设计，并集成先进的技术及功能于自己的产品之中，以引领或满足消费者的需求，但仍未掌握协议栈等核心技术，需要从国外引进。而外国企业也不希望中方掌握核心技术，他们或者对核心技术进行封锁，或者收取昂贵的专利使用费，分享中方企业的利润。该企业负责人称，交给国外企业的专利费为手机价格的 10%～20%，因此，该企业虽已成为国内手机制造企业中市场份额较高的企业，但获得的利润却十分有限。

五、计算机行业情况[①]

1. 发展历程

建国之初，我国就开始了计算机方面的研究，1958 年中科院计算所成功研制了我国第一台小型电子管通用计算机 103 机（八一型），这标志着我国第一台电子计算机的诞生。此后我国在大型和巨型计算机研制中不断取得突破。

但就个人计算机而言，我国起步较晚。1985 年 6 月，中国第一台自行研制的微机——长城 0520 研制成功。1987 年 5 月，第一台国产 286 微机"长城 286"投向市场，年产量 2 万台，比 Intel 发布"80286"晚了 5 年。其后，我国微型计算机产业快速发展，2006 年我国微型计算机产量已达 9336 万台，如图 2-9 所示。同时，出口量也不断攀升，2005 年我国计算机产品销往美国、韩国、日本、英国、法国、德国等众多国家和地区，总价值 763 亿美元。不过，除了国内企业的成长外，跨国公司将生产基地向中国转移也是我国计算机制造业规模快速增长的重要原因。

[①] 本研究主要针对微型计算机中的台式机。

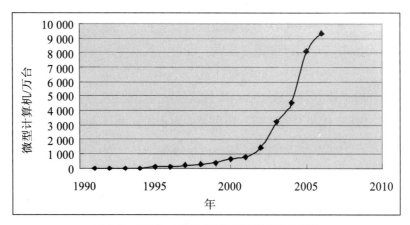

图 2-9　1991—2006 年我国微型计算机产量

数据来源：信息产业部及国家统计局统计公报

　　由于计算机产品高度标准化，加之计算机制造行业竞争激烈，甚至被许多企业和学者认为除了少数核心元器件外，该行业几乎处于完全竞争状态，因此规模效益和专业化分工对其发展产生了重大影响。各计算机整机生产企业通常采取选择产业链上某一细分环节作为自己的核心领域，由企业内部完成，其他大部分生产和销售环节通过购买和外包等方式在企业之外进行。鉴于国内缺乏 CPU、硬盘、显示器等关键部件的核心技术及生产能力，我国计算机制造企业大部分处于整机设计、组装和测试阶段。绝大部分核心元器件均需从国外或我国台湾地区采购。本土计算机制造企业主要从事产品的定位和设计工作，部分企业也进行一些功能和模块上的创新。一方面，通过市场调研，详细了解消费者的需求和喜好，推出满足细分市场需要的产品系列，这主要体现在外观设计、价格、配置等方面。另一方面，结合当前电子信息行业的技术发展前沿，采取独特的设计理念，将新的技术和模块融入计算机产品，创造出新的功能或使用模式，再在广大消费者中推广该功能或模式。例如，清华同方推出了可以不用开机、插入特定的存储卡就可播放音乐的机箱。但计算机品牌制造商往往只给出创意或原始设计，这些创新的具体实现大多在代工厂或外协厂完成。至于整机的生产和组装过程，有些企业有自己的装配厂，有些企业的组装工作也由代工厂完成。在这样的情况下，国内品牌计算机制造企业的核心技术及管理人员大多认为我国企业和科研院所在计算机核心技术上难以突破，而且随着分工的不断深入，我们也没有必要自己生产所有的模块。他们有时也会参与国家的科研课题，但有的是为了提高企业知名度和国家的认可度，有的仅是参与那些非核心的、可能会产生较易转化的产品或技术的研发工作，以期在可预测的将来率先使用该项技术。

总体来说，我国计算机行业的发展体现出以下几个特征：

首先，计算机制造企业的盈利能力下降。由于计算机硬件行业竞争异常激烈，虽然计算机产量连年攀升，但企业的毛利率却不断下降。据统计，我国规模以上计算机制造企业的销售利润率仅为 3.56%，很多二线品牌已被兼并重组或者退出市场。根据赛迪顾问发布的报告，2006 年中国个人计算机市场包括台式机、笔记本电脑和服务器在内的销量达到 2 337.4 万台，同比增长了 17.5%，但受价格快速下降的影响，销售额仅同比增长 7.7%，为 1 304.4 亿元。同时，本土企业在全行业收入和利润中的比重均比 2005 年下降了两个百分点，与三资企业的差距不断拉大，日益影响国内计算机制造业发展的基础。

其次，市场竞争日益加剧，产业格局出现新的调整。一是外资企业加大了对低端市场的争夺，对本土资本企业的成本和市场优势构成了新的挑战，也使其市场份额出现了不断扩大的趋势。二是元器件行业竞争加剧，对整机行业的影响明显，如芯片、液晶面板市场竞争加剧都导致整机价格大幅缩水，这也预示基于产业链的竞争格局日益形成。三是服务商和渠道商对制造企业形成新的竞争，如电信运营商大力发展定制业务，大型渠道商介入制造领域、部分代工企业发展自主品牌等，将引起产业格局新一轮的洗牌。四是国家间竞争日益激烈，周边地区日益重视电子信息产业发展，在市场和劳动力等方面的优势日趋显露，国际产业转移和跨国投资逐步出现新的分流。

再次，关键元器件受制于人的状况仍未改变。我国本土资本企业集成电路设计总体水平不高，真正根植于中国的大规模集成电路制造体系尚未形成，测试和封装的工艺仍需改善。由于产业链条不完善，尤其是缺乏具备较强实力的显示器生产企业，导致整机制造乃至全计算机生产行业面临较大的发展瓶颈。核心材料及设备等配套产业仍处在起步阶段，对完善产业链的支撑作用也有待加强。

最后，激励和促进自主创新的环境仍待改善。有助于产业自主创新的配套政策还不完善，管理体制仍不能满足自主创新的要求，计算机产业的自主创新在人才、资金和体制上的瓶颈较为明显，资金投入向企业研发倾斜的机制仍未形成。企业自主创新能力亟待提高，长期科技投入的意识和基础不足，合作创新的机制有待健全。创业投资体系不尽完善，法制建设和政策扶持的步伐滞后于产业发展的实际需要。

2. 计算机产品的技术树

在学习相关领域知识和向行业专家请教的基础上，我们总结出 PC 机产品的技术树，如表 2-10 所示。

表 2-10　计算机产品（PC 机为例）的技术树（各级技术模块）

一 级 模 块	二 级 模 块	三 级 模 块
整机	结构、外观	
主机	硬盘	磁头、电机、接口、盘片、其他
	主板	CPU（控制单元、逻辑单元、存储单元——设计，芯片、缓存、封装）
	其他	内存、主板、光驱、声卡、网卡、电源、风扇、机箱、USB 接口
外设	显示器、电源、音箱、键盘、鼠标	

3. 技术引进模式

如图 2-10 所示，从计算机行业科研经费的分配情况可以看出：第一，随着生产经验和整体实力的增加，企业技术引进的费用开始降低；第二，用于消化吸收所引进技术的投资一直非常少；第三，近年新产品开发支出连年增加，说明企业都在开发新的产品，即在满足细分市场需求或引领新的功能等方面下了不少工夫。同时，从科研经费支出情况也可以看出，我国计算机制造企业在核心技术研发及引进上投入较少，且有下降趋势；企业研发的重点在于产品的外观设计、增加完善辅助功能等方面。

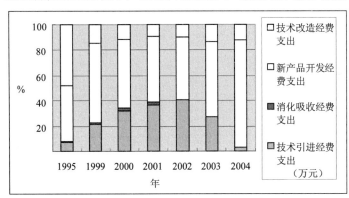

图 2-10　电子计算机及办公设备制造业各类科技投入占总研发支出的情况

数据来源：高校财经数据库（China Info Bank）

企业的运作模式和科研投入特点决定了我国计算机行业的技术引进、技术合作和技术获取主要采用下述模式：

（1）购买元器件，从元器件厂商处学习

对于国内品牌计算机制造商而言，CPU、硬盘、显示器等计算机核心元器件均需从发达国家或我国台湾地区购买，为了更好地使用所购得的产品，企业可能会与供应商进行一定程度的技术交流。例如，请 Intel 对企业研发人员进行培训，甚至帮助建立相关实验室，以便更好地发挥 Intel 芯片的作用，使整机设计与 CPU 协调。这种技术学习的范围较窄，对本土资本企业技术人员能力提高的促进作用十分有限。

（2）与其他企业合作共同开发产品

在一些新的系统功能研发方面，国内品牌计算机制造企业之间也会进行合作。往往是由某个政府部门牵头，几家企业结成"技术联盟"，共同投入人力、财力进行某项技术或模块的研发，所形成成果以"专利池"方式在联盟内共享。这种联盟一般在本土企业群体中进行，很少涉及从外资企业处换得的技术。

（3）与代工厂合作完成设计及生产环节

由于本土计算机制造企业生产与制造环节大部分采取外包方式，企业与外协厂、代工厂的合作非常频繁，由此即会在设计和生产中进行一定程度的技术交流，但主要集中在代工厂帮助品牌制造企业在产业化中实现其产品的设计理念和新增功能等方面。

4．技术引进效果

目前，国内品牌计算机制造企业的特点和合作模式决定了其较少具有真正意义上的技术引进和合作，而是更多地处于产品/模块的购买及生产流程外包阶段。因此，在这一过程中，企业学到的外方技术是十分有限的。

根据调查，如果把我国台湾地区的企业也算作是"外资"，则本土资本计算机制造企业对国外技术的依赖高达80%以上，其中CPU、显示器等关键部件几乎全靠进口，如表2-11所示。企业换到了主板、音箱、鼠标等模块的部分技术，按产品成本计算，换取比例在7%左右。企业发展也在不同程度上受到国外供应商的影响，企业难以控制其产品成本，一些企业反映其生产进度也常常受到供应商的影响。同时，通过与众多企业技术负责人的交谈，我们发现，目前本土资本企业基本没有自主研发核心技术的打算，大家普遍认为以当前的市场状况、企业的技术能力和资金实力，本土资本企业没有必要也没有能力实现芯片等核心技术的突破，在细分市场中找准位置、进而创造利润才是企业的当务之急。

表 2-11　计算机产品所换得技术的比例

计算机产品	该模块成本占总成本的比例/%	换取比例/%
CPU	16	
硬盘	8.5	
内存	5	
主板	13.5	23
光驱	4.3	
显卡	13	
风扇	3.3	
机箱	4	
显示器	24.7	10
电源	3.2	
音箱	3	16
键盘/鼠标	1.5	16

5. 差距和发展方向

计算机产品的差异主要表现为功能和性能的不同。它的性能主要由 CPU 速率、内存和硬盘大小、显示器分辨率等因素决定，这些模块的性能与整机技术水平的关系非常紧密；而个人计算机的功能则由整机设计、功能模块及操作软件等因素决定，功能多寡更多的是与对需求的了解和创新性的设计和模块集成相关，相对而言，技术水平方面的要求不高。

由于计算机行业竞争激烈，而我国企业又缺乏核心技术，我国计算机生产企业大多属于平台级生产商，通过整合外部的技术和配件进行生产经营活动。企业自身大多不具备核心模块的设计和生产能力，难以改进和提高产品性能，只能在功能上下工夫，通过外观设计和功能模块的增加吸引消费者。

计算机行业竞争激烈，但一些核心模块仍被少数国外公司所垄断，如产业中绝大多数 CPU 都是由 Intel 和 AMD 生产的，操作系统大多是微软开发的。中国大陆企业不具备生产芯片、硬盘等核心模块的能力，只能跟着 Intel、AMD、Microsoft 等公司走，它们提供怎样的产品，我国企业就只能使用怎样的模块组装自己的产品，故产品设计和生产常常受制于人，且大部分利润被供应商分得。但是，我国计算机生产企业在产品功能创新上积累了不少经验，也培养了一批人才，可以根据相关技术发展和市场需求，开发出更适合消费者需要或具备更多功能的产品，以此在中国市场上占据一定的优势。

在我国，计算机应用的普及、互联网络的发展等使得消费者对个人计算机的需求越来越智能化、多样化。消费者希望个人计算机具有更加时尚的外观，操作更加方便，能够实现更多的功能，且产品性能越来越稳定，价格也越来越低。因此，我国计算机生产企业要保持功能模块创新方面的优势，推出更具特色的产品，同时也要力争在核心技术上取得突破，基于此才可能摆脱在产品设计和生产方面受到的来自发达国家的技术束缚。

6. 联想集团案例①

1984 年，此前曾在国防科工委十院四所和中科院计算机所从事科研工作的柳传志和其带领的 10 名科技人员预期 PC 必将改变人们的工作和生活。于是，他们揣着 20 万元人民币的启动资金，在北京租来一处传达室开始创建北京计算机新技术发展公司（联想集团前身），后来易名"联想"（当时英文名为 legend）。

联想创建之初，主要是做"贸易"。柳传志认为，学会做贸易是实现高科技产业化的第一步。"不把贸易做通、做好，再好的科研产品你也不知道怎样卖出去"；"会做贸易以后，看问题才会有穿透力"。到 1987、1988 年，联想代理的 AST PC 每个月能售出几百台。计算机贸易不仅使联想建立了畅通的销售渠道，建立了与政府等部门间的密切关系，而且使联想技术人员对个人计算机产品和消费者需求有了较为深入的了解，为企业后来的产品生产和设计积累了宝贵的经验。

打通销售渠道后，联想开始自己生产产品。联想第一台自有品牌计算机是 1990 年推出的，从此联想由进口计算机销售代理商转变为拥有自己品牌的计算机生产商和销售商。1996 年，联想 PC 超过所有国内外品牌，在国内市场的占有率位居首位，此后一直是国内 PC 市场的领导者。在生产过程中联想以市场细分、提供差异化的产品等形成了竞争优势。与国内大多数计算机制造企业类似，联想也不具备 CPU、硬盘、显示

---

① 新浪科技，联想品牌发展史十件大事，http://www.sina.com.cn，2003-06-10.

　新浪科技，联想正式宣布完成收购 IBM 全球 PC 业务，http://www.sina.com.cn，2005-05-01.

器等关键部件的核心技术及生产能力,需要从国外或台资企业进口这些核心部件,并在供应商的帮助下了解这些部件的性能,以便更好地在自己的产品中使用它们。供应商的价格变化和供货情况对联想的产品成本及企业生产活动的影响非常直接。但联想具有渠道优势,且熟悉消费者需求,因此它善于提出新的产品概念,满足不同的细分市场用户。例如,1992 年联想提出"联想 1+1"、"家用计算机"的概念,成为中国家用计算机的首创者;1999 年联想发布具有"一键上网"功能的互联网计算机;2004 年联想推出专门为乡镇家庭用户设计的"圆梦系列计算机",开发了中国乡镇计算机市场。

2004 年 12 月 8 日,联想集团宣布以 12.5 亿美元收购 IBM 全球个人计算机业务,包括台式机和笔记本电脑业务部门,以及位于美国北卡罗利和日本大和的研发中心。"新联想"随之成为全球个人计算机行业第三大供应商。同时,通过并购,联想快速得到了 IBM 的一些核心技术。合并后,联想多次派出中方技术人员到美国、日本等研究院与原 IBM 技术人员一起工作,学习他们的技术和设计经验,力争通过"干中学"和"非正式沟通"将外方技术人员的缄默知识转化为显性知识并被我方人员所掌握。因此,有学者认为,联想收购 IBM PC 也是一种变相的"以市场换技术"。

第四节 基于五行业调研的初步结论

一、形成前述技术换取效果的主要成因

调研发现,就本项研究所涉及的五个行业而言,行业技术积累、行业特性、政府政策强度、行业市场竞争程度、企业的价值观、所采用的换取方法、企业实力等七类因素都会影响我们"以市场换技术"的实际效果。

1. 技术积累影响换取效果

从本研究涉及的五个行业"以市场换技术"情况来看,技术能力强、积累多的行业换取技术的效果较好;技术能力弱、积累少的行业换取技术的效果较差。

首先,技术基础决定了技术学习的难易程度。在"以市场换技术"的政策实施之前,发电机行业、程控交换机行业都有相关的生产经验,积累了一定的技术能力,故在其后的技术交流、技术学习过程中,企业技术人员能够较容易地理解并接受外方提

供的技术，甚至能根据自身经验对相应的技术进行改进；而在汽车、计算机、手机等我们缺乏技术积累的行业，因为技术人员最初缺少必要的技术积累，由此导致我们难以在短时间内理解、掌握国外的先进技术，而只能从边缘技术逐步学起。

其次，技术能力决定了技术供给的先进程度。当国内企业技术能力较弱时，国外企业只会提供比国内稍稍先进的技术，由此我们得到的往往是二流甚至在国外已被淘汰的技术。而当国内企业的技术能力较强时，外方必须使用比较先进的技术参与竞争，以便在技术上获得竞争优势。例如，20世纪90年代我国PC机产业刚刚起步时，"286"产品在中国市场上的推出时间比Intel发布"80286"晚了5年，而随着我国企业和市场的逐步成熟，"奔腾"系列产品在中国市场即与世界发达国家同时发布。

再次，技术能力决定了外商参与合作的积极程度。课题组经调研发现，无论国内外企业的技术能力相差很大还是相差无几，国外企业都愿意与国内企业进行技术合作。因为，当国内外企业的技术能力相差很大时，国外企业认为国内企业的成长不会对他们构成威胁，由此他们会给国内企业传授一些比较基础的技术和工艺。如上海贝尔引进比利时贝尔的交换机技术之初。而当两者的技术差距缩小后，国外企业惧怕国内企业赶超他们，抢占他们的市场份额，因此会采取技术封锁等方式，以防止国内企业获得其技术。当国内企业通过努力与国外企业技术能力相当甚至在某些领域超过国外企业时，国外企业即可能转让先进技术，一方面因为他们知道即便他们不教给我国国内企业，我国国内企业也具备了自行研制相应技术的能力；另一方面，两者的技术交流和共享也有利于相互学习、共同提高，诸如当前的发电机行业。

2. 行业特性影响换取效果

有些行业已高度全球化，产业分工明确、细致，规模效益十分明显，并且最核心的技术集中在少量元器件或模块之中。国内企业往往在产业链中找到了与自己的优势相适应的产业链环节。国内企业普遍认为，试图掌握核心技术或涉足产业链上其他环节，这往往是不经济的，也是不现实的。例如，在计算机行业，我国企业大多给自己定位为系统厂商，进行结构和外观设计、系统独特功能集成和部分软件的开发。他们认为，自己与CPU、硬盘、显示器、主板等元器件的供应商之间分工明确，不容易也没必要掌握他们已经掌握的相关技术，故国内企业普遍不会在获取这些技术上下工夫。而在另一些行业，核心技术在最终产品中体现较多，或是分工不够细致、竞争不如前述行业激烈，需要在企业内完成产品的主要部分。例如，在汽车行业，虽然也有很多零配件厂商进行配套，但产品的附加值多在整车厂产生，为了获得竞争优势，整车厂也需要对各供应商有很强的控制力。在这些行业，企业就会比较重视技术和经验的获取，进而"以市场换技术"的效果也就较为明显。

此外，鉴于政治等方面的因素，对我国国家安全和国家战略有着重要影响的技术，国外企业一般不会转让给我们，国内企业也难以从国外换取；而对一般性质的技术，国外设置的壁垒多数较低，国内企业有可能通过"以市场换技术"的方式获得。

3. 政府政策强度影响换取效果

在一些行业，政府有明确的政策，规定在合资、合作中外商必须转让哪些技术，甚至政府直接出面干预；或者在重大项目招投标中明确规定投标的外国企业必须转让技术给中国企业。故在这些行业，我们"以市场换技术"的效果就好一些，如发电机行业和程控交换机行业。而在另一些行业，政府没有关于技术转让的明确规定，国内企业在相关合同中也没有明确的约定，我们"以市场换技术"的效果就差一些，甚至出现"让出了市场，却没有换来技术"的局面，如手机制造和计算机行业。

4. 竞争程度影响换取效果

在全球市场上竞争激烈的行业，我们"以市场换技术"的效果相对较好；而在垄断性较强的行业，换取技术的效果相对较差。在某些行业，核心技术由国外少数企业垄断，这些核心技术难以替代，就不易获得。例如，计算机芯片几乎全是 Intel 和 AMD 生产的，其他企业目前还无法涉足该领域。而在某些行业，核心技术被国外多个企业掌握，这些企业考虑到如果自己不授权，其他企业也可能授权给中国企业使用其技术，或者为了在中国抢占更大的市场份额，国外企业往往也会转让技术给中国企业。例如，20 世纪 80 年代，我国分别与贝尔、西门子、北电、AT&T 等多家跨国公司合建程控交换机生产企业，这就迫使或诱使他们都向我们转让一些技术。

5. 企业价值观影响换取效果

企业的核心价值观决定着企业对技术的重视程度，也直接影响到"以市场换技术"的实施效果。认识到技术是企业长远发展不可或缺的动力的企业，必然重视技术的引进、消化、吸收和再创新。认为企业只需在产业链中找到自己的位置，从事产业分工中某个环节的企业，常常不认为自己要有某些方面的技术优势，自然也就不重视技术的学习、获取和创新。

当然，技术对企业发展的重要程度，企业对技术重要性的认识程度，也会随着企业、行业的发展而变化。例如，2004年前，渠道优势使我国不少企业的市场份额不断提高，与此同时，大部分手机制造企业不重视技术。而2004年后，随着竞争的进一步加剧，渠道优势的减弱以及对国外技术的依赖制约了不少企业的发展。这时，不少手机制造企业也就主动或被动地开始投入大量人力和资金进行技术开发。

6. 采用的方法影响换取效果

调研发现，采用的换取方法不同，换取技术的效果也不同。相比较而言，合作研发、技术培训等方式对国内企业的技术能力提高效果较为明显；外包设计、向供应商定制产品等方式对我国企业的技术能力提高效果有限；合资办厂的方式在一些企业取得了较好的效果，而在另一些企业没能对技术能力提高起到明显的促进作用。

7. 企业实力影响换取效果

要想有效地从国外换取技术，还需要本土企业拥有比较丰富的人力资源和资金。因为无论是技术购买、技术合作，还是外聘专家，成本都是比较高的。调查显示，价格被认为是企业无法有效获取技术的最为重要的因素之一；同时，技术实力也被认为是能否快速学到国外技术的重要因素。实力弱的企业往往无法承受换取技术的昂贵成本，也缺少具有相当技术积累的工程技术人员，也就难以换来有价值的技术。

二、以市场换技术政策的正负面效应

1. 以市场换技术的正面效应

总体上看，"以市场换技术"战略和政策的实施产生了七种正面效应（或称效果）：一是促进了我国不少产业技术的发展；二是促进了某些产业技术经验的积累；三是促进了专业技术人员的培养；四是促进了一些产业及其产业链的发展；五是促进了不少企业管理水平的提高；六是促进了一些地区就业的增加和经济增长；七是满足了消费者对于某些产品增长的需求。

（1）促进了我国不少产业技术的发展

"以市场换技术"战略和政策的实施，在汽车、发电机、程控交换机、手机、计算机等行业都或多或少地取得了一定成效，有助于这五个行业的技术学习和经验积累，提高了这五个行业整体的技术能力，促进了这五个行业的发展。由于政策压力和市场利益驱动，外商在华投资的技术往往比出售的技术先进，同时，为了实现企业的正常运营，外商即会主动将一些技术和工艺传授给中方人员。因此，通过"以市场换技术"的方式，加之中方技术人员的努力，在与国外企业的技术交流、技术培训、技术转让中，国内企业用较少的成本、较短的时间掌握了比较先进的技术，一些技术甚至填补了国内空白，缩小了我国与国外的技术差距，为我国相关产业技术的发展奠定了基础。例如，与世界先进汽车生产商多年的合资、合作，使得我国汽车制造企业逐步掌握了整车设计、生产的技术方法和工艺流程，为我国企业的自主创新积累了宝贵的经验。

同时，消化吸收国外技术时也会激发我方技术人员的灵感，促进其在消化吸收的基础上进行相关技术的再创新，尤其是对引进的技术、工艺进行改进以适应中国的市场需求和国内企业的生产需求。此外，消化、吸收国外的技术，也引发了我国企业以产业关联为基础的技术波及效应，带动了相关产业的技术发展。

（2）促进了产业技术经验的积累

对于计算机、手机、汽车等原来国内技术和生产经验不足的行业，技术经验的积累非常重要。即便是拥有了先进的生产线，企业也未必能生产出合格的产品。在"以市场换技术"的过程中，外商为了使我国国内企业或合资企业能够生产出合格的产品，会对我方人员进行培训，使其至少具备设备的使用和正常生产的能力。这就像如果没有电信研究院十所几十年的交换机研究积累，大唐公司就不可能在美国企业 ITTI 投入集成电路等技术后快速开发出数字程控交换机；没有联想等企业多年生产计算机的经验，紫光的 PC 团队就不可能一下子了解计算机技术一样，产业的技术经验积累是产业发展和技术进步的必要条件。

（3）促进了专业技术人员的培养

在"以市场换技术"的背景下，国内本土资本企业在与外商合资、合作过程中培养了大批有经验的员工，他们或者经过外商系统的技术培训，或者在与外方专家的共同工作中学到了对方的经验，或者在参观访问和生产实践中逐步摸索到了门路。总之，合作中，众多中方技术人员得到了锻炼，提升了能力，许多中方技术人员已可替代或部分替代外国技术人员承担相应的工作。

（4）促进了产业及产业链的发展

"以市场换技术"战略和政策的实施，降低了我国汽车、发电机等行业的进入壁垒，使我国本土资本企业有机会了解世界、了解发达国家汽车行业的先进技术和管理经验。外资的进入也加剧了相关行业的竞争，增强了企业的危机意识，促进了企业改善经营观念、提高技术水平、完善产品和服务。实施"以市场换技术"，也打破了国外产品在交换机、手机等行业的垄断地位，促使他们将技术带到中国，教给中国人，对我国本土资本企业的建立和发展起到了不可低估的作用。

与此同时，与外商的合资、合作也促进了我国国内一些行业的产业链发展。特别是产量的增加，国产化率的提高，都为一些行业的产业链上下游企业提供了广阔的市场。例如，据专家测算，汽车工业产值与相关产业的直接关联度为1:2，间接关联度则达到1:5，汽车产业的产值可以带动相关产业产值增长2.5倍，汽车工业每增加1元，即会给上游产业带来0.65元的增值，给下游产业带来2.63元的增值①。

（5）促进了企业管理水平的提高

调研发现，我国本土资本企业与国外企业合作中最为重要的收获之一，就是学到了外商先进的经营管理经验。在共同生产合作和参观学习中，国内企业学到了质量控制、研发及生产流程管理、知识管理等先进的企业管理经验，这对企业生产经营能力和管理水平的提高起到了非常重要的作用。

（6）促进了就业增加和经济增长

改革开放之初，我国外汇相对匮乏，"以市场换技术"的战略和政策比"以资金换技术"等政策更适应我国当时的发展需要，缓解了国家外汇缺乏的困难，促进了经济增长。实施"以市场换技术"战略和政策以来，我国汽车、程控交换机、计算机、发电机等行业均持续快速增长，2006年我国汽车产量是1991年的10倍多，计算机产量由1991年的13万台增加到2006年的9 336万台；发电设备也由1978年的484万千瓦增加到2006年的11 000万千瓦。这些行业的发展不仅为我国整体经济增长做出了重要贡献，也促进了整个社会就业的增加。以汽车行业为例，1个汽车厂的工作岗位，可以带动上下游产业11个就业机会②。

（7）满足了消费者日益增长的需求

实施"以市场换技术"的战略和政策，进一步打开了国门，丰富了我国国内的商品市场，促进了国内消费者日益增长的需求的满足。例如，引进程控交换机技术后，

---

① 关税壁垒打破：中国汽车业驶上"新征程"，中国金融网 http://www.zgjrw.com，2006-07-08.

② "以市场换技术"争论折射出的自主创新话题，央视国际，2006-02-16.

我国逐渐具备了自己生产程控交换机的能力，并促使国外卖给我国的程控交换机的大幅度降价，进而促进了电话在我国的普及，加快满足了我国国内的商务及个人沟通的需要。

2. 以市场换技术的负面效应

我国实施"以市场换技术"的战略和政策，也产生了一些负面效应：一是加剧了国内一些行业的市场竞争，使国内某些行业企业的利润下降；二是使一些本土资本企业形成了对国外技术的较多依赖；三是不利于本土资本自主品牌的培育；四是额外增加了一些企业的经营成本；五是加剧了我国东中西部经济发展不均衡的矛盾。

（1）加剧了市场竞争，使国内企业利润下降

实施"以市场换技术"战略和政策，降低了我国国内一些行业的进入壁垒，使得一些外资较为容易地进入了我国市场。外资企业的大量进入，加剧了我国国内一些行业的市场竞争。例如，手机行业就曾因竞争过于激烈而引发了恶性的价格战，使不少本土资本企业的生产经营的利润率急剧下降。在某些行业，技术及资金均占优势的外资企业的大量进入，使得本土资本企业的市场份额急剧下降，盈利机会减少，甚至把我国一些本土资本企业挤出了国内市场。

（2）使一些本土资本企业形成了对国外技术的较多依赖

外资进入我国市场，固然给我国带来了一些先进技术，但同时也使我国一些企业对国外技术产生了依赖。在一些行业，外资企业转移转让的只是边缘性技术，中方并没有获得并掌握核心技术，只能轮番大量购买国外产品或技术。特别是，国内很多企业在与外商合资后，取消了自身原有的研发机构，这等于放弃了本土资本企业的研发努力。与此同时，由于一些领导迷信国外技术，在国内重大工程项目招标中，一些领导往往会引导业主选择国外技术和设备，这就进一步加大了我国本土资本企业对国外技术的依赖。

（3）不利于自主品牌的培育

在"以市场换技术"的政策环境下，我国建立了众多合资企业，这些企业往往引进国外的技术、设备和生产线，利用中国廉价的劳动力和自然资源进行生产。这其中不少合资企业因品牌知名度、合同限制等原因而采用国外合作伙伴的品牌，如上海贝尔、上海大众等，但却没有建立合资企业独立的品牌。长此以往，这必将不利于我本土资本企业自主品牌的培育。

（4）额外增加了不少企业的经营成本

实施"以市场换技术"的战略与政策以来，在国内不少行业，本土资本企业原本

希望"让出市场、换得技术"。但事与愿违，这些企业让出了市场，与外商合作或合资，但却没有换来外商的先进适用技术。在没有换来先进适用技术的情况下，企业只好调回头来寻找国内合作伙伴，或自己开发所需技术，这就额外增加了企业的经营成本。也有一些企业，一时获得了国外的先进适用技术，特别是生产线。但获得国外技术后，却没有努力去消化、吸收来自国外的先进实用技术，并且陷入了"引进—落后—再引进—再落后"的恶性循环。在此背景下，不少企业为了保持在同行中的技术先进性，就不得不几年一个轮回，轮番花钱从国外引进所需的技术或设备。

（5）加剧了我国东中西部地区经济发展不均衡的矛盾

实施"以市场换技术"的战略和政策，吸引了外商向我国国内投资。但受到地理条件、经济水平、技术基础、商业观念、开放程度差异的影响，改革开放以来，我国东部沿海地区引进外资的数量和额度都明显多于中、西部地区（见图 2-11）。由此，这也就导致东部沿海地区经济越来越发达，而中、西部地区的经济只能是越来越落后于东部沿海地区，进而使我国国内地区间发展不均衡的矛盾越来越突出。

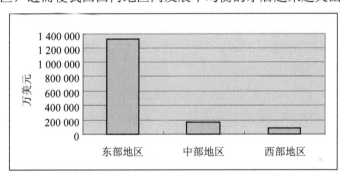

图 2-11　2005 年中国技术引进合同涉及金额的地区差异[①]

数据来源：中国科技统计年鉴 2006

三、对以市场换技术政策的总体评价

1. 该政策的制定与实施符合规律、经验与国情

第一，"以市场换技术"符合市场经济的一般规律。依照亚当·斯密的相关思想，同种产品在两国之间存在成本差异，如果每个国家都集中自己的资源优势和技术优势

[①] 国外技术引进合同有一部分无法按地区分类，所以分地区之和不等于全国总计。

去生产自己有优势的产品，那么两国之间通过交换（即贸易）即可能提高双方的利益。中国有着广阔的市场需求，发达国家有先进的技术，"以市场换技术"既能满足中国对产品和技术的需求，又能给发达国家企业提供发展空间，即有助于双方共赢。俄林理论也认为，各国要素丰裕程度（或相对要素禀赋状况）的差异是各国具有生产某种商品的相对优势的基本原因和决定因素，国家间应分工生产，并出口本国相对丰裕且便宜的要素密集型商品，如此分工和贸易将使双方获利。在现代经济中，技术也是一种重要的生产要素，其丰裕差异也必然引发国际贸易。发展中国家依靠廉价的劳动力从事简单加工型生产，以换取发达国家技术密集型产品的国际现状就是很好的例证。因此，在市场经济条件下，根据自身国情参与国际分工、广泛进行国际贸易与合作，是一国发展的必由之路。当然，国家间除了分工、协作、合作的关系外，还存在一定程度的竞争关系，而技术作为生产要素往往又是国家间竞争的重要手段。因此，一国不能什么都靠引进，至少要在事关国家安全、本国经济安全的技术领域拥有一定程度的自有技术，这样才能在既分工协作、合作又竞争的国际经济关系中立于不败之地。

第二，"以市场换技术"在国外早就有成功的先例。实施"以市场换技术"的战略与政策并不是我国的独创。日本、韩国"二战"后即进行过这方面的实践。20 世纪40 年代中期战败后，日本各行业与欧美先进国家的技术差距多在 15 年到 25 年不等。故从 50 年代到 70 年代，日本即实施技术立国战略，即借助"以市场换技术"的方式换取欧美国家的先进技术，具体做法甚至与我国八九十年代的做法如出一辙（当然，也有差别，那就是日本注重引进技术后的消化吸收再创新，而我们在这方面做得差些）。这样，经过长达二十多年"以市场换技术"的努力，日本提升了本国的技术实力，甚至在汽车、电子产品、化工等领域获得了重大突破，以至于在不少行业超过了原来的欧美技术提供方。再加上后来实施科学立国及知识产权立国战略，这才有了日本今天在众多领域对其他国家的技术优势和市场优势，才有了"小日本"在全球经济、政治生活中的"大国地位"。20 世纪 50 年代韩战后的韩国，也是"以市场换技术"提升自身技术实力、实现经济腾飞的典例。待本国技术实力增强、经济腾飞之后，韩国才走上了自主创新的道路。

第三，"以市场换技术"符合我国改革开放后谋求发展的实际国情。20 世纪 70年代末、80 年代初，当时我国开始改革开放，不少行业与欧美、日本等国家或地区有10 到 20 年的差距，个别行业的差距甚至更大一些。开放就意味着我们会与国外同行业进行某种程度的竞争。而要与国外同行竞争，我们就得千方百计地缩短与国外同行的技术差距。在力图直接购买技术的愿望落空之后，"以市场换技术"即成为20世纪90年代初我国必然的选择。这其中十分值得关注的是，我们"以市场换技术"并不是90年代初才有的新思路。事实上，建国初第一个十年，我国就有"以市场换技术"的实践。"一五"、"二五"计划期间，我们在争取苏联技术支援的同时，也购买了苏联不少物品。如果撇开当时中苏间的友好关系不谈，这事实上就是"以市场换技术"。而此后的20世纪六七十年代，苏联、东欧集团和西方世界同时排斥、封锁我国，在这种情况下，我们只能100%地自力更生。改革开放后，我们与发达国家相互打开大门，这就使我们有可能借助发达国家的技术资源来发展我国的经济。尽管在"以市场换技术"过程中我们遇到了种种困难，尽管不少行业很少甚至没有换来核心技术，但由本项研究所调查的五个行业来看，我们毕竟在这一政策背景下获得了不少国内当时没有、甚至后来一个时期内也无力开发的技术。而这恰恰是我们采取"以市场换技术"战略和政策的适当之处。

2. 该政策执行中的经验与教训并存，需认真总结

第一，政府相关部门的政策力度及监管差异较大。在"以市场换技术"战略和政策的执行过程中，我国政府相关部门（外贸、科技、财政、税务等）相继推出了一系列配套政策。总体上看，税收减免等政策优惠促进了"以市场换技术"战略和政策的实施。其中，政府对技术引进及合作的税收优惠做出了明确而具体的规定是一个重要原因。但在产业技术政策及市场准入方面，除发电机行业外，政府相关主管部门几乎没有任何明确且可执行的技术换取要求。另外，政府综合管理部门和当时行业主管部门也没有对各个行业技术换取的实际情况进行有效的监管。汽车行业虽然规定了国产化率的要求，但与以市场换技术的要求有着相当大的差距。政府相关政策不到位，政府综合管理部门和当时的行业主管部门在产业技术政策及市场准入方面的规定不到位，政府相关监督不到位，这就必然导致一些企业和驻地地方政府对"以市场换技术"的实际效果不甚关注。

第二，企业对该政策的执行情况差别较大。经调研发现，大凡技术换取效果好的行业，企业在与外商合资合作中都有明确的技术获取目标，且在实际合资合作谈判及协议签订、合资企业经营、合作项目执行等环节，都有十分强烈的技术获取愿望，都为技术获取付诸了较多努力。与此同时，大凡技术换取效果差的行业，企业在与外商

合资合作过程中，为了追求短期利益，怕影响合资合作进程或相互关系，多数没有将严格的技术获取要求写入合资合作协议之中。合资合作后，担心增加企业经营成本，这些企业也没有就技术消化、吸收、再创新等环节投入适当资金。凡此等等，必然导致这些行业没能按预期获取足够的国外技术。例如，据《2004 年中国科技统计年鉴》披露的相关数据（见图 2-12），2003 年我国大中型工业企业技术引进与消化吸收的资金投入比例仅为 1:0.07，此后各年份这一投入比例也无多大改观。而日韩两国企业技术引进与消化吸收的投入比例均保持在 1:10 左右。从我国不少行业技术引进的合同构成中也可看出，企业往往重硬件、轻软件，重生产、轻研发，认为只要能生产出合格的产品，获得利润就可以了，由此就必然导致多数企业喜欢大量引进国外现成技术和设备，而在技术消化、吸收、再创新等方面的投入较少。可以说，这是那些"以市场换技术"效果较差的行业及其企业极为普遍的现象。

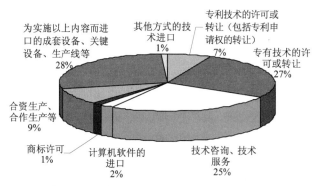

图 2-12　中国 2005 年国外技术引进合同按引进方式分类统计

数据来源：中国科技统计年鉴 2006

　　第三，该政策实施中出现了一些偏差。从历史角度看，"以市场换技术"是改革开放十年后政府为缓解当时我国先进技术供给不足的局面所采取的一项重大战略与政策。尽管当时和至今我国政府都没有关于"以市场换技术"明确的政府文件阐述，但"以市场换技术"既作为一种战略，又作为一套政策，不少政府管理部门和企业对于它都有着较为透彻的理解。同时，该战略与政策确实对 20 世纪后期十年左右我国不少行业解决技术供给短缺问题发挥了重要作用。既然不少政府管理部门和企业对于它都有着较为透彻的理解，那为什么该政策在一些行业的实施效果又不那么好呢？较为表层的原因就是该政策实施中出现了一些偏差。比较典型的方面有，一是不少政府部门和企业错误地理解了"让市场"与"换技术"的逻辑关系，以为让出了市场，就能自然而然地换到技术。其实不然，如果发达国家企业把他们具有竞争力的先进技术都给了中国企业，那他们还怎么与中国企业竞争？而我们恰恰忽视了"利益是永恒的、竞争是永远的"这一"让市场"与"换技术"之间的天然屏障。二是在尽快推动企业业绩增长、行业发展和地区 GDP 增加的"内在冲动"的驱动下，不少企业领导人、行业主管部门和地方政府记住了"让市场"，努力办好合资合作企业，但忘记了"换技术"这一"让市场"的基本初衷。这就必然导致一些企业、产业部门和地方政府只关注"让市场"，而不重视"换技术"。由此，在这些企业、部门和地区，"以市场换技术"就很难获得较好的战略效果和政策效果。

这里需要补充说明的是，"以市场换技术"是一个涉及产业行业较多、涉及技术领域较多、涉及政策范围较大的问题，本项研究仅对五个行业进行了调研，还不足以对该政策设计及其实施的利弊得失进行较为全面的评价。因此，如要对这一政策进行较为全面的评价，还需要就这一政策的实施情况在更多行业及技术领域去开展更为深入、全面的调研。

3. 现阶段需要积极实施自主创新战略

第一，中央提出实施自主创新战略恰到好处。如前所述，20 世纪 90 年代到 20 世纪末，我国实施"以市场换技术"的战略与政策符合新兴国家经济发展的一般规律，也符合我国当时的国情，该项战略与政策执行中我们的经验与教训并存。但值得注意的是，在"以市场换技术"过程中，一些发达国家正在从技术上锁定我们的发展空间，同时，过度依赖来自发达国家的技术，加剧了我国技术需求与技术供给之间的矛盾。尽管经济全球化、科技国际化日益深入，科技资源国际流动日益普遍，但发达国家长期以来对我国实施技术封锁的基本态度很难改变，"巴统"及后来的"瓦森纳协议"即是如此，我国从外部获取先进技术的渠道越来越窄。在这种情况下，我们就需要调整"以市场换技术"的战略，即应在继续努力获取可用的国外技术的同时，更要努力通过自主创新来解决我国自身技术需求与技术供给的矛盾。基于此，在新世纪初，中央提出实施自主创新的战略是恰到好处的，也是符合我国改革开放近 30 年的基本国情的[①]。

---

① 中央提出自主创新战略时，改革开放还不到 30 年。

第二，自主创新并不排斥在利我的前提下使用国外先进技术。理性地看，我国实施自主创新战略，并不是要排斥可得的利我的国外先进技术。恰恰是，我们要在自主创新与使用国外先进技术之间寻求更为利我的综合战略。一是就技术领域而言，在事关国家安全、经济社会发展基础、产业国际竞争力的共性和核心技术领域，我们必须坚持自主创新为主；在产业及社会发展的非共性、非核心技术领域，我们要积极利用国际技术资源。二是就自主创新与利用国际技术两者的资源配置而言，一方面，我们应为自主创新配置更多的资源；另一方面，在利用国际技术资源的过程中，我们也应给引进技术的消化吸收环节配置远多于引进环节的资源。只有将所引进的技术真正消化吸收了，转变为本土资本企业和机构的技术能力，才谈得上再创新，才能将利用国际技术资源与自主创新有效衔接起来，从而更为有效地解决工业化中期我国技术需求和技术供给的深层次矛盾，进而确保我国经济较长期地可持续发展。

第五节　相关政策构想

2001 年 1 月我国作为 WTO 成员国履行相关义务后，国内市场更为开放，明显保护本土资本企业或限制国外企业进入中国市场的政策及法律条款绝大多数已被废止或修改。在当今广泛开放的市场环境下，已经无所谓"以市场换技术"了，故"以市场换技术"的战略和政策也失去了存在的背景和条件。但就这一政策的实施及其效果进行分析和总结，对于未来我国调整和制定相关战略与政策仍具有重要的借鉴意义。特别是，基于前述对于我国汽车、发电机、程控交换机、手机、计算机等五个行业"以市场换技术"情况的调研和分析，我们认为，今后一个时期，我国尤其应重视外资外贸、科技及税收、企业技术战略三方面政策的调整。

一、关于外资外贸政策调整的构想

随着 2001 年起我国履行 WTO 条款规定的责任与义务，我国的外资外贸政策对国外企业及其产品的限制日益减弱。但在 WTO 条款允许的范围内，我们还是应该加强相关控制和监管力度，为本土资本企业和国家技术及经济的发展争取利益。

1. 加强对外商在华产业投资的引导

在实施"以市场换技术"战略和政策过程中，我国政府相关部门在规范外资市场准入、引导外商在华投资投向、规范外商在华经营等方面开展了大量工作，取得了相当程度的成效。未来我们还应继续加强政府对外商在华投资的引导和管理，通过与时俱进地调整外资外贸政策，引导外商重点投资于我国需要大力发展的行业，引导外商带来更为先进的技术，引导外商将其技术在中国更为有效地扩散。具体可采取如下措施：一是定期调整外商在华投资导向目录，高度重视相关政策配套，从实质上提升我国技术能力出发，鼓励技术含量高、我国急需技术的外商投资；二是针对装备制造、通信、高端物流等涉及国家经济安全的产业，要专门制定外资准入政策，以确保本土资本的控制力；三是要严格限制技术含量低、污染重、耗能高、产能过剩的外商投资项目。

2. 严格技术及装备进出口管理制度

关于技术装备进口，我国以往已制定了较为系统的政策，但随着改革开放以来我国各个产业技术能力的提升、自主创新战略的实施、装备制造业的升级，我国也需要对以往的技术装备进口政策进行调整。一是要严格限制高消耗、高污染、技术落后的装备进口，限制对国外同类技术装备的多次、多部门重复进口；二是要限制国内已有相近生产能力的技术装备进口，同等功能、性能条件下，鼓励企业优先采购国产技术装备；三是要限制我国独有的技术秘密、技术诀窍、传统手工艺技术的出口，限制非军工企业特别是民营企业研发的可用于军队装备的技术出口。

3. 严格限制外资对我国先进技术企业的并购

近年来，外资在华对我国两类先进技术企业的并购十分值得关注：一是对我国技术先进的行业骨干甚至龙头企业的并购；二是对我国三种高新技术企业的并购。我国政府针对第一类并购已制定了相关政策，抑制了国外对我国该类企业的并购。但针对外资对我国三种高新技术企业的并购，我们还没有给予足够的关注，更没有采取相关对策。第一种是外资并购我国拥有前沿科技成果的企业。这些企业一旦被外资收购，将会使我国失去对某些领域技术进步的主导权。而且能取得前沿科技成果的企业不少是专业科研机构转制的企业，大都离不开国家长期的政策支持和科技投入。第二种是外资并购涉及我国敏感技术的企业。在我国，随着军工体系改革的深入，一些民营企业已开始涉足军工科技领域，甚至成为军工企业的配套企业，如"嫦娥一号"奔月的成功就有某些民企的贡献。这种企业若被外资并购，就很容易导致对我国军工发展有重要价值的敏感技术外泄，这无疑会决及我国的国防安全。第三种是外资并购我国对国民经济有较强渗透性的行业中的企业，如通信、互联网、电子商务等高技术服务业，或新能源、新材料企业。如果这些企业被外资控制，则很可能通过高技术的渗透，影响我国更多行业和企业的技术发展。针对外资对我国这三种企业的并购，我们也需要建立较为严格的核准制度。

二、关于科技及税收政策调整的构想

为促进我国本土资本企业提升技术的能力，我们需要对现行科技及税收政策进行一些调整。

1. 引导用户企业为本土资本企业提供能力施展机会

对五个行业"以市场换技术"的调研发现，在发电机、程控交换机等领域，本土资本企业与国外企业的技术水平已相差无几。如对五行业之外某些行业进行调研，我们还会发现类似的行业。进一步而言，改革开放 30 年的发展，我国不少行业的技术能力与产品技术水平已大大提高。因此，除在政府采购领域优先采购本土资本企业产品外，政府还应制定相关政策，特别是通过税收优惠政策，引导用户企业在同等条件下优先购买本土资本企业产品（特别是设备），为产品生产企业提供施展自己技术能力的机会，同时促使生产企业在为用户企业服务中不断提高自身的技术能力。

2. 着力推动企业对所引进技术的消化、吸收和再创新

消化、吸收和再创新是落后国家迅速提升自身技术能力的有效途径，这已被日本、韩国以及我国改革开放以来的实践所证明，特别是被本项研究所调研五个行业的实践所证明。基于此，我们应进一步调整政策，引导和推动本土资本企业对所引进技术实施消化、吸收、再创新。为强化这方面工作，一是可将企业所开展的这方面工作中，有关行业甚至国家层面公共价值的部分，纳入国家相关科技计划而给予政府财政支持。二是对于企业所开展的这方面工作，政府可通过相关税收优惠和银行贷款贴息，给予一定程度的政府支持。三是继续将这类工作的成果视为自主创新成果，给予自主创新

范围内的其他支持。四是引导和鼓励产学研合作项目开展这方面工作。

3. 引导有条件的企业在海外建立专业研发机构

为提升我国企业的研发能力，除鼓励企业自办研究机构和产学研合作外，还需要引导有条件的企业在海外建立专业研发机构。关于此类研发机构，一是要迅速获取国外相关领域的技术进展信息，探明同领域国际研发及技术发展的现状与趋势，帮助克服国内研发的盲目自乐现象。二是要吸引海外华人专家、学者参与我国的研发，为他们报效国家提供机会。三是要将国内已探明需要加快研发、但国内尚无足够条件开展的研发工作，纳入到这类机构的研发范围。鉴于个别企业在海外独立建立这类机构经费压力过大，一是可鼓励同行企业合作，在国外建立这类机构；二是可由行业协会牵头，企业自愿入股，然后合作，在海外建立机构。对于企业在海外建立研发机构，同样需要政府提供相应的政策优惠，诸如对这类机构提供一定额度的外汇补贴。

4. 将外资在华研发机构纳入到我国国家创新体系框架之中

改革开放以来，我们十分关注国家创新体系建设。但在以往的建设思路中，我们基本没有将外资在华研发机构视为我国国家创新体系的一部分。从利益上讲，外资在华研发机构与我国本土资本研发机构及企业是竞争与合作并存的关系；从法理上讲，外资在华研发机构是中国法人企业或机构；从策略上讲，如将外资在华研发机构视为我国国家创新体系的一部分，则有助于外资在华研发机构更好地发挥其知识和技术的外溢效应。因此，总体上看，将外资在华研发机构视为我国国家创新体系的一部分，既是合乎法理的，又是对我国有一定好处的。当然，要使外资在华研发机构在我国国家创新体系中更好地发挥作用，还需要进行更为具体的相关制度设计。这其中需要把握好三个要点：一是既然对方与我方是竞争与合作并存的关系，那就需要谋求共赢；二是要采取我方可控的合作方式，诸如合作研发、技术培训等形式；三是双方合作不宜涉及有关我国政治、国防、产业安全三大领域的技术研发。这其中，要引导外资研发机构与我国本土资本企业或研发机构合作，这可能也需要政府提供相应的税收优惠。

5. 系统设计与产业科技工作相关的税收优惠政策

无论是引导用户企业为本土资本制造企业提供技术能力施展机会，还是推动企业对所引进技术的消化、吸收和再创新，以及引导有条件的企业在海外建立专业研发机构，或者将外资在华研发机构纳入到我国国家创新体系框架之中，都需要政府采用相关税收政策来引导本土资本企业。而税收引导不外乎是税收优惠。就此而言，调整和设计相关税收优惠政策，一是要综合考虑，注意相关税收政策的协调，避免不同税收政策实际作用上的矛盾；二是要敢于在增值税上优惠。这些年来政府主要在所得税上有所优惠，这对企业的激励作用已经不大，甚至可以说"激励的边际效益已经很小"。在这次美国金融危机对于我国经济的影响中，政府在对企业的增值税优惠上已开了个好头。技术能力是企业竞争力的源头，为促进我国本土资本企业尽快提升自身的技术能力，我们更应敢于在增值税上给予企业以某些优惠。

三、关于企业技术战略调整的构想

技术战略是企业关于技术发展的系统思考与较长时间的全局性安排，一般涉及技术获取、技术学习、技术成果转移转化、知识产权管理、技术活动组织、技术发展伙伴关系及研发队伍建设等多个方面。长期以来，我国多数企业没有自己经营、发展的整体战略，更没有相对完整的技术战略。在当今经济全球化的背景下，面对技术战略能力极强的众多国外企业，我国企业也需要关注自己的技术战略问题，基于此，为企业凭借技术方面的努力赢得某些方面的竞争优势奠定基础。在客观审视"以市场换技术"的利弊得失的情况下，我国企业更需要关注自己的技术战略。

1. 进一步加强企业的研发工作

加强企业研发的重要性是不言而喻的。为此，我们有如下三点建议：一是所有企业都应进一步加强研发投入。要将研发投入占销售收入的比例尽可能地提高到能与国外同行企业相竞争的强度。日本企业的经验是这一比例平均达到 5%，企业才能在同行中具有技术竞争力；这一比例在 1%～3%，企业顶多只能生存于同行之中。目前我国多数企业这一比例也就在 1%左右，比例显然过低。由此可见，我国企业提高研发投入的路还很长。二是要加强企业内设研发机构建设。目前我国多数中小企业还没有建立专业研发机构，为此，企业需要结合自身情况，采取独立组建、同行企业联建或产学研合作建立的方式，加快企业内设研发机构的建设。三是在研发的技术活动重点方式上，大型企业宜以真正意义上的研发为主，中小企业宜以面向生产的技术整合为主。道理很简单，中小企业多数技术能力较差，很难从事真正意义上的研究开发，而借助技术整合的思想和方法来实施技术创新，则更易获取技术创新上的成功。

2. 高度重视企业的技术学习与技术积累

从"以市场换技术"战略和政策实施的效果来看，本土资本企业的技术学习和技术积累对于企业是否能够真正从"换技术"中获益有着重要的影响。特别是，尽管某些产品的开发可以"跨越式"换代，但生产技术能力的提升通常有一个积累的过程，必须"按部就班"地学习和积累。以往我国不少企业往往希望通过技术引进跨越式提升自身的生产技术能力，岂不知，这种情况下提升的仅仅是生产设备的技术能力，而不是系统的生产技术能力，因为设备之外的人的技术能力的提升要依靠学习与积累。这就像没有学好四则运算的人，是不可能解出微分方程的。通过技术学习，掌握新的技术知识，吸取他人的经验教训，企业才可能少走弯路、迅速提升自己。因此，对于我国多数企业，特别是落后企业而言，必须将技术学习与技术积累放在企业技术发展的重要位置，通过对所引进技术的消化吸收、企业的技术改造与人员培训、与技术先进企业及院所或大学的技术合作以及富有挑战性的技术攻关来实现技术学习与积累。

3. 努力提升企业知识产权管理水平

我国多数企业的知识产权管理有三个通病：一是意识淡薄；二是将知识产权管理狭隘地理解为就是知识产权保护，特别是缺少知识产权战略；三是缺少知识产权管理的方法与手段。经过调研，我们发现，在"以市场换技术"过程中，企业在这三个方面的病态更重。因此，要提升企业的技术能力，我们也必须努力提升企业的知识产权管理水平。一是要通过企业自身的实践和对国内外经验的借鉴，促使企业加强知识产权管理意识。二是要通过各种方式的培训和企业的实践，使企业认识到知识产权管理不单指对于自己知识产权的保护，而是还包括知识产权战略管理，包括规避和排除他人的知识产权保护以及充分利用知识产权为本企业谋取更大的利益。三是要通过各种方式的培训和企业的实践，拓展企业设计和选择知识产权管理的方法与手段的能力，促进企业建立健全知识产权管理的组织体系。至少做到这些，才可能较快地提升企业的知识产权管理水平。

4. 有效利用企业技术人力资源

改革开放以来，随着收入分配与就业岗位关系的变化，以及人们就业理念的变化，越来越多的大学生、研究生、归国学人、博士及博士后涌向了企业，从而企业的高学历人员越来越多。但这并不意味着企业的技术人员就越来越多，因为这其中有着人员的专业结构、人力资源配置结构、技术岗位的职业诱惑力等方面因素的影响。目前有一种十分扭曲的现象，即企业的高学历人员越来越多，但在技术岗位上的人员的比例却越来越小。而在当今竞争越来越为激烈的环境中，客观上要求企业应将有效配置技术岗位人力资源作为企业人力资源管理的首要工作。基于此，企业一是要切实重视技术岗位上的人力资源配置，为技术岗位配置最为优秀的高学历技术人员。二是要注意吸收和留住优秀人才。特别是要为高学历人员在技术岗位上发展设计更为合理的通道和有效的升迁机制。三是要关注本土资本企业与外资企业交往及合作过程中资深技术人员的流失问题，规避本土资本企业资深技术人员大量流向外资企业的现象，同时避免本土资本企业的技术知识、技术秘密、技术诀窍等非规范地流向外资企业。

5. 关注企业技术发展伙伴关系建设

在市场经济下，企业间的竞争越来越表现为一个企业带领自己的外部价值网络与另一些企业带领的外部价值网络的竞争。企业要完善、提升、优化自己的外部价值网络，关注技术发展伙伴关系建设即成为这其中一项重要内容。特别是，随着单项研发投入的日益增大与技术发展的日益迅速并存，更是加大了企业跟上新兴技术发展的难度。在这种背景下，借助技术发展伙伴关系降低企业跟上新兴技术发展的难度，即成为一种可取的方式。国外企业已非常重视这方面的努力，我国企业也应借鉴国外这方面的经验。一是应重视与国外同行企业建立技术发展伙伴关系，以求紧跟国际科技发展的方向和步伐。二是应重视与国内行业领先企业建立技术发展伙伴关系，以求通过"关系圈"内的技术交易提升本企业的技术能力。三是应重视与国内大学及专业研究机构建立技术发展伙伴关系，以求弥补企业技术信息、知识的匮乏及研发能力的不足。

第三章　我国产业安全相关政策评估

本章导读

改革开放以来，我们实施了大量新的外资外贸和涉外技术管理政策。改革开放30年了，我们亟待系统审视这些政策是否有助于维护我们的产业安全。本章就政府有关政策对于我国产业安全的正负面影响开展了以下研究工作：第一，建立了涉及国家产业安全的政府政策评估框架与数据处理方法。第二，对事关我国产业安全的现行相关政策进行了系统梳理。第三，对事关我国产业安全的现行相关政策进行了分析评估，以求揭示其利弊得失，并提出相应的调整建议。

第一节　研究背景与方法

一、研究背景

第一，改革开放特别是加入 WTO 以来，我国产业发展的环境发生了重大变化。国内市场已经成为全球市场的重要组成部分。产业安全问题越来越受到社会各界的关注。邓小平同志讲过："中国的一系列问题只能靠发展来解决"。中国能否有产业发展的安全，自然也就决定着我们能否解决已经面对或即将面对的众多问题。

第二，政府是国家经济安全的终极"看门人"即责任人。在市场经济中，政府对于维护国家经济安全负有重要责任，政府的主要经济安全职能有以下几点：一是将"国家经济安全"作为"公共品"，提供给居民与企业，特别是提供维护国家经济安全的制度化的和物化的公共基础设施；建立国家经济安全的危机管理机制，即建立国家经济安全监测预警体系，建立国家经济"不安全"和"危机"的防范与化解体系。如果政府不能给企业提供安全的经济环境和维护安全的公共基础设施，那将是政府的严重失职。二是从国家利益出发，抑制国内外市场力量、政治力量、军事力量对国家经济安全的伤害。特别是在"市场失灵"或某个产业整体上处于不利境地时，代表国家来维护公共利益和国家利益；抑制恶性垄断、恶性不平等竞争、生态环境恶化、经济发展基础恶化等对国家经济安全的伤害。三是当国家经济陷于"非安全"或"危机"状态时，采取非常手段，紧急动员国家力量，抑制危害国家经济安全的恶性因素的形成或事件的发生，使之尽快从"非安全区"、"危机区"回到"安全区"。四是中央政府要借助行政权力和行政组织体系，协调地方政府意志和部门意志，共同维护国家经济安全；抑制任何基于地方利益或部门利益而对国家经济安全的干扰。

第三，改革开放以来，我国政府制定了一系列相关政策。这些政策对于加快我国经济体制改革、促进经济发展几乎都起到了十分积极的作用。但随着 1997 年亚洲金融危机的爆发，当人们从"经济安全"的视角去审视改革开放以来的现实、思考有关政策的效果时，则出现了各种各样的争论。其中争论的焦点是，某些政策在促进经济体制改革和经济发展的同时，是否也有利于我们的经济安全？这既有关于未来经济体制改革和经济发展的方向，又有关于在改革、发展中能否有效地维护我们的经济安全。基于此，我们就需要对改革开放以来我们实施的有关政策，特别是外贸外资和涉外技术管理政策等是否有助于我们的经济安全进行一些分析。产业安全是国家经济安全的基础。一个国家经济安全战略及具体策略的实施，在很大程度上是由该国产业安全的基本态势决定的，不能脱离本国产业发展的实际。故当我们关注某些政策在促进我国经济体制改革和经济发展的同时，是否有利于我们的经济安全时，首先应审视这些政策对于产业安全的正负面影响，即对这些政策进行客观的事后评估。

二、主要研究内容

我们就政府有关政策对于我国产业安全的正负面影响开展了三项工作：一是建立了涉及我国产业安全的政策评估框架与数据处理方法。二是对事关我国产业安全的现行相关政策进行收集、梳理和汇总。三是对事关我国产业安全的现行相关政策进行评估，以求分析其利弊得失，并提出相应的调整建议。

需要说明的是：一是这里所言的政策，包括全国人大及其常委会颁布的有关法律、政府制定的有关法规和政策，甚至包括一些部门规章，故以下凡谈到政府政策，皆包括前述几类政策形式。二是近年来随着社会各界对于国家产业安全问题的关注，政府也制定了一些维护产业安全的政策。尽管此前政府一些政策中并没有明确的经济安全、产业安全的提法，但这并不意味着政府没有关注经济安全、产业安全问题，而恰恰是在各种政策中暗含了对于国家经济安全、产业安全问题的高度考虑，故我们需要对事关我国产业安全的外贸外资和涉外技术管理政策进行系统的评估。

三、研究思路与方法

要对事关产业安全的政府政策进行评估，首先需要解决方法论上的问题；其后才能对各项具体政策进行评估；进而，通过综合分析和把握，才能发现政府现有政策在维护国家产业安全方面的利弊得失。故我们的基本思路与方法如下：一是文献研究。即对国内外现有政策评估方法进行文献研究，以发现较为适合于进行事关产业安全的政府政策评估的原始性方法。二是文件梳理。即搜集改革开放以来国家颁布的相关法律，政府颁布的相关法规及制定的相关政策，鉴于其种类繁多、数量巨大，故按照外资、外贸、产业研发及技术替代三者进行分类，以便较为集中地进行分析与评估。三是评估框架设计。即借鉴国内外关于政策评估的方法论，结合我国现有政策结构特点，设计本项研究适用的评估框架和数据处理方法。四是给出评估结果。鉴于"人是有限理性的"，故我们在对相关政策进行评估的基础上，还发放了问卷，力图得到政府机构工作人员、经济科技管理专家以及企业人员对于政府相关政策的看法；另外，还收集了公众网上一些人士的看法。我们力图通过收集这三方面的看法，来全面审视政府现有政策对于我国产业安全的利弊得失。五是给出政策调整建议。即在发现现有政策调整空间的基础上，给出有关政策调整建议。

四、产业安全政策评估的方法和框架

本次政策评估涉及的产业安全政策包括全国人大、国务院以及相关部委（商务部、发改委、科技部、财政部、税务总局、中国人民银行、海关总署等）制定的相关的法律、法规和政策。我国的产业安全政策主要可以分为外贸管理政策、外资管理政策和涉外技术管理政策三大类，每一类政策又有相应的税收、财政和信贷等政策保障其实施。因此我们首先对每类政策进行归纳和整理。其次，通过两类问卷对政策制定及其效果进行调查和统计分析：第一类问卷针对各方专家，对每类政策的完备性、有效性及主要问题进行调查和分析；第二类问卷针对政策的作用对象（企业），调查他们对各类政策的了解程度、满意程度及意见，如图 3-1 所示。

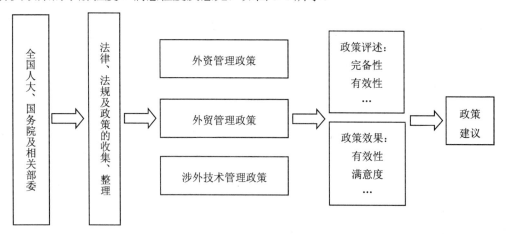

图 3-1　产业安全政策评价的框架

第二节　外贸管理相关政策评估

一、相关政策综述

1. 外贸政策总体轮廓

根据《中华人民共和国对外贸易法》（2004 修订），对外贸易是指货物进出口、技术进出口和国际服务贸易。其中技术贸易包括专利权转让、专利申请权转让、专利实施许可、技术秘密转让、技术服务和其他方式的技术转移[①]。改革开放以来，为促进我国对外贸易发展，我国先后制定了一系列法律、法规和政府政策。其中主要政策思想体现在《中华人民共和国对外贸易法》、《中华人民共和国货物进出口管理条例》、《中华人民共和国技术进出口管理条例》和《中华人民共和国进出口关税条例》之中。此外，国务院和各主管部门还针对具体行业和特定的贸易问题制定了相关法规和政策（见表3-1）。

表 3-1　改革开放到 2005 年我国制定的外贸法律、法规和政策

政 策 类 型	文 件 名 称	制定或最新修订时间
涉外企业法律及规章	中华人民共和国外资企业法实施细则	1990，人大
	中华人民共和国中外合作经营企业法实施细则	1995，人大
	中华人民共和国中外合资经营企业法实施条例	2001，人大
	关于外商投资举办投资性公司的规定及其补充	2003，商务部
一般性法律、法规	中华人民共和国对外贸易法	2004 修订，人大
	中华人民共和国货物进出口管理条例	2002，国务院
	中华人民共和国技术进出口管理条例	2003，国务院
	中华人民共和国进出口关税条例	2003，国务院
出口规章	货物出口许可证管理办法	2005，商务部
	敏感物项和技术出口许可证管理目录	2003，商务部、海关总署
	敏感物项和技术出口许可证暂行管理办法	2004，商务部、海关总署
	纺织品出口临时管理办法	2005，商务部

[①] 见《中华人民共和国技术进出口管理条例》，2003.

续表

政 策 类 型	文 件 名 称	制定或最新修订时间
进口规章	关于对部分进口商品予以退税的通知	1994，财政部、经贸委、税务总局、海关总署
	外商投资企业进口管理实施细则	1995，外经贸部
	货物进口许可证管理办法	2004，商务部
	构成整车特征的汽车零部件进口管理办法	2005，海关总署、发改委、财政部、商务部
	禁止进口货物目录（第六批）	2005，商务部、海关总署、环保总局
反倾销	中华人民共和国反倾销条例	2001，国务院
	反倾销产业损害调查规定	2002，经贸委
	反倾销调查抽样暂行规则	2002，外经贸部
	反倾销调查公开信息查阅暂行规则	2002，原外经贸部
	反倾销调查信息披露暂行规则	2002，原外经贸部
	反倾销退税暂行规则	2002，原外经贸部
反补贴	中华人民共和国反补贴条例	2002，外经贸部
	反补贴调查立案暂行规则	2002，外经贸部
	反补贴问卷调查暂行规则	2002，外经贸部
	反补贴调查听证会暂行规则	2002，外经贸部
	反补贴调查实地核查暂行规则	2002，外经贸部
	反补贴产业损害调查规定	2003，商务部
保障措施及贸易壁垒	中华人民共和国保障措施条例	2001 年 11 月 26 日公布，2004 年 3 月 31 日修订，国务院
	保障措施产业损害调查规定	2003，商务部
	产业损害调查听证规则	2005，商务部
	对外贸易壁垒调查规则	2005，商务部
知识产权	中华人民共和国知识产权海关保护条例	2003，国务院
	专利实施强制许可办法	2003，知识产权局

从总体上看，《对外贸易法》、《货物进出口管理条例》、《技术进出口管理条例》和《进出口关税条例》等对技术、货物的进出口做出了总体规定。其主要精神是：第一，国家对货物进出口、技术进出口实行统一的管理制度。除法律、行政法规明确禁止或限制进出口外，任何单位和个人均不得对货物进出口设置、维持禁止或者限制措施。第二，国家对部分货物的进出口实行国营贸易统制。第三，国家对限制进口或者出口的货物，实行配额、许可证等方式管理；对限制进口或者出口的技术，实行许

可证管理[①]。在相关货物目录中明确规定了禁止、限制、配额产品进出口的具体类别和实施办法，还规定在发生自然灾害、国际收支严重失衡等特殊情况下，国家可采取临时限制性措施[②]。第四，强调贸易往来的平等互惠。在货物进出口贸易方面根据所缔结或者参加的国际条约和协定，给予其他缔约方、参加方最惠国待遇或国民待遇，或根据互惠、对等原则给予对方最惠国待遇或国民待遇；同时根据实际情况就对我国采取歧视性禁止、限制或其他类似措施的国家采取相应的应对措施。

由此看来，第一，我国已形成了较为完备的外贸政策。第二，这些外贸政策采取了法律、法规、政府政策等三种形式。第三，从外贸管理角度对维护我国产业安全起到了极为积极的作用，但也存在一些不尽如人意的缺憾。以下将对各类外贸管理政策略作叙述。

2. 出口管理政策

在出口方面，我国主要实施了鼓励出口、出口限制、临时出口管理、暂定出口关税税率等政策。

（1）鼓励出口政策

为扩大出口，促进对外贸易发展，我国主要采取了出口信用保险、出口信贷、出口退税、设立外贸发展基金、为企业突破国外贸易壁垒提供帮助等措施。

第一，实行出口退税政策。凡具有生产出口产品能力的外贸经营者，其出口的货物按照现行生产企业出口货物实行"免抵退"的规定办理出口退（免）税。对没有生产能力的外贸经营者，其出口货物按现行外贸企业出口退税规定办理出口退（免）税。对认定为增值税小规模纳税人的外贸经营者出口的货物，按现行小规模纳税人出口货物的规定免征增值税、消费税。外贸企业从流通企业购进直接出口的货物，准予按现行规定手续和程序办理退（免）税[③]。

此外，随着我国产业政策的调整，财政部和税务总局还定期调整部分产品出口退税的额度。例如，2004年为鼓励信息产业出口，我国对部分信息技术产品出口退税率由13%提高到17%[④]；为控制资源类产品出口，2005年将煤炭、钨、锡、锌、锑及其制品的出口退税率下调为8%，取消稀土金属、稀土氧化物、稀土盐类、金属硅、钼矿

[①]《中华人民共和国对外贸易法》，2004修订。

[②]《中华人民共和国货物进出口管理条例》，2002.

[③] 见《财政部、国家税务总局关于出口货物退（免）税若干具体问题的通知》，2004.

[④] 见《财政部、国家税务总局关于提高部分信息技术（IT）产品出口退税率的通知》，2004.

砂及其精矿、轻重烧镁、氟石、滑石、碳化硅、木粒、木粉、木片的出口退税政策[①]。

第二，设立专项资助资金。2001 年，国务院出台了《关于"十五"期间进一步促进机电产品出口的意见》，利用中央外贸发展基金，加强机电产品出口的基础性工作；"十五"期间每年从中央外贸发展基金中列支 1 亿元，支持高附加值、高技术含量的机电产品开发及课题研究等方面工作；财政部和外经贸部联合出台了"中小企业开拓国际市场资金管理办法实施细则"，面向所有中小企业，对出口企业出国办展、制作出口标书、赴国外考察旅差等费用予以补助。2002 年财政部和原外经贸部出台了《出口产品研发资金管理办法》。出口研发资金是指从中央外贸发展基金中列支，用于资助企业研发出口产品的政府基金。资助符合以下条件的企业或项目：一是海关统计的上年度出口额占销售收入总额 50%以上或出口额超过 1 500 万美元的企业；二是通过 ISO9000 质量管理体系、ISO14000 环境管理体系和产品的质量、安全、卫生等体系认证的企业；三是国家和省级高新技术（出口）企业；四是已取得相关科研成果的企业；五是具有自主知识产权的企业；六是产、学、研、贸联合研发的项目；七是国际招标中标的出口研发项目。

第三，实行出口信用保险管理。为加快培育自主出口名牌，实现外贸可持续发展，商务部与中国出口信用保险公司（下称"中国信保"）2005 年制定了《关于利用出口信用保险扶持出口名牌发展的通知》。鼓励列入"商务部重点培育和发展出口名牌"名单的企业（以下简称"名牌出口企业"）利用出口信用保险开拓国际市场；中国信保对名牌出口企业给予相应扶持和优惠服务，优先为其提供国家风险报告、行业分析报告、风险管理建议书等各项增值服务，适当增加免费或优惠提供资信调查报告的数量，优先安排"信保通"网上业务操作及服务系统；对名牌出口企业的个性化需求"特事特办、随报随议、尽量满足"。

为进一步完善个体、私营等非公有制企业出口配套政策，健全非公有制企业出口促进体系，推动非公有制企业积极开拓国际市场，提高风险管理能力和国际化经营的效益，商务部、中国信保公司还联合制定了《关于实行出口信用保险专项优惠措施、支持个体私营等非公有制企业开拓国际市场的通知》，为非公有制企业提供出口贸易风险管理培训，帮助非公有制企业建立健全出口贸易风险管理机制，规避贸易风险；中国信保及各营业机构积极协助非公有制企业解决融资问题，为非公有制出口企业提

[①] 见《财政部、国家税务总局关于调整部分产品出口退税率的通知》，2005.

供出口信用保险项下的贸易融资便利和担保服务，提供全方位的出口信用管理优惠服务，包括短期出口信用保险、中长期出口信用保险、海外投资保险、国内贸易信用保险、海外商账追收等产品组合服务。

第四，积极消除国外贸易壁垒。对我国企业提出的国外对我国的贸易壁垒，我国有关法律规定，应由申请人申请立案，商务部认为有必要的，即可自行立案，进行贸易壁垒调查。在调查中，商务部可以使用主动收集的任何相关信息。如果被调查的措施或做法被认定构成贸易壁垒，商务部即可采取进行双边磋商、启动多边争端解决机制、采取其他适当措施等办法，来为我国企业提供帮助[①]。

（2）出口限制政策

在出口方面，我国也实施了一些限制政策，诸如出口许可证管理、禁止出口等办法。

第一，出口许可证管理。我国实行统一的货物出口许可证制度，对限制出口的货物实行出口许可证管理。商务部是全国出口许可证的归口管理部门，负责制定出口许可证管理办法及规章制度，监督、检查出口许可证管理的执行情况，处罚违规行为。商务部会同海关总署制定、调整和发布年度《出口许可证管理货物目录》[②]。同时，为维护国家安全和社会公共利益，规范敏感物项和技术出口经营秩序，加强对敏感物项和技术出口许可证的管理，商务部会同海关总署 2003 年联合发布了《敏感物项和技术出口许可证管理目录》。对于《中华人民共和国技术进出口管理条例》规定限制出口的技术，也实行许可证管理。且由商务部会同有关部门，制定、调整并公布禁止或者限制出口的技术目录。

第二，禁止出口政策。根据我国《对外贸易法》和《货物进出口管理条例》，商务部和海关总署定期颁布《禁止出口货物目录》。2006 年 3 月已公布了第四批禁止出口货物目录。同时，我国《货物进出口管理条例》还规定属于禁止出口的技术即不得出口。此外，为了控制部分高耗能、高污染、资源性产品出口，2005 年发改委等机构制定了《关于控制部分高耗能高污染资源性产品出口有关措施的通知》，停止部分产品的加工贸易，控制部分资源性产品出口数量。

（3）临时出口管理制度

根据我国《货物进出口管理条例》，我国实行了对个别商品实施临时出口管理的

---

① 《对外贸易壁垒调查规则》，2005.
② 《货物出口许可证管理办法》，2005.

制度。例如，2005 年 9 月 22 日起我国开始实施《纺织品出口临时管理办法》，对有以下情况之一的商品列入出口限制范围：一是有关国家或地区对我国实行限制的纺织产品；二是双边协议规定需要临时进行数量管理的纺织品。

（4）暂定出口关税税率政策

根据《中华人民共和国进出口关税条例》（2003），我国对出口设置关税。对出口货物在一定期限内实行暂定税率。适用出口税率的出口货物有暂定税率的，适用暂定税率。

3．进口管理政策

在进口管理方面，我国主要实施了关税、进口许可证、禁止进口、进口退税、鼓励先进适用技术进口等方面的政策。

（1）进口关税政策

根据《中华人民共和国进出口关税条例》（2003），我国在进口关税方面设置最惠国税率、协定税率、特惠税率、普通税率、关税配额税率等税率；同时规定，对进口货物在一定期限内可以实行暂定税率。

对原产于共同适用最惠国待遇条款的 WTO 成员的进口货物，原产于与我国签订含有相互给予最惠国待遇条款的双边贸易协定的国家或者地区的进口货物，以及原产于我国境内的进口货物，实行最惠国税率。对原产于与我国签订含有关税优惠条款的区域性贸易协定的国家或者地区的进口货物，实行协定税率。对原产于与我国签订含有特殊关税优惠条款的贸易协定的国家或者地区的进口货物，实行特惠税率。对原产于以上所列以外国家或者地区的进口货物，以及原产地不明的进口货物，实行普通税率。对实行最惠国税率的进口货物有暂定税率的，也实行暂定税率。对实行适用协定税率、特惠税率的进口货物有暂定税率的，实行从低适用税率。对实行普通税率的进口货物，不实行暂定税率。对任何国家或地区违反与我国签订或者共同参加的贸易协定及相关协定，对我国在贸易方面采取禁止、限制、加征关税或者其他影响正常贸易措施的，对原产于该国家或地区的进口货物征收报复性关税，实行报复性关税税率。

（2）进口许可证管理

根据《中华人民共和国对外贸易法》（2004 修订），基于某些原因，我国可以限制或禁止有关货物、技术的进口；实行统一的货物进口许可证制度，对限制进口的货物实行进口许可证管理，并由商务部负责制定进口许可证管理办法及规章制度，监督、检查进口许可证管理办法执行情况；由商务部会同海关总署制定、调整和发布年度《进口许可证管理货物目录》；规定进口许可证不得买卖、转让、涂改、伪造和变造[①]。

（3）禁止进口政策

我国还实行禁止进口政策。例如，国家商务部、海关总署、环境保护总局通过 2005年第 116 号公告公布了第六批《禁止进口货物目录》。

（4）进口退税政策

对部分商品，我国还实施了"进口商品退税"政策。1994 年，财政部、国家经贸委、国家税务总局、海关总署等共同出台了《关于对部分进口商品予以退税的通知》，即对经国家批准计划内进口的商品缴纳的增值税实行"先征税、后返还"的办法；国内企业在货物申报进口并缴纳进口环节增值税后，凭有关凭证可按规定的申报审批程序申请退还进口增值税。

（5）专门针对外商在华企业的进口政策

对外商在华企业（中外合资企业、中外合作企业、外资企业）由国外进口商品，我国实行了专门政策。一是投资额内进口的配额商品，免领配额证明。二是进口特定登记商品和其他商品，海关凭外经贸主管部门批准的进口设备、物料清单验放，不再履行其他审批手续。三是对外商投资企业为生产内销产品而进口的商品，其中配额商品须纳入外商投资企业年度进口配额总量计划，企业凭配额证明申领进口许可证，海关凭进口许可证验放；进口特定登记商品，企业须办理进口登记证明，海关凭进口登记证明验放，其他商品海关凭企业的进口合同和有关文件验放。四是外商投资企业为生产出口产品而进口的商品，由海关按保税货物进行监管[②]。五是对外商投资性公司购买所投资企业生产的产品进行系统集成后在国内外销售的，如所投资企业生产的产品不能完全满足系统集成需要，允许其在国内外采购系统集成配套产品，但所购买的系统集成配套产品的价值不应超过系统集成所需全部产品价值的 50%[③]。

4. 贸易救济政策

为了维护对外贸易秩序，我国《对外贸易法》（2004 修订）规定，国务院对外贸易主管部门可以自行或者会同国务院其他有关部门，采取反倾销、反补贴、产业损害

[①] 见《货物进口许可证管理办法》，2004.

[②] 见《外商投资企业进口管理实施细则》，外经贸部，1995.

[③] 见《关于外商投资举办投资性公司的规定》及其补充，商务部，2003.

调查等对外贸易救济措施，以维护我国的贸易利益。

（1）反倾销政策

自 2001 年我国颁布《反倾销条例》以来，目前我国已建立起一整套反倾销的法律、法规和政策体系。规定对国外产品以倾销方式进入我国市场，并对已经建立的国内产业造成实质损害或者产生实质损害威胁，或者对建立国内产业造成实质阻碍的，采取反倾销措施。这些法律、法规、政策对损害认定、反倾销调查、反倾销措施、复审政策等做出了明确规定。

（2）反补贴政策

自 2002 年我国颁布《反补贴条例》以来，目前我国已初步建立了一整套反补贴的法律、法规和政策体系。其中就反补贴调查申请和立案、国外补贴对我国国内产业的损害的认定、国外补贴进口产品对我国国内产业的影响、反补贴案件审理、我国可以采取的反补贴措施等做出了明确规定，建立了一整套工作程序。

（3）产业损害调查

我国已建立了严密的"保障措施产业损害调查"政策框架，就来自国外的产业损害调查、来自国外的产业损害的认定、我国可以对本土企业采取的保障措施等做出了明确规定[①]。并在《中华人民共和国保障措施条例》中明确指出，实施保障措施应当符合公共利益；保障措施可以采取提高关税、数量限制等形式。

二、关于我国外贸政策的评论和评价

这里，我们力图借助网络搜索和问卷调查获取的信息，就我国的外贸政策对于我国产业安全的实际作用进行有限的评论和评价。

1. 网络上关于我国外贸政策的主要观点或看法

我们通过 Google 引擎搜索了网上显示的相关信息，发现其中 52 项搜索结果具有一定价值，这些信息大致可以分成四类主题：一是关于中国外贸政策调整的；二是关于出口退税政策的；三是关于具体行业外贸政策走向的；四是其他类型的信息。具体统计情况见表 3-2。同时，将各类文章占这些文章的比例称为"网络热度"，用以衡量网络对于这些问题的关注程度。

[①] 见《中华人民共和国对外贸易法》，2004.

表3-2　关于各类外资政策的网络热度

主题	中国外贸政策的战略性调整	出口退税政策讨论	行业外贸政策		其他
			纺织品服装外贸	铁矿砂外贸	
所占比例/%	56	11	6	6	22

通过对表3-2的进一步考察，我们发现，"出口退税政策"及"行业外贸政策"的主要内容也是围绕近期外贸政策调整进行的。故从整体上看，网络上关于我国外贸政策的关注主要是围绕政策调整展开讨论的。换言之，"关于我国外贸政策调整的讨论"是目前网络关注的热点问题。

（1）网络搜索发现的外贸政策热点问题

客观地看，在外贸连续5年保持年均20%以上的增长、贸易顺差持续扩大的背景下，我国已开始改变长期以来"重在鼓励出口"的外贸政策，以促进国内经济的可持续发展。尽管中央政府就此而言并无十分具体的实质性政策调整，但这已在网上引起了广泛的关注。我们在Google中对标题含有"调整、外贸、政策"或"外贸、政策、微调"进行高级搜索，共搜索到1 070篇相关文章，经Google自动删除重复性网页后剩下159篇。对其内容进行统计发现，网上反映的问题非常集中，其中主要涉及政策调整（微调）的动因和调整的内容等两大类（具体比例见图3-2）。

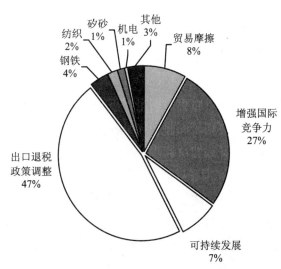

图3-2　我国外贸政策调整的相关内容网上热点搜索

网上搜索显示，外贸政策调整的相关内容中有43%的内容涉及关于"外贸政策调整的动因"，54%的内容涉及"政策调整的内容"，且在政策调整内容中以"出口退税政策调整"最为炙热。

（2）网上关于我国外贸政策调整的动因的讨论

关于"外贸政策调整的动因"主要有三类观点：一种观点认为"增强国际竞争力"是主要动因，占网上相关文献的27%；一种观点认为"降低外贸依存度"是主要动因；还有一种观点认为是"促进可持续发展"。后两类观点均占到了网上相关文献的8%。再对我国外贸政策调整的"起因"、"原因"、"动机"进行Google搜索，共检索到678项相关内容（自动删除后剩余67项），发现近90%的文献涉及这三类内容，与总的搜索情况基本相符。关于三种动因的主要观点如下：

① 观点一：外贸政策调整的主要动因是增强国际竞争力

例如，上海财经大学国际贸易系主任兰宜生教授在"对中国外贸政策和贸易增长方式的六点反思"中指出：我国的贸易余额从20世纪90年代初到现在已连续十年顺差，但我国贸易粗放型增长的方式没有根本性改变，出口商品价格下滑，经济效益下降，贸易条件趋于恶化。故我国在调整外贸政策中，应该将现有的外贸政策从"出口创汇为核心"的指导政策向"进出口创利"的方向转变，相应要将提高国际竞争力放在突出位置。

还有学者认为，以往我们从静态比较优势出发，把劳动密集型产业作为主导产业大力发展，长期地看，这将使我们在国际贸易中处于极为不利的地位。国际上这方面的教训已经很多。因此，我们有必要从战略角度对我国的外贸政策进行调整，要大力培育我国商品和产业的国际竞争力。

② 观点二：外贸政策调整的主要动因是降低外贸依存度

一是认为过高的外贸依存度易于引发国际贸易摩擦。1999年我国外贸依存度为36.4%，到2004年已超过70%。随着外贸依存度的提高，我国与某些国家的贸易摩擦也日益增加。2004—2006年，我国涉外贸易摩擦案件87起，其中除货物贸易领域外，还涉及环境、劳动、服务业等领域。从1995年关税总协定易名为WTO到2005年10月，国外共发起707起针对我国产品的调查案件，平均每年约有400～500亿美元的出口商品受到影响。为此，我们必须通过调整政策来减少较高外贸依存度下的贸易摩擦。

二是认为过高的进口依存度会直接影响我国的经济安全。从我国现阶段经济发展的趋势看，战略物资、关键产品和重要技术的进口比重还将持续上升，进口依存度的不断加大对国家经济安全的影响是不言而喻的。我们必须预防世界经济剧烈波动和重大国际事件通过过高的进口依存度对我国经济的负面影响，尤其是某些重要战略资源产品的高进口对我国经济可能产生的难以预测的冲击。

三是认为过高的外贸依存度会阻碍国内产业的发展。在国际市场中，我国具有劳动密集型产品的比较优势，但这种比较优势是建立在低附加值行业不断扩容基础上的。基于此，我们有必要对现行贸易政策进行调整，以促进我国产业结构的技术升级和整个经济的良性发展。

③ 观点三：外贸政策调整的主要动因是对我国经济可持续发展的期盼

我国人口众多、人均资源占有量小、生态环境压力大，以资源消耗和环境污染为代价取得的经济增长是难以为继的。与此同时，受经济发展阶段的限制，目前我国出口商品中原材料和初级产品出口还占一定比例。在我国一些重要矿产品供不应求的条件下，一些地区还在大量出口这些矿产品；一些工业园区"两头在外"，进口原材料，加工后再出口，这虽然吸纳了就业，但却消耗了大量能源，排放了大量污染物。因此，我们必须对外贸政策进行调整，优化进出口结构，以促进我国经济的可持续发展。

（3）网上关于出口退税政策调整的相关评论

出口退税，从狭义上说，就是将出口货物在国内生产和流通过程中已经缴纳的间接税退还给纳税者的政府行为；从广义上说，出口退税还包括通过免税或抵税等诸多形式使出口货物所含间接税尽可能减少的政府行为。我国的出口退税政策始于1985年，当时的政策目标是鼓励出口创汇，此后出口退税成为变动最为频繁的财税工具之一，这对鼓励企业出口创汇、促进经济增长确实起到了积极的作用。但过于追求出口获利也给中国经济带来了一定程度上的脆弱性。

关于"外贸政策"的网络搜索显示，对"出口退税"的讨论高达46%。我们再次选用Google的高级搜索进行检索，并选取"出口退税"以及"观点、看法、评论"作为关键词进行标题限定搜索，在网上近三个月内的讨论文献中，共检索到454篇文章，自动剔除相同网页剩余57篇文章。主要涉及对两类问题的讨论：一是"调整出口退税"的作用；二是关于"调整出口退税"所涉及的行业及其影响。

① 关于调整出口退税政策的利弊得失

据网上搜索，对下调出口退税，80%的观点持肯定态度，认为其中利大于弊。

一是认为这有利于调整产业结构，促进部分产业升级，增加出口商品的国际竞争力。不少文献提出，应尽可能调低高能耗、低增加值、高污染、技术密集度低的产品或行业的退税率，以税率调整来促进钢铁、纺织、机械等行业的结构调整和升级。还有文献认为，企业间的恶性竞争已使中国的市场机制部分失灵，必须通过减少出口退税来调节企业的出口行为。降低部分行业产品的出口退税是一种趋势，其主要作用是促使我国产业结构的调整升级，促使企业提高产品质量，改善经营方式，增加出口产品的国际竞争力。

二是认为降低出口退税有利于缓解人民币的升值压力。对于我国高速增长的贸易顺差，海外媒体纷纷将其归咎于人民币的过低估价。面对海外企图通过敦促人民币快速升值来缓解中国贸易顺差的压力，有 30%以上的网络文献涉及可以通过降低出口退税缓解人民币升值压力的观点。有关专家认为，取消或降低部分行业或产品的出口退税不失为首选的权宜之计。据专家测算，2005 年，我国 1 美元出口商品综合退税为0.442 9 元人民币，如果完全取消出口退税，相当于人民币兑美元升值 0.442 9 元。虽然理论与现实仍有一定距离，但问题的关键在于，出口退税有可能开辟一个财政与金融政策相互协调的新领域，而这恰恰是政府所重视的。

三是认为降低出口退税额有利于减轻政府的财政负担。大约有 20%的网络文献持这一观点。另外，国家税务总局人士分析，"十五"期间，我国出口退税总额为 11 944.47亿元，同期来自全部私营企业税收收入总额仅 7 705.57 亿元。较高的出口退税使中央财政负担日益沉重。如不及时调整出口退税政策，随着我国产品出口量的持续增加，政府的财政负担必将越来越重。

当然，也有少部分人士对调整出口退税政策持担忧与怀疑态度：

一是认为调整出口退税只是权宜之举，收效将甚微。有专家发出警告，认为降低出口退税对于调整我国外贸结构失衡是"治标不治本"的办法。固然降低出口退税短期内可能减缓人民币升值的压力，但如何扭转我国结构性不协调的贸易局面，则不是短期内我国单方面努力可以解决的问题。申银万国证券公司的宏观经济分析师李慧勇甚至认为，我国贸易不平衡属于结构性失衡，巨大的贸易顺差来源于加工贸易，只要我国作为世界加工中心的地位不变，贸易顺差的局面就难以改变。美国高盛公司的分析师认为，减少出口退税的做法对于调整中国经济外部不均衡的作用将微不足道。因为不相应减少进口关税，这势必扭曲相关的进出口产品价格。

二是认为调整出口退税将直接影响我国外贸企业的竞争力。因为出口退税税率下调，将直接提高出口企业的成本，这就势必影响出口产品的国际市场竞争力。但也有人认为，就目前国内产品在国际市场的价格水平看，其优势不会因为出口退税率的小幅下调而受过大的影响。

② 关于出口退税主要涉及的行业及其影响

据有关方面估计，此次出口退税政策调整的核心内容是将平均税率下调2%，主要涉及轻工、纺织、冶金、钢铁、机械等资源型出口行业，部分项目的出口退税甚至会被取消。网上文献关注的热点主要是钢铁和纺织行业，一些人认为钢铁产品出口退税率有可能从11%下调至8%，纺织品服装的出口退税率有可能从13%降到11%。

纺织行业：关于出口退税下调对纺织行业的影响有两种观点。多数人对此次调整做出了乐观的估计，认为纺织企业完全可以通过提价来消化出口退税的压力和带来的负面影响，同时认为调整出口退税率能在一定程度上促进纺织行业的结构调整和升级。但对中小企业而言，提价可能意味着大量订单的流失，一些企业将不得不面临关停甚至倒闭的风险，尤其是那些以低附加值产品为主出口的企业更是如此。

钢铁行业：据网上搜索，有近20%的文献认为，出口退税下调会对钢铁行业产生负面影响，影响主要集中在钢坯、钢锭等低附加值产品上。一是会减少企业利润。如果出口退税由原来的11%减少到8%，对于出口钢铁的企业来说，如果出口价格没有继续上涨，出口钢铁企业的利润就会减少3%。二是可能推动价格上扬。有人估计，出口退税政策明朗后，实际执行会有一段时间差，国内钢铁出口企业势必会在这段时间加大出口力度，相应减少国内市场供应量，进而推动国内价格继续走高。三是从事钢坯、长材出口的贸易商的利润基本会被抵消，这势必会沉重打击国内钢坯和长材市场。

2. 问卷调查及分析结果

我们主要对我国外贸政策被社会了解的程度、专家对我国外贸政策完备性及有效性的评价、企业对外资政策的满意程度以及改进建议等进行了问卷调查。

（1）我国外贸政策被社会了解的程度

我们将"对我国外贸政策的了解程度"分为<20%、20%～40%、40%～60%、60%～80%以及>80%五个等级，调查了我国外贸政策被社会了解的程度，调查对象主要为企业管理人员、高校院所与政府机构的相关专家。从图3-3的统计结果可以看出，企业对我国外贸政策的了解程度好于专家的了解程度；其中有12%以上的企业认为自己对外贸政策的了解程度达到了80%以上，但没有专家认为他们对外贸政策有如此多的了解。

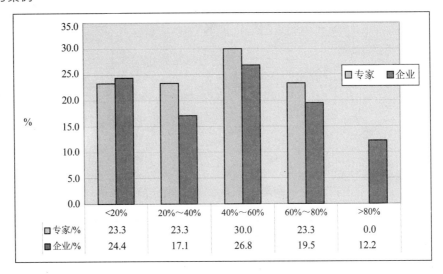

图 3-3　我国外贸政策被社会了解的程度

对前述结果进行进一步分析，发现企业难以全面把握外贸政策的主要原因中，排在第一位的是出台的政策过多；排在第二位的是政策公布、传递渠道不畅；排在第三位的是执行机构对政策的解释各异（参见图 3-4）。据统计，2000—2006 年，我国颁布的主要外贸政策有 50 余项；且参与外贸政策制定的部门较多，不同部门对政策的解释也有一定程度的差异。可见，今后制定新的政策前，需要加强部门间的沟通与协调，且不同部门对统一政策应有意见一致的解释。

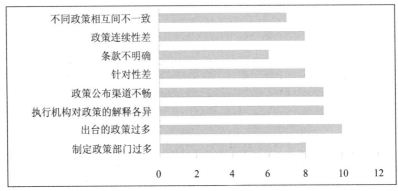

图 3-4　企业认为导致难以全面掌握我国外贸类政策的因素

（2）专家对我国外贸政策完备性及有效性的评价

我们将我国外贸政策的完备性分为"很好、较好、一般、较差、很差"五个等级，对政府机构和高校院所的专家进行了调查，统计结果如图 3-5 所示。

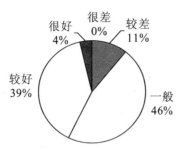

图 3-5　专家对我国外贸政策的完备性的评价

专家们对我国外贸政策的有效性的评价如图 3-6 所示。3/4 的专家认为，目前我国外贸政策的有效程度"较好"或"一般"。

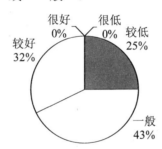

图 3-6　专家对我国外贸政策的有效性评价

就我国目前急需制定的外贸政策，专家提出了相关看法，较为集中的建议是：第一，政府要通过制定相关政策，引导产业结构调整和升级，提高产业技术水平，改善出口结构。增强对高技术含量、高附加值的产品和服务出口的支持力度。加大对资源消耗型企业出口的限制，逐步减少高能耗、高污染产品出口。第二，政府要及时了解国际贸易动态及各国贸易政策的变化，及时制定针对性政策，支持与引导本土资本企业在全球范围内对关键资源进行有效控制；有效保护本国企业的利益不受到国外贸易壁垒、反倾销等政策和行为的侵害。

（3）企业对外资政策的满意程度以及改进建议

我们将企业对政府外贸政策的满意程度也分为五个等级，对上百家企业进行了问卷调查，结果如图 3-7 所示。大多数企业认为，政府外贸政策维护产业安全的效果"一般"；对政府外贸政策维护产业安全的效果"很满意"和"很不满意"的企业皆较少。这说明我国外贸政策在维护产业安全方面虽然获得了一定成效，但还有待进一步改善。

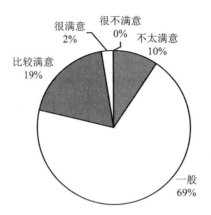

图 3-7 企业对外贸政策的满意程度

从企业类型看，国有企业、外商独资企业的评价较为分散，"很满意"、"比较满意"和"不太满意"的都较多，而合资、合作企业都认为政策效果"一般"（见图 3-8）。

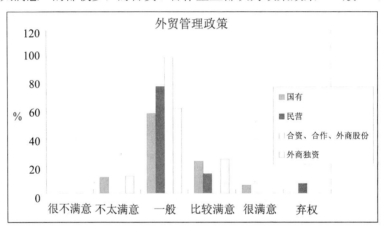

图 3-8 不同类型的企业对我国外贸政策的满意程度

企业认为，我国外贸政策急需改进的四个方面依次是公平性、一致性、时效性和合理性（见图 3-9）。而专家认为急需加强的三个方面依次是针对性、时效性和公平性。其中，公平性、时效性两者急需改善得到了企业和专家的一致认同，这说明我国外贸政策在这两个方面尤待改进。

特别需要关注的是，我国大部分"救助性法规"是 2000 年后制定的，即在我国加入 WTO 后制定的，这些法规对于抑制并化解危害、威胁我国产业安全的事件有着一定程度的滞后性；且一些相关条款还不够明确和具体。这自然需要政府、企业和学界共同努力，加强相关问题研究，学习、借鉴国外经验，逐步完善我国相关法律法规，以求切实保护我国的产业发展利益不受侵害。

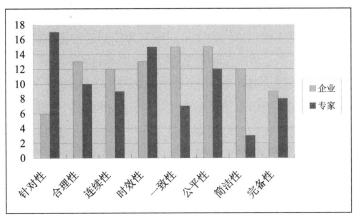

图 3-9　我国外贸政策急需改进、加强的方面

3. 我国外贸政策在维护产业安全中的作用

从总体上看，改革开放以来我国的外贸政策有以下特点：第一，逐步建立了相对完整、自成体系的外贸法律法规体系。从外贸基本法到国务院法规到部门规章，涉及对外贸易的基本规定，货物及技术进出口管理，进出口关税，反倾销、反补贴及保障措施，知识产权等多个方面。第二，基本政策思路是国家对货物进出口及技术进出口实行统一管理；对部分货物的进出口实行国营贸易；对限制进口或出口的货物实行配额、许可证等方式管理；对限制进口或出口的技术实行许可证管理；在发生自然灾害、国际收支严重失衡等特殊情况下，国家采取临时限制措施；强调贸易往来的平等互惠。第三，在出口方面，我国主要实施了鼓励出口、出口限制、临时出口管理、暂定出口关税税率、出口退税等政策，但也实行了一些限制政策，诸如出口许可证管理、禁止出口等办法。在进口方面，我国主要实行了关税、进口许可证、禁止进口、进口退税、鼓励先进适用技术进口等政策。对外商在华企业（中外合资企业、中外合作企业、外资企业）由国外进口商品，实行专门政策。第四，为了维护对外贸易秩序，采取了反倾销、反补贴、产业损害调查等对外贸易救济措施。第五，高度重视进出口中的知识产权管理，建立了知识产权海关保护制度。基于此不难发现，我国外贸政策对于维护产业安全的作用主要体现在以下几个方面：

（1）外贸政策与我国的产业竞争力

外贸政策是指一国在一定时期内影响其进出口贸易活动的政府政策的总和。它不仅直接影响一国的外贸活动，还会影响各个产业的竞争实力及其未来发展。20 世纪 80 年代以来，我国实施的基本是以"比较优势理论"为依据的外贸政策。在这种政策导向下，我国出口的主要是成本低廉的劳动密集型产品。从长远看，随着劳动力成本的增加，我国若干产业的这一比较优势将逐渐弱化。例如，据海关总署 2005 年发布的中国对外贸易统计资料，2002 年以来，我国对外贸易连续 4 年保持 20%以上的高速增长，2005 年继续稳居全球第 3 位。然而，出口产品仍主要集中在附加值低的劳动密集型产品上。

可喜的是，20 世纪 90 年代中期我国开始实施"科技兴贸战略"，核心是大力促进高新技术产品出口和利用高新技术改造传统产业，优化出口商品结构，提高出口商品质量、档次和附加值，该项战略正日益强化我国若干产业的国际竞争力。2005 年前后，我国汽车出口已占到全球汽车进出口贸易总额的 0.1%，软件出口在整个国际软件贸易中占 0.4%，电子产品出口在全球贸易中占到 5%。尽管这些比例仍然很低，但它却显示了在"科技兴贸战略"下，我国若干产业国际竞争力的日渐提高。

（2）外贸政策与我国的产业控制力

产业控制力包括两个层面。从中观层面看，指对本土资本对事关国家安全的基础性、命脉性或战略性产业的控制程度。从微观层面看，指本土资本对我国产业中的主体企业的控制程度。外贸政策对产业控制力的影响主要为间接影响，具体表现为本土资本的市场控制力、技术控制力以及产业对外依存度。

近年来，我国外贸政策在扶植幼稚产业、培育产业竞争力的同时，也在一定程度上保障了本土资本对产业主体的控制力。在其他国家使用反倾销、技术性贸易壁垒、知识产权保护等手段压缩我国本土资本企业的生存空间，以保障本土资本的产业竞争力和控制力的同时，我国也相应以有效的贸易政策、技术标准、知识产权法律法规等保障了我国产业的主体控制力。产业对外依存度与外贸政策也有着很强的关联性，我国外贸长期粗放增长，外贸依存度从 1999 年的 36.4%增长到 2004 年的超过 70%。日益提高的外资依存度，使得我们的产业运行和发展在相当程度上依赖于国际市场的"春江水暖"。

（3）外贸政策与我国的产业成长性

外贸政策对于产业成长具有重要的影响。我国曾对不少产业的重要产品实行了"进口替代"战略，相关政府部门也推动了"进口替代计划"，这在一定程度上促进了这些产业的成长与升级。但随着这些产业的发展，"进口替代"也显露出某些方面的局限性，不少进口替代产品生产技术落后，资源消耗大，制造成本高，产品质量低劣，在市场中难以形成竞争优势。改革开放以来，我国也实施了"出口导向"战略，力图通过参与国际市场竞争，赚取外汇、锤炼企业，这已取得了很好的效果。但这也有一定程度的局限性，一是"出口导向"发展往往依赖于关税保护和价格补贴，为扶持出口产业而提供的大量补贴，已成为国家财政的沉重负担。二是突出强调出口产业的发展，常常导致其他产业所需要的资金和资源流向出口产业，造成其他产业投入的不足。三是加重了国内企业对于国际市场的依赖。

值得注意的是，改革开放以来，我国通过利用外资，与外商合资、合作发展现代制造业，在部分行业有效实现了"进口替代"与"出口导向"的结合，同时也提高了企业的技术能力，降低了制造成本，产品相应也在国内外市场形成了某些方面的竞争优势，如果政府有关部门能对其中典型企业进行深入调研，总结其中经验，这必然有助于我国相关产业的进一步发展。

（4）外贸政策与我国产业安全的环境

产业发展相当程度上依赖于产业发展环境的整体改善。这既涉及国内环境，还涉及国际环境，我们的外贸政策要有助于为各个产业营造安全发展的环境。这里主要关注的是我国外贸政策与产业安全的国际环境。

第一，反倾销政策与我国产业安全的国际环境。自1979年欧盟对中国发起第一例"反倾销"指控以来，截至2003年，中国已遭受欧美等33个国家和地区的540多起反倾销调查，居全球之首；涉及的产品约4 000多种，累计影响我国出口金额约1 600亿美元。另据WTO秘书处2003年5月2日发布的统计报告显示，无论是遭受反倾销立案调查的数量，还是遭受反倾销肯定性最终裁定的比率，中国均排在世界首位。从表3-3中可以看出，1995年以来，中国遭受反倾销调查总次数占世界比例一直在10%以上，且自1998年以来，这一比例基本呈上升趋势[①]。

[①] WTO制定反倾销协议的本意是，制止倾销行为，以保护公平贸易。但事实上，反倾销已成为贸易保护的主要手段，这主要是因为：①反倾销相关条款较为含糊，使得反倾销税的实施有较大的灰色区域。②即便反倾销调查最终被驳回，它也能在很大程度上减少贸易。由于反倾销调查时间较长，通常是一年，而被调查的外国公司从被指控存在倾销行为到被证明不存在倾销，以及在最终裁决结果出来以前就已经被征收反倾销税。并且在整个过程中，反倾销税仍然在实施。即便申诉最终获胜，也只有等待实施反倾销的国家改变政策。这就意味着很多以反倾销为借口、以高关税限制外国竞争对手的做法既有效而又无须成本。

表 3-3 中国遭受反倾销调查统计表①

年　　份	中国遭受反倾销调查总次数	世界反倾销调查总次数	中国占世界比例/%
1995	20	157	12.74
1996	43	224	19.20
1997	33	243	13.58
1998	28	256	10.94
1999	40	355	11.27
2000	43	294	14.63
2001	53	366	14.48
2002	51	310	16.45
2003	52	231	22.51
2004 年 1～6 月	23	101	22.77

为加强对我国产业的贸易保护，近年来我国也出台了一系列反倾销政策，但该类政策仍处于起步阶段，有待进一步完善。例如，我国自 2002 年 1 月 1 日开始实施的国务院制定的《中华人民共和国反倾销条例》中并没有专门对"反规避"做出规定，只在"附则"第 55 条中规定"外经贸部、国家经贸委可以采取适当措施，防止规避反倾销措施的行为"。同时第 58 条规定，"外经贸部、国家经贸委可以根据本条例制定有关具体实施办法"。但 2003 年 11 月 17 日商务部发布的新的《反倾销产业损害调查规定》中并未涉及任何反规避的措辞。再如，对国外反倾销应诉是我们改变被动局面的关键一环，外经贸部 2001 年修改并颁布的《出口产品反倾销应诉规定》中第 6 条规定了"谁应诉、谁得益"原则，但又规定"具体措施等外经贸部另行制订"，这实际上使得应诉企业的权益并未得到切实保护。

第二，反补贴政策与我国产业安全的国际环境。按照 WTO 的补贴与反补贴规则，补贴是指某一成员国政府或任何公共机构向某一企业或某一产业提供财政捐助或对价格、收入的支持，结果直接或间接地增加从其领土输出某种产品或减少向其领土内输入某种产品，或者因此对其他成员国利益造成损害的政府行为或措施。其表现形式包括直接的资金转移（如政府赠与和贷款）、潜在的资金转移（如贷款担保）、政府对本应收取的资金给予豁免（如减免税收）、政府提供一般基础设施之外的其他服务或商品，或政府购买商品以及任何形式的收入支持或价格支持等。根据中国政府的入世

---

① 数据来源：www.wto.org

承诺,中国政府目前已在中央政府一级逐步取消了过去的补贴。但一些地方政府出于地方经济增长和解决就业等考虑,通过信贷、税收、电价和运价等措施,仍对一些产品给予一定程度的补贴,尤其是税收优惠政策,这很可能招致国外的反补贴调查。

例如,2004 年以来,加拿大多次发起对中国产品的反补贴调查。据 WTO 规则,WTO 成员可以依据补贴与反补贴措施协定对从其他成员国进口的产品征收反补贴税,这就降低了被提起反倾销调查一方的产品的竞争力。补贴与反补贴措施协定在确认是否存在补贴时并不考虑补贴的成员国是否为市场经济国家,即从 WTO 规则来看,"非市场经济地位"并不能成为中国企业规避反补贴措施的理由。而随着中国的市场经济地位被越来越多的国家所承认,根据 WTO 规则,他们完全有理由根据 WTO 规则对于来自中国的产品实施反补贴调查。此外,美国、欧盟作为全球反补贴措施的主要使用者,已在密切关注中国各类补贴政策。2005 年美国贸易谈判代表办公室在向国会提交的反补贴年度报告中,已明确表示正在搜集中国的补贴政策信息;而美国参议院议员已向国会提交了一个要求修改美国 1930 年关税法的议案,建议允许将反补贴法适用于非市场经济国家。欧盟也开始收集和研究中国企业获得政府补贴的情况,以便在适当的时候采取反补贴措施。

第三,知识产权及技术性贸易壁垒与我国产业安全的国际环境。知识产权壁垒是在保护知识产权的名义下,对含有知识产权的商品,如专利产品、贴有合法商标的商品以及享有著作权的书籍、唱片、计算机软件等实行进口限制;或者凭借其拥有的知识产权优势,超出知识产权法所授予的独占权或有限垄断权的范围,不公平或不合理地行使知识产权,实行"不公平贸易"。近年来,一些国家对中国对外贸易的飞速发展感到不安,千方百计利用其知识产权优势狙击中国的产品出口。而国内一些企业的知识产权意识薄弱,不尊重他人的知识产权,仿制仿冒现象较为严重,为一些发达国家利用知识产权来限制中国产品出口提供了借口。加入 WTO 后,中国企业产品出口遭遇的跨国知识产权纠纷不断,如 2002 年的 DVD 和温州打火机、摩托车及彩电等专利纠纷,2003 年美国思科在本土起诉深圳华为以及日本丰田以汽车商标为由起诉浙江吉利等。

技术性贸易壁垒是指一国以维护国家安全或保护人类健康和安全、保护动植物的生命和健康、保护生态环境或防止欺诈行为、保证产品质量为由,采取的一些强制性或非强制性的技术性措施。近年来,发达国家纷纷采取技术性贸易壁垒来阻止中国产品进入他国市场。一方面,发达国家通过立法或制定苛刻的技术标准,提升中国产品进入他国市场的门槛。另一方面，通过开展绿色认证、征收绿色关税等措施，使中国产品进入他国的成本大大增加，削弱了中国一些产品的国际竞争力。在相当程度上，我国已成为遭受国外技术性贸易壁垒影响最大的国家。加入 WTO 以来，我国有 2/3 的出口企业已遭遇过国外技术性贸易壁垒的限制，有 2/5 的出口产品已受到不同程度的影响，每年因此而造成的损失达 200 亿美元左右。随着国际环境压力的增加，以及一些国际公约的实施，技术性贸易壁垒将更加广泛地冲击我国农产品、纺织品、机电产品、玩具、医药产品等的出口。

第三节　外商投资管理相关政策评估

一、相关政策综述

1979 年，我国全国人大颁布了《中华人民共和国中外合资经营企业法》，这标志着我国吸引和利用外资的正式起步。经过二十多年的发展，我国关于外商投资方面的法律、法规与政策体系逐步趋于完善，吸收外资规模不断扩大，有效促进了我国的经济发展。根据我国法律，外商投资包括外商在华建立独资企业、中外合作企业、中外合资企业，以及外商投资股份公司等形式。我国颁布涉及外商投资的法律、法规和政策的主要目的是，引导外资投向有利于我国国民经济整体发展的产业方向；对于涉及我国经济安全和国计民生的重要产业，则采取禁止或限制外资进入的政策；对于需要大量资金和先进技术的产业和地区，则通过税收、信贷等优惠政策，来引导外资进入。2003 年以来，为规范外资在华并购，陆续出台了一些有关外资在华并购的政策。

1. 外商投资产业政策

（1）最为基本的外商投资产业政策

国务院 2002 年制定了《指导外商投资方向规定》，将外商投资项目分为鼓励、允许、限制和禁止四类。此前，1999 年由原国家经贸委、原外经贸部联合发布了《外商投资产业指导目录》，将鼓励类、限制类和禁止类的外商投资项目列入，并于 2002 年、2004 年分别对《外商投资产业指导目录》进行了修改。《外商投资产业指导目录》（2004版）自 2005 年 1 月 1 日起实行，是我国引导外商投资方向的基本文件之一。

根据前述法规和规章,禁止外商投资的项目包括:一是危害国家安全或损害社会公共利益的;二是对环境造成污染损害、破坏自然资源或者损害人体健康的;三是占用大量耕地、不利于保护与开发土地资源的;四是危害军事设施安全和使用效能的;五是使用我国特有工艺或技术生产产品的。《外商投资产业指导目录》(2004)具体列出了禁止外商进入的十大类产业 32 类项目。

限制外商投资的项目:一是技术水平落后的;二是不利于节约资源和改善生态环境的;三是从事国家规定实行保护性开采的特定矿种勘探、开采的;四是属于国家逐步开放的产业的;五是法律、行政法规规定的其他情形[①]。"限制"包括外资进入方式及外资股份额度等方面。但对于从事投资额大、回收期长的能源、交通、城市基础设施建设、经营的外资项目,经批准,可以扩大与其相关的经营范围。

鼓励外商投资的项目:一是属于农业新技术、农业综合开发和能源、交通、重要原材料工业的;二是属于高新技术、先进适用技术,能够改进产品性能、提高企业经济效益或生产国内生产能力不足的新设备、新材料的;三是适应市场需求,能够提高产品档次、开拓新兴市场或提升产品国际竞争能力的;四是属于新技术、新设备,能够节约能源和原材料、综合利用资源和再生资源以及防治环境污染的;五是能够发挥中西部地区人力和资源优势的;六是产品全部直接出口的允许类外商投资项目,视为鼓励类外商投资项目;七是列入《中西部地区外商投资优势产业目录》的,可以享受鼓励类外商投资项目优惠政策。但对部分鼓励类项目也存在合作方式和股权比例的限制。

(2)高科技产业的外商投资产业政策

为吸引和鼓励外商投资中国高新技术产业,引进国外先进适用技术,增强国内企业消化吸收国外技术和自主创新的能力,科技部和商务部 2003 年在原《中国高新技术产品目录》的基础上,共同编制了《鼓励外商投资高新技术产品目录》。其中列明的高新技术产品按技术领域分为十一大类,分别为电子信息、软件、航空航天、光机电一体化、生物医药与医疗器械、新材料、新能源与高效节能、环境保护、地球空间与海洋、核应用技术和现代农业。

(3)中西部的外商投资产业政策

20 世纪末期,我国开始实施"西部大开发"战略,在外商投资方面也制定了相应

[①] 产品出口销售额占其产品销售总额 70%以上的限制类外商投资项目,经省、自治区、直辖市及计划单列市人民政府或者国务院主管部门批准,可以视为允许类外商投资项目。

政策,以引导外资投向中西部。2000 年 6 月,原国家经贸委、国家计委、外经贸部联合颁布了《中西部地区外商投资优势产业目录》,该目录是我国指导审批外商投资中西部项目和外商投资企业适用有关政策的依据。2001 年,国务院西部开发办颁布了《关于西部大开发若干政策措施的实施意见》,一是扩大外商投资的领域;二是拓宽利用外资的渠道。2004 年,根据各地经济发展情况和条件变化,相关部委又及时补充和修订了有关优势产业的条款,20 个中西部省份也列出了鼓励外商投资的优势产业。

2. 外商投资税收和信贷优惠政策

(1)引导外商投资的税收优惠政策

改革开放初期,为吸引外商来华投资和再投资,我们对来华投资者赋予了"以税收优惠为主的超国民待遇",力图引导外资投向与我国发展战略相一致的领域。

① 外商投资企业在华可享受的所得税优惠[①]

一是企业所得税率为 30%;地方所得税,按应纳税的所得额计算,税率为 3%。尚且生产性外资企业,经营期在十年以上的,从开始获利年起,第一、二年免征企业所得税,第三至五年减半征收企业所得税[②]。

二是如果外资企业中的外国投资者将企业取得的利润再投资于该企业,增加注册资本,或者作为资本投资开办其他外资企业,经营期不少于五年的,国家退还其再投资部分已缴纳所得税的 40%税款。例如,直接再投资兴办、扩建产品出口企业或先进技术企业,全部退还其再投资部分已缴纳的企业所得税税款[③]。由外国投资者持有 100%股份的投资公司,将其从外商投资企业分回的利润(股息)在中国境内直接再投资,也可享受再投资退税优惠。

三是如果外商投资企业在中国境内设立的从事生产经营的机构发生年度亏损,可以用下一纳税年度的所得弥补;下一纳税年度的所得不足弥补的,可以逐年延续弥补[④]。外国投资者从外商投资企业取得的利润,免征所得税。

[①] 见《外商投资企业和外国企业所得税法》,1991.

[②] 当然,石油、天然气、稀有金属、贵重金属等资源开采项目另行规定。外商投资企业实际经营期不满十年的,要补缴已免征、减征的企业所得税税款。

[③] 外国投资者再投资举办、扩建的企业,自开始生产经营起三年内没有达到产品出口标准的,或者没有被继续确认为先进技术企业的,应当撤回已退税款的 60%。再投资不满五年的,应当撤回已退的税款。

[④] 但最长不得超过五年。

② 外商投资企业在华可享受的进出税收优惠

一是外国投资者作为出资的机器设备、零部件、建筑材料等及以投资总额内的资金进口本企业生产所需的自用机器设备、零部件、生产用交通运输工具及生产管理设备，可享受免税优惠[①]。

二是外国合营者出资的机器设备、零部件和其他物料，以投资总额内的资金进口的机器设备、零部件和其他物料，合营企业为生产出口产品，从国外进口的原材料、辅料、元器件、零部件和包装物料，以及增加资本所进口的国内不能供应的机器设备、零部件和其他物料等均免征进口关税和工商统一税；企业生产的出口产品，除中国限制出口者外，免征工商统一税[②]。

三是外国合作者作为投资进口的机器设备、零部件和其他物料及合作企业用投资总额内的资金进口生产经营所需的机器设备、零部件和其他物料，免征进口关税和进口环节的流转税[③]。

四是外商投资企业以来料加工方式进口的货物，免征进口环节增值税、消费税；加工货物出口后，免征加工货物工缴费的增值税[④]。

五是对已设立的鼓励类和限制类外商投资企业、外商研发中心、先进技术型和产品出口型外商投资企业的技术改造，在原批准生产经营范围内进口国内不能生产或性能不能满足需要的自用设备及其技术、配件、备件，可免征进口关税和进口环节税[⑤]。

六是对外商投资研发中心，利用自有资金进行技术改造，在原批准经营范围内进口符合前款条件的自用设备及其配套的技术、配件、备件，免征进口关税及进口环节税[⑥]。外商投资研发中心在总额内进口自用设备及其配套的技术、配件、备件，且不构成生产规模的实验室或中试范畴的，免征进口关税和进口环节税。

③ 外商投资企业在华可享受的出口税收优惠

一是产品出口的外资企业，依照规定免征、减征企业所得税期满后，凡当年出口

[①] 如中国境内转卖或者转用于生产在中国境内销售的产品，应依照中国税法纳税或者补税。外资企业生产的出口产品，除中国限制出口的以外，依照中国税法免征关税和工商统一税（见《外资企业法实施细则》，2001）。

[②] 见《中外合资经营企业法实施条例》，2001.

[③] 见《中华人民共和国中外合作经营企业法实施细则》，1995.

[④] 见《中华人民共和国增值税暂行条例》，国务院，1993.

[⑤] 见国务院办公厅转发外经贸部等部门《关于当前进一步鼓励外商投资意见的通知》，1999.

[⑥] 见原对外贸易经济合作部《关于外商投资设立研发中心有关问题的通知》，2000.

产品产值达到当年企业产品产值 70%以上的，可以按照税法规定的税率减半征收企业所得税[①]。

二是对产品全部直接出口的"允许类"外商投资项目，自投产日起，由原外经贸部等对产品直接出口情况进行核查，核查期 5 年。核查情况属实者，每年返还已纳税额的 20%，5 年内全部返还[②]。

④ 外商投资企业在华可享受的在中国国内采购的税收优惠

对外商投资企业在投资总额内采购中国国产设备，如该类进口设备属免税目录范围，可全额退还国产设备增值税，并按有关规定抵免企业所得税[③]。

（2）引导外商投资的信贷融资优惠

一是外商投资企业在我国境内融资时，允许中资商业银行接受外方股东担保。允许外商投资企业以外汇质押方式向境内中资指定外汇银行申请人民币贷款。

二是设立专项产业投资基金，缓解现有外商投资企业增资时如果中方股本金不足，允许境内中资商业银行在中外合资、合作企业外方股东应增加的股本金到位的前提下，对中方股东发放不超过 50%的股本贷款，期限不超过 10 年。

三是允许境内外商投资企业以其外方投资者海外资产向境内中资银行的海外分行提供抵押，由中资商业银行的海外分行或国内分行向其发放贷款。

四是符合条件的外商投资企业可申请发行 A 股或 B 股[④]。

（3）鼓励外商投资高新技术产业以及引进高新技术的政策

一是在国家级高新区设立的被认定为高新技术企业的中外合资经营企业，经营期在十年以上的，从开始获利的年度起，第一、二年免征企业所得税[⑤]。

二是外商投资的先进技术企业，免征、减征企业所得税期满后，仍为先进技术企业的，可以按照税法规定税率延长三年减半征收企业所得税[⑥]。

[①] 见《外商投资企业和外国企业所得税法实施细则》，1991.

[②] 见 2002 年财政部等部委联合发布的《关于调整部分进口税收优惠政策的通知》中对《外商投资产业指导目录》进行修改的有关规定。

[③] 见国务院办公厅转发外经贸部等部门《关于当前进一步鼓励外商投资意见的通知》，1997.

[④] 见国务院办公厅转发外经贸部等部门《关于当前进一步鼓励外商投资意见的通知》，1997.

[⑤] 见《中华人民共和国外商投资企业和外国企业所得税法实施细则》，1991.

[⑥] 见《中华人民共和国外商投资企业和外国企业所得税法》，1991.但同时被认定为先进技术企业和产品出口企业的，允许企业选择享受其中的一种税收优惠，不得同时享受两种税收优惠。

三是外商投资企业R&D费用比上年增长10%及上的，允许再按R&D费用实际发生额的50%抵扣当年的应纳税所得额[①]。

四是如果外商投资研发中心R&D费用比上年增长10%及上，可再按R&D费用实际发生额的50%，抵扣当年度的应纳税所得额[②]。

五是为科学研究、开发能源、发展交通事业、农林牧业生产及开发重要技术提供专有技术所取得的特许权使用费，经税务主管部门批准，可减按10%税率征收所得税，其中技术先进或者条件优惠的，可以免征所得税[③]。

六是外国企业向我境内转让技术，凡属技术先进或者条件优惠的，可免征营业税和企业所得税；外商投资企业取得的技术转让收入免征营业税[④]。

七是外商投资设立的研发中心，在投资总额内进口国内不能生产或性能不能满足需要的自用设备及其配套的技术、配件、备件，对其转让技术的收入免征营业税。

八是外商投资研发中心自行研发技术的转让收入，免征营业税[⑤]。

（4）鼓励外商进行基础设施投资的税收政策

一是对从事港口码头建设的中外合资经营企业，经营期在15年以上的，从开始获利年起，第1~5年免征企业所得税，第6~10年减半征收企业所得税。

二是对在海南经济特区设立的从事机场、港口、码头、铁路、公路、电站、煤矿、水利等基础设施项目的外商投资企业，和从事农业开发经营的外商投资企业，经营期在15年以上的，从开始获利年起，第1~5年免征企业所得税，第6~10年减半征收企业所得税。

三是对在上海浦东新区设立的从事机场、港口、铁路、公路、电站等能源、交通建设项目的外商投资企业，经营期在15年以上的，从开始获利年起，第1~5年免征企业所得税，第6~10年减半征收企业所得税[⑥]。

四是对在西部地区新办交通、电力、水利、邮政、广播电视的外商投资企业，上述项目业务收入占企业总收入70%以上，且经营期在10年以上的，自获利年起，第1、

---

① 见国务院办公厅转发外经贸部等《关于当前进一步鼓励外商投资意见的通知》，1999.
② 见原外经贸部《关于外商投资设立研发中心有关问题的通知》，2000.
③ 见《中华人民共和国外商投资企业和外国企业所得税法》，1991.
④ 见国务院办公厅转发外经贸部等《关于当前进一步鼓励外商投资意见的通知》，1999.
⑤ 见原对外贸易经济合作部《关于外商投资设立研发中心有关问题的通知》，2000.
⑥ 见《中华人民共和国外商投资企业和外国企业所得税法实施细则》，1991.

2 年免征企业所得税，第 3～5 年减半征收企业所得税[①]。

五是对向在国家重点鼓励的能源、交通等领域投资的外国投资者提供政策性风险保险、履约保险、保证保险等保险服务[②]。

（5）鼓励外商投资特定区域的税收优惠政策

① 鼓励外商投资沿海开放区的税收优惠政策

一是设在经济特区的外商投资企业，在经济特区设立机构、场所，从事生产经营的外国企业和设在经济技术开发区的生产性外商投资企业，减按 15% 的税率征收企业所得税。

二是设在沿海经济开放区和经济特区、经济技术开发区所在城市的老市区的生产性外商投资企业，减按 24% 的税率征收企业所得税。设在沿海经济开放区和经济特区、经济技术开发区所在城市的老市区，或设在国务院规定的其他地区的外商投资企业，属于能源、交通、港口、码头或者国家鼓励的其他项目的，可以减按 15% 的税率征收企业所得税。

三是在经济特区和经济技术开发区以及其他已经按 15% 的税率缴纳企业所得税的产品出口企业，在依照税法规定免征、减征企业所得税期满后，凡当年出口产品产值达到当年企业产品产值 70% 以上的，按 10% 的税率征收企业所得税。

四是在经济特区设立的服务行业的外商投资企业，外商投资超过 500 万美元，经营期在 10 年以上的，从开始获利年起，第 1 年免征企业所得税，第 2、3 年减半征收企业所得税[③]。

五是在经济特区和国务院批准的其他地区设立的外资银行、中外合资银行等金融机构，外国投资者投入资本或者分行由总行拨入营运资金超过 1 000 万美元，经营期在 10 年以上的，从开始获利年起，第 1 年免征企业所得税，第 2 年和第 3 年减半征收企业所得税[④]。

② 鼓励外商投资中西部地区或边远地区

一是从事农业、林业、牧业的设在经济不发达边远地区的外商投资企业，在免税、

---

① 见财政部、国家税务总局、海关总署《西部大开发税收优惠政策问题的通知》，2001.
② 见国务院办公厅转发外经贸部等部门《关于当前进一步鼓励外商投资意见的通知》，1999.
③ 见《外商投资企业和外国企业所得税法》，1991.
④ 见《中华人民共和国外商投资企业和外国企业所得税法实施细则》，1991.

减税期满后，在以后 10 年内可以继续按应纳税额减征 15%～30%的企业所得税[①]。

二是对于"鼓励类"和"限制类"项目，以及经国务院批准的优势产业和优势项目的外商投资企业，在现行税收优惠期满后三年内，按 15%的税率征收企业所得税[②]。

三是对于产品出口企业且当年出口达到总产值 70%以上的，在享受上述政策的同时，可再减半征收企业所得税，但减半后税率不得低于 10%[③]。

四是对设在西部地区的"鼓励类"外商投资企业，在 2001—2010 年期间，减按 15%的税率征收企业所得税。民族自治地区外商投资企业可以减征或免征地方所得税[④]。

五是对中西部利用外资的优势产业和优势项目，在投资总额内进口国内不能生产或性能不能满足需要的自用设备及其配套技术、配件、备件，或利用自有资金进口国内不能生产或性能不能满足需要的自用设备及其配套的技术配件、备件，免征进口关税和进口环节税[⑤]。

六是符合西部地区外商投资鼓励类产业的项目和《中西部地区外商投资优势产业目录》项目，在投资总额内进口自用设备，除《国内投资项目不予免税的进口商品目录（2000 年修订）》和《外商投资项目不予免税的进口商品目录》所列商品外，免征关税和进口环节增值税[⑥]。

七是对外商投资西部地区的基础设施和优势产业项目，适当放宽国内银行提供中外合资合作项目固定资产投资人民币贷款比例，一般放宽到中方出资比例的 120%，外商独资项目扩大到外方注册资本的 100%。对属于《外商投资产业指导目录》鼓励类和《中西部地区外商投资优势产业目录》的项目，外商有良好信誉、贷款用于购买项目所需国产设备材料及支付国内工程承包费用的，国内银行向其提供固定资产投资人民币贷款可不受上述比例限制，由银行评估、自主确定。

八是允许外商投资项目开展人民币在内的项目融资。对西部地区利用国外优惠贷款建设的项目，允许适当提高项目总投资中利用国外优惠贷款的比例。对西部地区基

[①] 见《外商投资企业和外国企业所得税法》，1991.

[②] 见国务院办公厅转发外经贸部等《关于当前进一步鼓励外商投资意见的通知》，1999。国家税务总局《关于实施对设在中西部地区外商投资企业给予三年减按 15%税率征收企业所得税优惠的通知》，2000.

[③] 同②

[④] 见财政部、国家税务总局、海关总署《西部大开发税收优惠政策问题的通知》，2001.

[⑤] 见海关总署《关于进一步鼓励外商投资有关进口税收政策的通知》，1999.

[⑥] 见财政部、国家税务总局、海关总署《西部大开发税收优惠政策问题的通知》，2001.

础设施建设、生态环境建设、扶贫开发等领域项目，根据项目的偿还能力，从一般要求国外优惠贷款占项目总投资的比例不超过 50%，提高到最高可达 70%[①]。

3. 关于外商投资额度或股份以及投资形式的规定

除了对外商投资的产业领域有所限制外，我国在很多允许外资进入的产业领域，对其投资的最低额度和股份占有比例做出了明确规定。

（1）关于外商最低投资额度的规定

一是东部地区外资企业最低注册资本为 5 000 万元，中西部地区外资企业注册资本可放宽至 3 000 万元[②]。外商投资股份有限公司，注册资本最低限额为人民币 3 000 万元[③]。

二是外资企业、中外合作企业以及中外合营企业在经营期内均不得减少其注册资本。中外合作企业和中外合营企业因投资总额和生产经营规模变化，确需减少注册资本的，须经审查批准机关批准[④]。

三是现有外商投资股份公司申请上市发行 A 股或 B 股，上市后的外商投资股份公司的非上市外资股比例应不低于总股本的 25%。外商投资性公司持有的非上市外资股暂不得转为流通股[⑤]。

四是外商在中国境内投资设立企业或购买其他企业，其所累计投资额不得超过自身净资产的 50%（投资后，接受被投资公司以利润转增的资本，其增加额不包括在内）[⑥]。

五是外商投资性公司的注册资本不低于 3 000 万美元，其贷款额不得超过已缴付注册资本额的 4 倍。投资性公司的注册资本不低于 1 亿美元，其贷款额不得超过已缴付注册资本额的 6 倍。投资性公司因经营需要，贷款额拟超过上述规定，应当报商务部批准[⑦]。

（2）关于外资投资形式的规定

一是在合资企业中，外国投资者可以用可兑换外币出资，也可以用机器设备、工业产权、专有技术等作价出资。外国投资者以机器设备作价出资，机器设备必须是外资企业生产所必需的；中国不能生产的，或者虽能生产，但技术性能或供应时间不能

[①] 见国务院《关于西部大开发若干政策措施的实施意见》，2001.

[②] 见国务院《关于西部大开发若干政策措施的实施意见》，2001.

[③] 见《关于设立外商投资股份有限公司若干问题的暂行规定》，1995.

[④] 见《外资企业法实施细则》，1990；《中外合作经营企业法实施细则》，1995；《中外合资经营企业法实施条例》，2001.

[⑤] 见外经贸部《关于外商投资股份公司有关问题的通知》，2001.

[⑥] 见外经贸部、国家工商行政管理局《关于外商投资企业境内投资的暂行规定》，2000.

[⑦] 见商务部《关于外商投资举办投资性公司的规定》，2003.

保证需要的。且机器设备的作价不得高于同类设备当时的国际市场的正常价格。外国投资者以工业产权、专有技术作价出资，该工业产权、专有技术必须是外国投资者自己所有的；能生产中国急需的新产品或出口适销产品的；作价金额不得超过外资企业注册资本的 20%[1]。但如果外国合资者有意以落后技术和设备进行欺骗，造成损失，则应赔偿损失[2]。

二是在中外合作企业中，各方投资或者提供的合作条件可以是货币，也可以是实物或者工业产权、专有技术、土地使用权等财产权利。中国合作者的投资或者提供的合作条件，属于国有资产的，应依法进行资产评估[3]。

（3）关于外资投资研发机构的相关规定

关于外商投资研发中心，我国规定，该类机构必须有明确的研发领域和具体的研发项目，固定的场所、科研必需的仪器设备和其他必需的科研条件，研发中心用于研发的投资应不低于 200 万美元；限制类外商投资企业以独立部门和分公司形式设立的研发中心，其投资不得高于企业投资总额的 50%[4]。

（4）关于企业中外资股份比例的规定

① 关于最低股份的规定（一般为 25%）

一是依法取得中国法人资格的合作企业，外国合作者的投资不得低于合作企业注册资本的 25%[5]。除非外方投资者向中国投资者转让其全部股权，企业投资者股权变更不得导致外方投资者的投资比例低于企业注册资本的 25%[6]。外商投资企业在中国境内投资设立或购买其他企业，外国投资者的出资比例同样不得低于被投资企业注册资本的 25%[7]。

二是外商投资企业合并和分立，在新公司中，外国投资者的股权比例同样不得低于注册资本的 25%[8]。外国投资者并购境内企业设立外商投资企业，并购后所设外商投资企业注册资本中的出资比例同样不得低于 25%。

三是外国投资者境外实有资产总额不低于 1 亿美元，或管理的境外实有资产额不

---

[1] 见《外资企业法实施细则》，1990.

[2] 见《中华人民共和国中外合资经营企业法》，2001；《中外合资经营企业法实施条例》，2001.

[3] 见《中外合作经营企业法实施细则》，1995.

[4] 见《关于外商投资设立研发中心有关问题的通知》，2001.

[5] 见《中外合作经营企业法实施细则》，1995.

[6] 见《外商投资企业投资者股权变更的若干规定》，1997.

[7] 见外经贸部、国家工商行政管理局《关于外商投资企业境内投资的暂行规定》，2000.

[8] 见《关于外商投资企业合并与分立的规定》，2001.

低于 5 亿美元；或其母公司境外实有资产总额不低于 1 亿美元，或管理的境外实有资产总额不低于 5 亿美元时，可以对 A 股上市公司进行战略投资，鼓励中长期投资，但不得妨碍公平竞争，不得造成中国境内相关产品市场过度集中、排除或限制竞争。投资可分期进行，首次投资完成后取得的股份比例不低于该公司已发行股份的 10%；取得的上市公司 A 股股份三年内不得转让[1]。

② 对外资拥有最高股份的限制

一是详细规定了对外资所占股份有所限制的产业。即在鼓励外商投资的产业中，有若干类项目对外商所占股份有限制（股份不得超过一定比例），同时规定中方要绝对控股或相对控股[2]。

二是在不允许外商独资经营的产业中，规定股权变更不得导致外国投资者持有企业的全部股权；因股权变更而使企业变成外资企业的，必须符合《中华人民共和国外资企业法实施细则》规定的设立外资企业的条件。需由国有资产占控股或主导地位的产业，股权变更不得导致外国投资者或非国有企业占主导地位[3]。

三是中外合资企业、中外合作企业、外资企业、外商投资股份公司之间合并或分立，在符合《指导外商投资方向暂行规定》和《外商投资产业指导目录》的前提下，不得导致外国投资者在不允许外商独资、控股或占主导地位的产业公司中独资控股或占主导地位。合并后的公司不得在禁止外商投资产业的企业中持有股权[4]。

（5）对经营期限的限制

① 一般性期限规定

合营企业的经营期限，根据不同行业和项目的情况，由合资各方协商决定，一般项目的合资期限为 10～30 年。投资大、建设周期长、资金利润率低的项目，由外国合营者提供先进技术或关键技术生产尖端产品的项目，在国际上有竞争能力的产品项目，其合营期限可以延长到 50 年。经国务院特别批准的可在 50 年以上[5]。另外，对于外商投资西部地区的商业项目，经营年限可放宽至 40 年[6]。

---

[1] 见商务部《外国投资者对上市公司战略投资管理办法》，2005.

[2] 见《外商投资产业指导目录》，2004 版。

[3] 见《外商投资企业投资者股权变更的若干规定》，1997.

[4] 见《关于外商投资企业合并与分立的规定》，2001.

[5] 见《中华人民共和国中外合资经营企业法实施条例》，2001 年修订。

[6] 见《关于西部大开发若干政策措施的实施意见》，2001.

② 对部分产业外资经营年限的专门规定

我国对部分产业的外资经营年限一般规定为 30 年，个别为 20 年。这些规定主要体现在以下政策中（见表 3-4）。

表 3-4　我国针对具体行业的外资经营期限政策

政 策 名 称	制 定 机 构	生效时间/年	最后修订时间/年
中华人民共和国对外合作开采陆上石油资源条例	国务院	1993	2001
中华人民共和国对外合作开采海洋石油资源条例	国务院	1982	2001
关于进一步鼓励外商投资勘查开采非油气矿产资源的若干意见	国土资源部、原国家计委、经贸委、财政部、外经贸部	2000	
外商投资稀土行业管理暂行规定	原国家计委	2002	
设立外商投资印刷企业暂行规定	外经贸部、国家新闻出版署	2002	
关于外商投资举办投资性公司的规定	商务部	2003	2004
外商投资国际货物运输代理企业管理规定	外经贸部	1995	
外商投资道路运输业管理规定	交通部、外经贸部	2001	
外商投资铁路货物运输业审批与管理暂行办法	铁道部、外经贸部	2000	
外商独资船务公司审批管理暂行办法	交通部、外经贸部	2000	
外商投资电信企业管理规定	国务院	2001	
外商投资民用航空业规定	民航总局、外经贸部	2002	
外商投资商业领域管理办法	商务部	2004	
中外合作音像制品分销企业管理办法	文化部、商务部	2004	
外商投资租赁公司审批管理暂行办法	外经贸部	2001	
外商投资租赁业管理办法	商务部	2005	
外商投资图书、报纸、期刊分销企业管理办法	新闻出版总署、外经贸部	2002	
拍卖管理办法	商务部	2005	
商业特许经营管理办法	商务部	2004	
外商投资电影院暂行规定	广电总局、商务部、文化部	2001	2006
中华人民共和国外资金融机构管理条例	国务院	2002	
中华人民共和国外资保险公司管理条例	国务院	2002	
中国人民银行关于外资金融机构市场准入有关问题的公告	人民银行	2001	

续表

政 策 名 称	制 定 机 构	生效时间/年	最后修订时间/年
金融资产管理公司吸收外资参与资产重组与处置的暂行规定	财政部、人民银行	2001	
关于设立外商投资创业投资企业的暂行规定	外经贸部、科技部、工商总局	2001	
中外合资、合作医疗机构管理暂行办法	卫生部	2000	
外国律师事务所驻华代表机构管理条例	国务院	2002	
中外合资、中外合作职业介绍机构设立管理暂行规定	劳动和社会保障部、工商总局	2001	
外商投资建筑业企业管理规定	建设部、外经贸部	2002	
关于规范房地产市场外资准入和管理的意见	建设部、商务部、发改委、人总行、工商总局、外汇局	2006	

4. 对外资并购投资的相关规定

时至 2006 年 9 月，改革开放 27 年来，外商已在华累计投资设立 57 万多家企业，涉及农业、制造业、服务业等几乎所有领域。时至 2005 年年底，在外商投资企业中直接就业人员超过了 2 500 万人，占全国城镇劳动就业人口 10% 以上。截至 2006 年 6 月底，来华投资的外商涉及 200 个国家和地区，世界 500 强企业中 480 余家在华投资。在这一过程中，外商在华并购也越演越烈。中国目前已成为仅次于日本和澳大利亚的亚太第三大并购市场，金融业、国企转让以及低价转让基础设施等成为外企投资的热点。仅 2006 年上半年，中国并购交易额即达到 410 亿美元，增长 71%，其中外资对华的并购金额创下历史新高，达到 128 亿美元。为规范外商在华并购、维护产业安全，我国政府先后制定了一系列法律法规。

（1）2003 年颁布了《外国投资者并购境内企业暂行办法》（下称《暂行办法》）

该《暂行办法》对整个并购的基本原则、基本法律框架均做出了总体规定。明确定义外国投资者并购是指外国公司、企业、经济组织或个人直接通过购买股权或购买资产的方式并购境内企业。股权并购的目标企业限定为境内依照公司设立或规范化改制形成的公司。资产并购的目标企业包括境内任何形式的企业。股权并购与资产并购的目标企业涵盖多种组织形式与所有制形态的境内企业。根据该《暂行办法》，从 2003 年 4 月 12 日起，当境外并购可能造成"境内市场过度集中"时，并购方应当向（原）

外经贸部和国家工商总局报送并购方案，由其决定是否"放行"。判断的依据是境外并购一方在我国境内拥有的资产超过 30 亿元，或者在我国的营业额超过 15 亿元等。该《暂行办法》补充说明中特别强调了"国家经济安全"问题。

（2）2003 年 8 月颁布了《外商投资产业指导目录》

该文件要求"外国投资者并购境内企业，应符合中国法律、行政法规和部门规章对投资者资格和产业政策的要求"。不允许外国投资者独资经营的产业，并购不得导致外国投资者持有企业的全部股权；需由中方控股或相对控股的产业，该产业在企业被并购后，仍应由中方在企业中占控股或相对控股地位；禁止外国投资者经营的产业，外国投资者不得并购从事该产业的企业①。

（3）"十一五"规划明确要求加强对外资并购的审查和监管

2005 年，国家发展和改革委员会在"十一五"规划中明确写道，要"加强对外资并购涉及国家安全的敏感行业重点企业的审查和监管，确保对关系国家安全和国计民生的战略行业、重点企业的控制力和发展的主导权"。

（4）六部委 2006 年联合颁布了《关于外国投资者并购境内企业的规定》（下称《规定》）

在前述 2003 年《暂行办法》的基础上，商务部、国资委、税务总局、工商总局、证监会以及外汇管理局六部委于 2006 年 8 月 8 日联合颁布了《关于外国投资者并购境内企业的规定》②。该《规定》由六章总计 61 条构成，篇幅较此前《暂行办法》的 26 条有了较大增加，更重要的是，在外资利用境外股权方式收购境内企业、外资企业收购的市场准入及审批程序、政府反垄断调查等内容有了较为明晰的规定。《规定》对国内企业境外上市惯用的"红筹模式"进行了全方位的审批强化。这一安排同样也适用于私募基金。要求对从 SPV、WOFE（外商独资企业）的设立到上市融资及其融资调回的全过程，实施全面审批制度。该《规定》较之前的《暂行办法》有如下创新：一是允许外国投资者通过股权交换并购境内公司；二是加强了对境内企业通过海外注册公司反向并购国内企业的监管；三是客观上会促进私募基金、风险基金到国内设立一些外商人民币投资基金，通过他们来投资蓝筹股；四是支付手段更加灵活，可以是

---

① 这一要求在《关于向外商转让上市公司国有股和法人股有关问题的通知》的第二条和《利用外资改组国有企业暂行规定》的第六条第二款中也有明确规定。

② 所谓"红筹"是指内资企业在境外成立 SPV（特殊目的公司），再由其收购境内资产，最终到境外上市。

外汇，也可以是人民币资产。

该《规定》解决了三大问题。一是第十二条规定："外国投资者并购境内企业并取得实际控制权，涉及重点行业、存在影响或可能影响国家经济安全的因素，或者导致拥有驰名商标或中华老字号的境内企业实际控制权转移的，当事人应就此向商务部进行申报。当事人未予申报，但其并购行为对国家经济安全造成或可能造成重大影响的，商务部可以会同相关部门，要求当事人终止交易或采取转让相关股权、资产或其他有效措施，以消除并购行为对国家经济安全的影响。"二是允许外国投资者以境内已在交易所上市的股权作为支付手段并购境内公司。并专门列出一章，对外资的股权并购行为报批流程予以约束。规范了已在境外上市的公司收购国内关联企业资产的交易；堵死了前几年流行的"海外曲线IPO"（俗称"红筹上市"）。《规定》明确规定，未来境内企业通过"特殊目的公司"方式海外上市，必须获得证监会及商务部的审批。三是提出外资并购必须经受"反垄断调查"。如果出现境外并购一方当事人在我国境内拥有资产30亿元人民币以上、在中国市场上的年营业额在15亿元以上、及其关联企业在中国市场占有率已经达到20%，或者由于境外并购使其及关联企业在中国的市场占有率达到25%等情况，国家商务部和工商行政管理总局可以审查这个并购是否存在造成境内市场过度集中，以及妨害境内正当竞争、损害境内消费者利益的情形，并作出是否同意的决定①。

（5）外资收购上市公司经历了放任、禁止、规范等三个阶段

外资并购上市公司是其在华并购的基本形式之一。关于外资收购我国上市公司，我国在法律法规上基本经历了基本放任、禁止、相对规范发展等三个阶段。基本放任阶段大致从20世纪90年代初我国建立证券市场开始，到1995年9月国务院叫停"向外资转让国家股和法人股"时止。禁止阶段基本从1995年9月国务院叫停向外商转让国家股和法人股时起，到2002年11月重开向外商转让上市公司国有股和法人股时止。1995年9月23日国务院办公厅转发《国务院证券委员会关于暂停将上市公司国家股和法人股转让给外商请示的通知》，暂停向外商转让上市公司国家股和法人股。相对规范发展阶段基本从2002年11月国家有关部门重新放开外资收购上市公司开始至今。2002

---

① 《瞭望》金伯生文章《外资并购新规定七大看点》指出，与旧的《暂行办法》相比较，新《规定》有七个看点：一是从产业、土地、环保等方面细化了对投资者的要求。二是以境外设立的公司名义并购境内公司报商务部审批。三是新添四个关键词，即"重点行业"、"国家经济安全"、"驰名商标"、"中华老字号"。四是要求资产评估采用国际通行的评估方法。五是新增"股权并购"条款。六是反垄断审查内容基本照旧。七是有关外商投资企业的并购条款值得关注。

年 11 月 4 日，证监会、财政部、国家经贸委联合发布《关于向外商转让上市公司国有股和法人股有关问题的通知》，打破了暂停向外商转让上市公司国家股和法人股的禁令。

二、关于我国外资政策的评论和评价

1. 网络上对外资政策的主要观点和看法

对网络上搜索到的"关于我国外资政策"的相关评论进行分析，Google 引擎对显示的 174 项结果自动筛选出 74 项（相似网页自动剔除）后，我们对这 74 篇文章的主要内容进行统计分析。发现这类文章的主题可分成五大类：第一类，是对我国的外资待遇以及外资政策定位的讨论；第二类，对我国外资并购政策的讨论；第三类，对外资企业国内生产采购的政策讨论；第四类，对具体行业（诸如房地产、电信、金融等行业）外资管理的讨论；第五类，其他，见表 3-5 和图 3-10。

表 3-5　对于我国各类外资政策评论的网络热度

总篇数	外资企业的地位和待遇	外资并购	外资企业采购国产设备退税政策	具体行业的外资政策						其他
				房地产	电信	创投	金融	传媒	拍卖	
74	12	12	2	20	4	2	2	2	1	18
比例/%	16.2	16.2	2.7	27	5.4	2.7	2.7	2.7	1.4	24.3

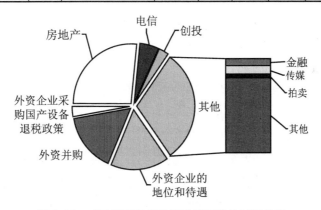

图 3-10　对于我国各类外资政策评论的网络热度

从图 3-10 可以看出，"网络关注度"排在前 3 位的外资政策分别是房地产业外资进入政策、外资待遇和地位以及外资并购政策。以下分别对这三类政策的网络观点进行评论。

（1）关于房地产业限制外资进入政策的评论

在搜索到的外资政策评论中，有 27%的文章围绕"限制外资进入房地产行业"进行讨论。尤其是在 2006 年六部委联合出台《关于规范房地产市场外资准入和管理的意见》前后，对我国"房地产业要不要限制外资"以及"限制效果"的探讨日渐增多。搜索网上近 3 个月来标题中包含"房地产"和"外资"，同时包含"评论"、"观点"、"看法"三者中任一类的文章，共找到 432 篇。多数观点"支持政府出台限制外资进入房地产业的政策"，持这类观点的文章在 Google 自动筛选掉相似网页后剩下的 60 篇文章中，占 80%，虽然很多网页是相互引用，但从一个侧面可见这类文章的观点还是得到较多数网民认可的。

① 认为外资进入助推了中国的地产价格

2005 年，我国房地产与外资合作项目 2 119 项，实际利用外资 54.18 亿美元。由于外资投资项目大多是国内各大城市的高档房地产项目，故实际情况是外资进入拉升了中国地产的平均价格。由于看好人民币持续升值，至少有 5 亿美元在 2006 年第一季度投入到中国内地房地产市场。从投资地区看，约有 50%的资金投在北京，约 43%投在上海，其余资金投在大连、哈尔滨、武汉、南京等二线城市。

② 认为如不对房地产业外资进行限制，将给我国经济运行造成一定的隐患

相当多的海外对冲基金进入中国房地产行业，在经济上升阶段，不管是对房地产还是对人民币，对冲基金均实行买多策略，并迅速形成布局，这很可能造成房地产泡沫。而一旦经济周期发生逆转，对冲基金撤离，必然会带动其他外资甚至是内资外逃。例如，国务院发展研究中心金融所所长夏斌认为，房地产行业开放程度过度，央行在限制投机资金"前门"流入的同时，却忽视了房地产这个"后门"。中国社科院金融研究所研究员易宪容认为，外资进入国内房地产市场炒作已成了中国房地产市场的祸害，从国家利益的角度来说，政府要严格限制国外资金进入国内房地产。中国建行前董事长郭树清在出席科博会金融高峰会时则指出，必须及时调整资本流进流出的政策，特别是应限制境外短期资本投资境内房地产。

③ 认为限制外资进入房地产业的政策利大于弊

外资目前投资中国房地产市场大致可分为两类情况：一是投资于房地产开发领域，二是购房类投资。前者增加了市场的供给，后者则扩大了市场需求。业界人士估算，投资于房地产开发领域的外资远少于流入中国购买房产的外资，这一比率大致在 3:7 左右。外资投资性购房，有相当数量的商品房卖给了那些长期看好人民币资产升值潜

力的境外投资者。当今中国 M2（广义指货币）较快增长的比例意味着中国境内不缺资金，故出台政策限制境外资金投资境内房地产有利于中国地产业的稳定、协调发展。但是，政府出台的《关于规范房地产市场外资准入和管理的意见》（简称《意见》）的操作性较差，很难实质性引导和规范外资持续进入中国房地产市场。例如，《意见》没有就两个焦点问题做出规定：一是外资房地产开发企业的所得税怎样处理？在地产业，外资对中资有巨大的竞争优势，是否应该取消对外资企业的政策优惠？二是仅仅要求外资企业的注册资本不得低于投资总额的 50%。开发经营是连续的，外资企业既可以在境外融资，也可以在中国境内融资，但《意见》也没有就此做出规定。

④ 认为现有政策对外资进入地产业的限制不明确

目前，境外资本主要通过六种形式进入我国房地产业，即成立外资房地产公司，从事房地产开发和经营业务；非房地产业外资企业变相涉足房地产经营；外资银行信贷，包括对房地产开发企业和购房者的贷款；境外房地产基金流入境内房地产市场；内资房地产企业"外资化"；非居民和居民个人投资（即将原来存放海外的资金投入国内市场）。就遏制房地产市场过度投机而言，在六种形式中，我们应遏制的主要是非房地产业外资企业变相涉足房地产经营、境外房地产基金流入境内房地产市场。但现有政策对外资进入国内地产业的限制不明确，这就导致政策限制的效果甚微。2005年，外资 58%投向写字楼、30%投向商铺、7%投向住宅、2%投向工业厂房，换句话说，近 90%的外资都流向了商用房地产市场。而我们的政策更多关注的是住宅，基本没有涉及商用房市场。

（2）关于外资企业待遇、地位相关政策的评论

网上就我国对外资企业的"超国民待遇"以及对外企的优惠政策的负面影响进行了很多探讨。对网上近 3 个月发表的标题中包含"外资企业"的文章，以"地位"、"待遇"或"看法"进行搜索，共检索到 45 项。在 Google 自动筛选掉相似网页后剩下的 22 项中，认为我国对外资企业的优惠政策以及超国民待遇给内资企业造成了负面影响的有 9 篇，占 41%，只有 3 篇文章（14%）认为对外资的优惠政策是合理的。在网上有一个关于"应不应该给外企以超国民待遇"的调查中，投票人中 13.3%认为外资企业和民营企业在政府服务方面不享受同等待遇，才有利于引进外资；而 86.7%的人则认为外资企业和民营企业在政府服务方面应该享受同等待遇。

目前网上的主流观点是"取消外企超国民待遇，实施两税合一政策"，认为两种税收制度导致内资企业处于非公平的竞争环境之中。以外资企业加宁铝业和内资企业

青铜峡铝业为例，2005 年，加宁铝业实现利润 2.18 亿元，上缴税金 0.63 亿元；青铜峡铝业实现利润 0.63 亿元，上缴税金 0.28 亿元。外资企业上缴税金的比例（29%）远低于内资企业上缴税金的比例（44%）。特别是，对外资企业的所得税减免，已成为同行业同产品企业收益相差甚远的重要成因。这实际上将同行企业放到了不公平的竞争环境之中，进而势必挤压内资企业的生存与发展空间。

当然，也有人认为外资企业没有享受"超国民待遇"，不赞成取消对外资企业的优惠政策。甚至认为外资所受待遇标准仍比内资企业低。典型的是，商务部研究院一高级研究员认为，外资企业的实际税负要高于国内企业。国家统计局 2003 年度的数据显示，外资工业企业资产总计为 23 041.69 亿元人民币，占全国所有工业企业总资产（168 807.70 亿元）的 13.65%；而据估算，在缴税方面，外企占全国的比重约为 1/4。出现这种现象的主要原因是，在外企搞税收筹划、合理避税的同时，国内企业则在更大程度上避税和偷逃税收。对外经济贸易大学一教授认为，由于各式法律、法规的不一致，以及各级政府的不同思路和操作手法，很难说外资企业在中国享受的是"超国民待遇"还是"次国民待遇"。一些外商投资企业享受的优惠照顾，并非都是优惠政策待遇所能够涵盖的，更多的是在操作层面，一些政府官员在外商公关攻势面前，利用行政权力分配资源，给外资企业以特殊照顾。

（3）关于外资并购政策的相关评论

跨国并购是经济全球化的重要特征。我国已成为全球企业并购最频繁的地区之一。对外资并购，商务部 2003 年出台了《外国投资者并购境内企业暂行规定》，提出防止外资并购造成市场过度集中。但从已经实施的案例及网上的评论看，这个政策似乎没有对外资在华并购起到实质性的约束作用。2005 年，国家发改委在"十一五"规划中明确写道，要"加强对外资并购涉及国家安全的敏感行业重点企业的审查和监管，确保对关系国家安全和国计民生的战略行业、重点企业的控制力和发展主导权"。2006 年 6 月 28 日，新华社授权发布的《国务院关于加快振兴装备制造业的若干意见》明确提出，大型重点骨干装备制造企业控股权向外资转让时，应征求国务院有关部门意见。2006 年 8 月，国家六部委联合颁布了《关于外国投资者并购境内企业的规定》。

2005 年 10 月 25 日，徐工集团与凯雷投资集团签署协议，凯雷投资集团以 3.75 亿美元收购徐工机械 85% 的股权，在国内掀起了对"外资并购是否应该设限以及如何限制"的争论。在 Google 输入"凯雷收购"，可以搜索到 544 000 篇文章，仅在标题中提到"凯雷收购"就有 2 230 篇文章；如果输入"外资并购"，共搜索到 240 000 项；而标题中含有"外资并购"的文章就有 25 800 项。这无疑从一个侧面反映了公众对外资并购的关注程度。这两年外企并购的几大事件还在搜狐网上引发了一场关于外资并购的博客论战。认为应该对外企并购设限的文章数量呈强势，超过反方。搜索标题中包含"外资并购"，同时包含"看法"、"观点"或"评论"之一的文章，搜索到 338 项。这里将主要观点归纳如下：

① 要警惕大量外资并购对我国产业安全的潜在影响[①]

一是认为不少外资并购属于恶意并购。2004 年后不到 3 年时间内，外资在华并购占外商在华投资总额的比例增长了近 12 倍，他们多数力图通过并购我国行业排行前几位的公司，迅速控制我国某个行业与稀缺资源。这势必使我国本土资本对于某些行业的控制力大大降低。

二是认为不少外资并购会导致国内市场失去公平竞争的环境。多数外商并购更乐于在华独资经营，这更加重了外资在华的知识产权垄断、专业技术垄断，甚至市场垄断，进而使我国更多中小企业处于非公平的竞争环境之中。

三是认为对于外资并购的过度宽容会引发内资企业转移投资。"过度宽容无疑等于纵容"。由于前一阶段政府对于外资在华并购的过度宽容，由此就引发了一些国内公司先在海外设立离岸公司，然后通过离岸公司收购境内其他企业优质资产，进而把境内资产注入离岸公司、将离岸公司上市。在这种情况下，如果海外注册公司不能最终控制这些资产，中国就可能丧失对这些资产的管辖权，从而引发难以预期的"投资争议风险"。"仰融案件"已给我们敲响了警钟。在这其中，也难免发生一些借机侵吞境内国有资产的现象。

② 认为我国的外资并购政策存在"硬伤"[②]

一是外资准入政策散乱。有关外资行业准入的政策规定多散见于一系列外商投资法律法规之中，缺少集中统一的规定（直到 2006 年 8 月有关政策出台）。这就导致某些外资通过间接并购，进而迂回进入到我国对外资设限的"禁止领域"或"限制领域"。

二是制定政策时"头痛医头、脚痛医脚"。面对国内各界"规范外资并购"的呼声，中央政府相关部门做出了积极回应。几乎所有的相关职能部门都做出了相关规定，

[①] 这类文章约占 35%左右。

[②] 这类文章约占 20%左右。

但不少规定仍然时显"头痛医头、脚痛医脚"的痕迹。

③ 提出了不少有益的政策建议[①]

一是认为至少应从三个层面对外资并购进行约束。要明确一批企业，"点名禁止"并购这些企业；要规定一些敏感行业不能被外资控股（如装备制造业的核电设备、60万千瓦以上的火力发电机、5 000 千瓦以上的用于石化行业的离心压缩机等产品制造企业不能被外资控股）；对并购行为规范程序，严格审批，规定要由国务院审批的具体并购规模限制。

二是认为应对具体行业设限。一种观点认为，应对装备制造业，能源、矿藏、钢铁、能源、石化和汽车制造等行业的并购设限；另一种观点认为，电信、金融、航空、公用事业等领域目前垄断性较强，也需要设限。但也有观点认为，对行业设限的领域越少越好，不能泛化；但制定法规时，也不能把设限行业定得太死。

三是认为应对并购龙头企业设限。对外资并购优质龙头企业的设限非常重要。优质龙头企业是行业领袖，容易受到行业内其他企业的追随，无论是价格确定、技术进步，还是产业升级，龙头企业都对全行业起着"领头羊"的作用。

四是认为从长期来看，需要从以下几个方面全面完善政府相关政策：第一，明确国有战略产业的发展方向和目标，确立"幼稚产业"甄别的标准，以国家长期经济利益为目标，加以引导和扶持。第二，要尽快建立外资并购评估体系，内容至少应包括被并购企业是否属于禁止、限制外资进入的行业；被并购企业在国内市场的地位；被并购企业的产品技术是否在行业高端；外资并购对产业结构升级是否会造成负面影响；外资并购是否会形成垄断；并购过程是否可能发生国有资产流失等。第三，政府主管部门要有专职机构组织评估和办理外资并购审批手续。国有企业被外资并购前要先经专职机构评估和审核。第四，在尽快完善外资在华并购法律法规的同时，要加紧完善和制定《反不正当竞争法》和《反垄断法》等相关法律法规。既要限制外资恶意收购，又要避免内资企业的行政垄断。

④ 对新出台的外资并购限制政策的作用的预测[②]

一是认为新政策对外资并购设限与对外开放并不矛盾，新政策的出台不会影响外资在中国的直接投资。例如，商务部研究院外资部一研究员认为："外资对中国的兴

[①] 这类文章约占 30%左右。
[②] 这类文章约占 10%左右。

趣是会持续的，而且对人民币升值的预期也是重要的因素"[①]。

二是认为新政策是平衡各方利益的"妥协的结果"。新政策中有不少"含糊的规定"。例如，除了"外国投资者股权并购的，除国家另有规定外，对并购后所设外商投资企业应按照比例确定投资总额上限"等具体标准外，大部分条款是"应报某某部门审批"，或者"应予说明"，甚至对有垄断嫌疑的并购，也只作出了由部委审核批复的规定。这显然缺乏一般行政法规所应该具有的明确性。此外，新政策中规定"当事人未予申报，但其行为结果对国家经济安全产生实质性影响的，商务部可会同相关部门撤销其并购行为，或要求当事人修改并购方案"。但这种"事后撤销"的管理方式，往往只能是"亡羊补牢"。

2．问卷调查分析结果

我们主要对专家和企业对我国外资政策的了解程度、企业难以全面把握我国外资政策的原因、外资政策的完备性和有效性、企业对外资政策的满意程度以及改进建议等进行了问卷调查。

（1）专家和企业对我国外资政策的了解程度

这里将专家和企业对我国外资管理政策的了解程度分为<20%、20%～40%、40%～60%、60%～80%以及>80%五个等级，并调查企业和专家对我国外资政策的了解程度，从图3-11的统计结果看，企业对外资政策的了解程度总体上强于专家。

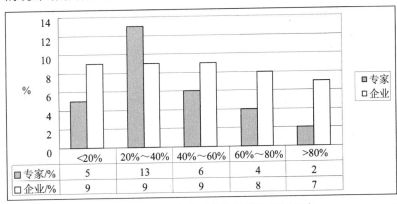

	<20%	20%～40%	40%～60%	60%～80%	>80%
专家/%	5	13	6	4	2
企业/%	9	9	9	8	7

图 3-11　专家和企业对外资政策的了解程度

[①] 新政策指商务部、国资委、税务总局、工商总局、证监会以及外汇管理局六部委2006年8月8日联合颁布的《关于外国投资者并购境内企业的规定》。

我们重点关注了"导致企业难以全面了解我国外资政策的原因",发现除了个别企业由于自身业务很少涉及这类政策的原因外,企业反映最多的三个因素依次是"政策公布渠道不畅、制定政策部门过多、政策连续性差"(见图 3-12)。我国制定外资管理政策的部门有商务部、发改委、人民银行、税务总局以及财政部等,各个部门皆出台了不少外资政策,但相互之间的协调性差。故建议今后在制定新的外资政策前,各个部门需要加强沟通和协调,尽量保障前后政策的连续性和不同部门政策的一致性。此外,制定政策后,应该充分利用各种渠道宣传新的政策,使企业能够及时、准确、全面地了解各项具体政策。

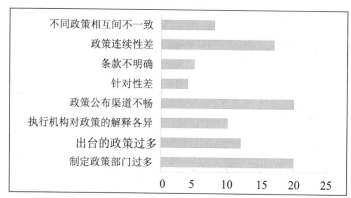

图 3-12　企业认为导致难以全面掌握我国外资类政策的各因素得分

(2)外资政策的完备性和有效性

我们将我国外资政策的完备性分为五个等级,针对政府部门及专家进行调查。调查结果如图 3-13 和图 3-14 所示。

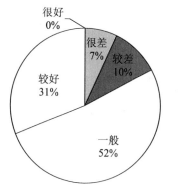

图 3-13　专家对我国外资政策的完备性评价

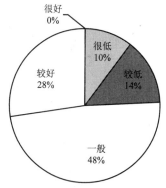

图 3-14　外资政策有效性评估

关于我国最为缺乏和急需制定的外资政策，专家们提出了各自的观点，对其进行归纳和总结，专家提议最多的建议是[1]：

一是认为应针对不同外资并购问题制定相关政策[2]。例如，对涉及国民经济长期发展的装备制造业应单独制定外资并购限制政策；对外商并购涉及环境生态保护、资源供给可持续的项目，也应有适当的限制；对已经或有潜能成为国家关键行业龙头的企业，也应从政策限制上有效规避外资的敌意并购；即便对方不是敌意并购，也应在外资持股比例方面做出进一步规定；应从政策上限制"各地区在吸引外资方面的恶性竞争"[3]。相应地，应特别关注目前一些地方政府不顾国家经济安全，而争相"争取外资并购本地企业"的做法。

二是认为应注重引导外商投资兼顾考虑我国产业技术能力的提升。建议者认为，外商应在中国做一个"好公民"，为中国的产业技术进步做出贡献。相应地，我国政府应从提高我国产业技术能力出发制定相应的外资准入政策，鼓励技术含量高、我国急需的外商技术项目投资，限制技术含量低、污染重的外商技术项目投资。就此而言，应制定更为严格的外商投资技术转让政策[4]。

三是认为应尽快调整外资税收及金融政策。例如，在税收方面，应尽快给予内资外资企业相同的待遇，创造外商与内资竞争的公平环境[5]。有关外资的税收及金融政策应与 WTO 规则相协调[6]。

四是认为应尽快建立外商投资效果评价体系。专家对目前我国外资政策的有效性评估结果如图 3-14 所示，接近半数的专家认为"有效程度一般"，认为我国应尽快建立和完善外商投资效果的评价体系。进而据此来对改革开放以来外商在华投资的实际效果进行客观、系统、全面的评价，并依此调整、完善我们的外资政策[7]。

（3）企业对外资政策的满意程度及改进建议

"政策调整对象的满意程度"是国内外政策评估的一项重要内容。我们将企业对

---

[1] 这类政策建议约占 30%。
[2] 这类政策建议约占 26%。
[3] 这类建议约占 7%左右。
[4] 这类建议占 4%左右。
[5] 这类建议占 22%左右。
[6] 这类建议占 7%左右。
[7] 这类建议占 4%。

政策的满意程度分为"很不满意、不太满意、一般、比较满意、很满意"五个等级，在企业中进行了问卷调查，结果如图 3-15 所示。

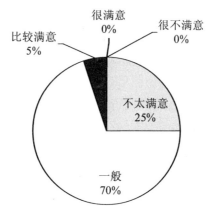

图 3-15　企业对政策的满意程度

考虑到企业性质的不同，其享受的投资政策也不尽相同，尤其在我国对外资企业有很多优惠政策，调查中，我们将企业分为国有企业（包括国有控股企业）、民营企业、合资及外商股份公司以及外商独资企业四类，如图 3-16 所示。调查发现，民营企业对我国外资政策的满意度最低，其次是合资及外商股份公司，满意度最高的是外商独资企业。

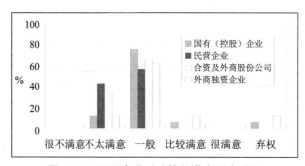

图 3-16　不同企业对政策的满意程度对比

近年来，外商在华投资企业出现了"独资化"的趋势。在新建外资企业中，早在2001 年，合资企业占全部三资企业的比重即下降到不足 30%，而独资项目占到70%多（占实际利用外资总额的比重超过 50%）。原来一部分经营业绩不错的合资企业也出现了"离婚潮"，松下、宝洁、西门子、日立等公司的外商通过增资控股、收购等形式，陆续将他们在中国的合资公司转变为独资公司。这也从一个侧面反映了合资企业政策存在的某些问题。例如，双方的目标一致性差，外资的目的只是盈利。而中方管理人员肩负的责任还有就业、地方经济增长、获取技术、GDP 贡献等，这就很难实现"双赢"的局面。为此，外方就希望使企业轻装上阵，争夺中国更大的市场份额。于是，2002 年后，70%的外资即在中国选择了独资方式，而不愿再与中方共同背负沉重的社会责任。

调查发现，企业认为"我国的外资政策最需要改进三个方面"，依次是"连续性、公平性和一致性"（如图 3-17 所示）。而专家认为"最需要改进"的三个方面依次是"针对性、合理性和公平性"。公平性得到了企业和专家的一致认可，结合网络上和学术界对"两税合并"的热烈探讨，也不难看出各界对于外资政策调整的共同期望，即对内外资企业一视同仁；尤其是民营企业更希望能够获得与外资企业及国有大中型企业相同的发展机会。

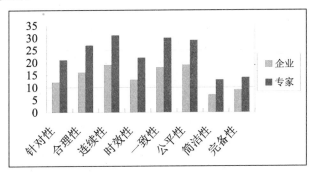

图 3-17 我国外资政策急需改进的方面

3. 外资政策对维护我国产业安全的效果

从总体上看，改革开放以来我国的外资政策主要有三个特点：一是从政策体系看，主要涉及三资企业政策、外资在华并购政策、外商在华投资的行业分类管理政策。二是对外资在华投资分别采取了"鼓励、限制、禁止"三种管理政策。三是外资政策对于发展经济、维护产业安全的实际效果既取决于政策设计得如何，更取决于各级政府是否严格执行了中央政府这些政策。

（1）外资政策与我国的产业竞争力

第一，从政策体系上看，中央政府制定的三资企业政策给予了三资企业过多的政策优惠，使其享受了"非国民待遇"，从而在一定程度上使本土资本企业在国内市场竞争中处于非公平的境地。中央政府2003年开始制定外资在华并购政策，政策虽在日趋完善之中，但2006年8月之前政策上的不明确，使得一些外资可以通过几乎肆无忌惮的并购来与本土资本企业竞争。第二，从对外商在华投资的分类管理来看，中央政府制定的对于外商在华投资的"鼓励、限制、禁止"的行业管理政策，既有助于我们吸引国外投资，又有助于抑制外资在华对于本土资本企业的过度竞争。第三，从政策执行上看，中央政府制定的外商投资基本有助于维护本土资本企业的市场竞争力，但地方政府基于对地方经济增长的强劲追求，多数并不严格执行中央政府的相应政策。除了中央政府明文规定的显性优惠政策，地方政府还基于本地发展的考虑，给了外资企业一些额外的政策优惠，甚至地方政府之间为此展开了激烈竞争。这就使得一些外资得以突破中央政府的某些限制，而这对维护本土资本企业的竞争力无疑是不利的。

（2）外资政策与我国的产业控制力

这里所称的产业控制力，主要指本土资本对于各个产业特别是关键产业的控制力、国有资本对于事关国家安全的若干产业的控制力。为增强本土资本对于国内产业的控制力，抑制外资控制我国某些产业的欲望，近年来我国政府主要从三个方面对外资设限：一是通过"鼓励、限制、禁止"的行业分类管理政策，对外商在华投资设限。二是通过规定外资在合资、合作企业中的股份比例，来对外资建厂设限。三是通过制定外资在华并购的投资规范，来对外资在华并购设限。

客观地看，三道门槛对于制约外资对我国产业的控制起到了一定作用。但这些政策门槛并没有十分有效地抑制外资对我国一些产业的控制（战略产业、军工产业等除外），于是便出现了国内不少人关于"外资已近乎控制了我国某些产业"的呼吁。之所以有人得出这种判断，从政策设计上看，一是我们一些政策相互之间缺少协调，使得一些外资可以合法地规避我们的某些政策限制。二是我们一些政策限制较为原则、模糊，实践中职能部门难以据此对外资在华投资、控制某些产业进行有效的限制。从政策执行上看，一是相关部门缺少思路上的协调，结果在同一政策规定之下，不同部门对于外资在华的控制性投资采取了不同的态度。二是一些地方政府忽视了国家整体的产业安全利益，主要从本地发展的角度来理解和执行中央相关政策，甚至对外资在华的控制性投资大开绿灯。所有这些问题，皆使中央政府抑制外资在华控制性投资的政策思路难以得到有效的落实。

（3）外资政策与我国的产业成长性

这里可从两个方面来衡量一个产业的成长性，一是可以从产业市场规模的增长速度来评价某个产业的成长性，即产业的市场规模成长性。二是可以从产业内企业投入的增长率来评价产业持续成长的潜力，即产业的资源投入成长性。从学理上看，审视一国某些产业的成长性，既应整体审视外商投资对于一国产业成长的作用，还应审视外资进入一国某些产业后，产业中本土资本部分的成长性。

从产业整体上看，改革开放以来我国实施的外资政策诱发了外资在华的大量投资。这既促进了我国多数产业市场规模的迅速扩大，又促进了各个产业中资源投入的持续增加。从产业中本土资本部分来看，外商在华投资的持续增加，尽管使本土资本部分所占的市场比例减少了，但持续扩大的产业市场总体规模，给本土资本部分创造了更多的市场机会和绝对额更大的市场空间。特别是外资在华投资的示范效应，诱发了产业中本土资本部分更加重视研究开发、产品创新、技术升级等方面的投资，这对产业中本土资本部分的成长无疑是有益的。

当然，在肯定现有外资政策下外资在华投资增加了对于我国产业成长的积极作用的同时，我们又不能不注意到，外商在华直接投资分为两种情况，一种是外资在华独资、合资或合作建立新的企业；一种是外资在华并购本土资本企业。前一阶段我们对外资在华并购的"政策性放纵"，无疑抑制了产业中本土资本部分的成长性，甚至可以说大大削弱了产业中本土资本部分的成长性。

（4）外资政策与我国产业安全的环境

产业环境涉及四个方面：一是资源与生态环境；二是国内市场竞争环境；三是对外贸易环境；四是产业发展环境的稳定性。从总体上看，一是前一阶段我国的外资政策加剧了我国产业发展的资源与生态环境的劣化，大量外资涌入后，加剧了不少产业资源供给的紧张局面。同时，对外资高消耗、重污染项目审查不严，加剧了部分产业发展的生态环境劣化的趋势。二是在现有外资政策下，大量外资进入后，特别是中国成为 WTO 成员国后，外资关于规范竞争秩序的诉求日高，同时外资企业自身也遵循市场经济规则，这则促进了国内市场竞争秩序的优化。三是现有外资政策既优化了中国的对外贸易环境，又加剧了中国的对外贸易竞争。其中，前者是指外资在华投资的示范效应诱发了产业中本土资本部分更加重视研究开发、产品创新、技术升级等方面投资，从而使本土资本企业出口产品的技术竞争力大大提高了；后者是指中国对外贸易中外资企业占据较大的比例，这又在相当程度上挤压了本土资本部分产业的外贸空间。四是从产业发展环境的稳定性看，由于我国坚持改革开放的国策不变，同时外资政策相对稳定，尽管对于某些具体的外资政策也存在一些争议，诸如外资并购政策，但我国产业发展的宏观环境基本是稳定的、良好的。

第四节　涉外技术管理相关政策评估

一、相关政策综述

改革开放以来，我们还制定了不少与外资、外贸相关的产业研发及技术政策。这主要涉及技术进口/引进的审批和奖励政策；外资以技术出资的限制与鼓励政策；外资技术产权及进出口知识产权规定；鼓励产业技术替代与转让及技术开发的相关政策以及特定领域的产业技术投资鼓励政策。我们将这些政策统称为"涉外技术管理政策"。

1. 技术进口/引进政策

（1）技术进口政策

根据《中华人民共和国技术进出口管理条例》（2003），对于技术进口，我国实行了两项政策：一是鼓励进口先进、适用技术；二是限制部分技术进口。对于属于禁止进口的技术，实行许可证管理，并规定未经许可，不得进口。

（2）重大技术引进的审批政策

关于重大技术引进，我国政府实施了严格的审批政策。例如，对于电子通信产业，国家信息产业部在《电信建设管理办法》（2002）中规定：国际传输网、国际通信出入口等国际电信建设项目由国家统一审批。其中，限额以上基本建设项目或限额以上的技术改造项目经信息产业部初审同意后，由原国家计委或国家经贸委审批或核报国务院审批；限额以下项目由信息产业部审批，其他部门（或单位）无权审批国际电信建设项目。在实行批复政策的同时，国家制定了相应的行业技术标准，如信息产业部在《建立卫星通信网和设置使用地球站管理规定》（2002）中规定了外商引入国外设备的技术要求。

（3）先进技术引进的鼓励政策

为鼓励外商在华投资直接带入先进技术，我国实行了相应的鼓励政策。例如，《国务院办公厅转发外经贸部等部门关于当前进一步鼓励外商投资意见的通知》（1999）规定：外商投资设立的研究开发中心，在投资总额内进口国内不能生产或性能不能满足需要的自用设备及其配套的技术、配件、备件，对其转让技术免征营业税。对外贸易经济合作部制定的《关于外商投资设立研发中心有关问题的通知》（2000）规定：外商投资研发中心，总额内进口自用设备及其配套的技术、配件、备件（不包括《外商投资项目不予免税的进口商品目录》中的商品和船舶、飞机、特种车辆、施工机械），且限于不构成生产规模的实验室或中试范畴的，免征进口关税和进口环节税。

2. 外资以技术出资的限制与鼓励政策

（1）鼓励外商以先进适用技术折价出资

以技术出资是外资在华投资的重要形式，我国对此实行了相应的鼓励政策。例如，《中外合作经营企业法实施细则》（1995）、《中外合资经营企业法》及其《实施条例》（2001）中皆明确规定，外国投资者可以用外币出资，也可以用机器设备、工业产权、专有技术等作价出资。相应地，对外资企业中外国投资者作为出资的机器设备、零部件、建设用建筑材料等以及投资总额内的资金进口本企业生产所需的自用机器设备、零部件、生产用交通运输工具以及生产管理设备，皆给予免税优惠①。

（2）关于先进适用技术的具体规定

我国政府明确规定，外方带入的技术必须是先进的、适用的，使其产品在国内具有显著的社会经济效益，或在国际市场上具有竞争能力。《中华人民共和国中外合资经营企业法实施条例》（国务院 2001 年修订）中明确规定，外国合营者出资的工业产权或专有技术，必须是能显著改进现有产品性能、质量，提高生产效率的；或者是能显著节约原材料、燃料、动力的。外国合营者以工业产权或者专有技术作为出资，应当提交该工业产权或者专有技术的有关资料，包括专利证书或者商标注册证书的复制件、有效状况及其技术特性、实用价值、作价的计算根据。外资以机器设备作价出资的，该机器设备必须是中国不能生产，或者虽能生产，但在技术性能或者供应时间上

---

① 见国务院批准、对外经济贸易部发布的《中华人民共和国外资企业法实施细则》（1990）.

不能保证需要的。外国投资者以工业产权、专有技术作价出资时，该工业产权、专有技术必须是外国投资者自己所有的，能生产中国急需的新产品或出口适销产品的。同时规定，如果外资有意以落后技术和设备进行欺骗，则应赔偿相应损失。

3. 关于外资和进口技术的知识产权的规定

改革开放特别是成为 WTO 成员国以来，我国高度重视外商外资的知识产权。

（1）关于外资技术产权的主要规定

我们鼓励外国自然人或法人在华申请专利。《中华人民共和国专利法》（2000）规定，在中国没有经常居所或营业场所的外国人、外国企业或外国其他组织在中国申请专利的，依照其所属国与中国签订的协议，或者共同参加的国际条约，或者依照互惠原则，根据本法办理，可委托专利行政部门指定的专利代理机构办理。另外，《中华人民共和国商标法实施条例》（国务院，2002）也适用于外资在华企业；《中华人民共和国著作权法实施条例》（国务院，2002）也适用于外国自然人和法人。

对于外商带入的技术，我国也保护国外技术的知识产权。例如，信息产业部在《软件产品管理办法》（2000）中明确规定，国内任何单位和个人不得开发、生产、销售、进出口含有侵犯他人知识产权的软件产品。《集成电路布图设计保护条例》（国务院，2001）中规定，外国人创作的布图设计首先在中国境内投入商业利用的，依照本条例享有布图设计专有权。

（2）关于进口中的知识产权管理

我国通过颁布《中华人民共和国知识产权海关保护条例》（2003），建立了知识产权海关保护制度，即我国海关对与进出口货物有关，并受我国法律、行政法规保护的商标专用权、著作权和与著作权有关的权利、专利权实施等给予保护。根据该条例，知识产权权利人可以将其知识产权向我国海关总署申请备案；禁止侵犯知识产权的货物进出口。这有力地保护了国外知识产权权利人在华的利益。

4. 鼓励技术开发、替代、转让的相关政策

（1）奖励技术开发的相关政策

我国通过相应的税收减免政策，鼓励外商在华投资企业实施研究开发。技术开发费比上年增长 10% 以上（含 10%）的，经我国税务机关批准，允许再按技术开发费实

际发生额的 50%抵扣当年的应纳税所得额[1]。外商投资研发中心的技术开发费比上年增长 10%以上（含 10%）的，经我国税务机关批准，可再按技术开发费实际发生额的 50%抵扣当年度的应纳税所得额[2]。

（2）鼓励外资技术替代、升级、转让的相关政策

第一，鼓励外资在华建立高新技术、先进技术企业。外资在我国国家级高新区设立高新技术中外合资经营企业，经营期在十年以上的，从开始获利年起，第一、二年免征企业所得税[3]。外资在华举办的先进技术企业，免征、减征企业所得税期满后仍为先进技术企业的，可以按照税法规定的税率延长三年减半征收企业所得税[4]。

第二，鼓励外资在华企业实施技术更新。对已设立的"鼓励类"和"限制类"外商投资企业、外资研究开发中心、先进技术型和产品出口型外商投资企业，在原批准的生产经营范围内进口国内不能生产或性能不能满足需要的自用设备及其技术、配件、备件，我们按有关规定免征进口关税和进口环节税[5]。对外商投资的研发中心，利用自有资金进行技术改造，在原批准的经营范围内进口符合前条条件的自用设备及其配套的技术、配件、备件，免征进口关税及进口环节税[6]。

第三，鼓励外资在华企业、机构的技术转让。外资在华投资企业为科学研究、开发能源、发展交通事业、农林牧业生产以及开发重要技术提供专有技术所取得的特许权使用费，经我国税务主管部门批准，可以减按 10%的税率征收所得税，其中技术先进或者条件优惠的，可以免征所得税[7]。外国企业向我国境内企业转让技术，凡属技术先进或者条件优惠的，经我国税务主管部门批准，可以免征营业税和企业所得税；外资企业取得的技术转让收入免征营业税[8]。外资研发中心自行研发技术的转让收入，免征营业税[9]。

---

[1] 国务院办公厅转发《外经贸部等部门关于当前进一步鼓励外商投资意见的通知》（1999）.

[2] 对外贸易经济合作部《关于外商投资设立研发中心有关问题的通知》（2000）.

[3] 《中华人民共和国外商投资企业和外国企业所得税法实施细则》（1991）.

[4] 《中华人民共和国外商投资企业和外国企业所得税法》（1991）.

[5] 国务院办公厅转发《外经贸部等部门关于当前进一步鼓励外商投资意见的通知》（1999）.

[6] 对外贸易经济合作部《关于外商投资设立研发中心有关问题的通知》（2000）.

[7] 《中华人民共和国外商投资企业和外国企业所得税法》（1991）.

[8] 国务院办公厅转发《外经贸部等部门关于当前进一步鼓励外商投资意见的通知》（1999）.

[9] 对外贸易经济合作部《关于外商投资设立研发中心有关问题的通知》（2000）.

二、关于涉外技术管理政策的评论和评价

1. 网上关于涉外技术管理政策的看法

由于涉外技术管理政策种类及内容繁杂，故我们采用了多个关键词在 Google 上搜索，凡相关名词皆在网上检索相应评论与看法，然后筛选出网络关注度排名前几位的政策。目前网上对涉外技术管理政策的评论或看法的比例如表 3-6 和图 3-18 所示。

表 3-6　关于涉外技术管理政策的网络热度

总篇数	外商投资设立研发中心	外资知识产权制度	技术改造	技术引入	技术进口	外商以技术出资	技术替代	技术开发奖励	定向技术投资鼓励
391 488	17 180	107 000	223 000	4 000	22 500	3 491	4 408	169	9 740
比例/%	4.4	27	57	1	5.8	0.94	1.26	0.04	2.56

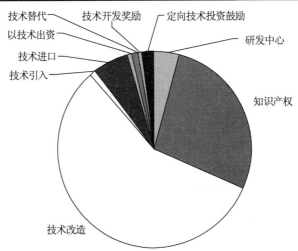

图 3-18　关于涉外技术管理政策的网络关注热度

从图 3-18 中可以看出，网络关注度排前几位的涉外技术管理政策，分别是技术改造政策、知识产权政策、外资设立研发中心以及技术进口政策。对其余政策的关注程度明显少于对这几类政策的关注。现分别对这四类政策的网络观点进行综述与分析。

（1）关于外商投资设立研发中心

① 认为外资公司在华投资设立研发中心是其全球战略的一部分

多数外资公司在华设立研发中心的初衷是为了与在当地投资的生产和销售企业配

套，提高竞争力；终极目标是将在中国的生产制造、研发和运营销售与其全球网络接轨，实现一体化运营。近年来不少外资公司在我国设立了多种形式的研发中心，约有400余家，发展相当迅速。研发资金主要来源于美国、日本、欧盟、维尔京群岛等，累计投入的研发资金约30亿美元，主要分布在电子及通信设备制造业、交通运输设备制造业、医药制造业、化学原料及化学品制造业等。

② 认为鼓励外资在华设立研发中心对我国既有正效应，也有负效应

其中正面效应，一是认为外商在华投资设立研发中心为中国培养了人才。因为这些研发中心雇用的绝大多数研发人员是国内院校的毕业生或者归国留学生，其中不少人今后会服务于本土资本企业。二是外资研发中心与国内大学及研究机构展开研发合作，加快了研发成果的产业化，加强了中国消化、吸收国外先进技术和创新的能力，缩短了我国由消化、吸收成熟技术向研究开发先进技术的进程。三是外资在华设立研发机构，有利于将世界先进理念和技术带到中国。

至于鼓励外资在华设立研发机构的负面效应，有人认为，一是加强了外资公司对我国的技术垄断。外资独立研发机构的建立和对知识产权的保护使外资公司对华的技术溢出效应大为减少。例如，目前我国出口的高新科技产品中相当一部分产品的核心技术为三资企业所有，以计算机、手机、数码相机、小轿车为例，情况莫不如此。二是引发了本土资本研发机构和企业的技术向外资机构的逆向溢出。外资机构的高待遇对中国科研人员有很强的吸引力。由于国人的知识产权保护意识不强，这些人到了外资研发机构后，"知恩图报的心理"往往会使这部分人有表现出实力的意愿，甚至随意将中国在某些领域的先进技术贡献给外资企业。

（2）关于对外商、外资的知识产权政策

① 认为我国的知识产权立法过程值得关注

外资对知识产权环境高度敏感，我国 GDP 增长的 1/3 来自于外资的贡献，特别是我国高科技产品出口外资占了约 80%。有人甚至计算出，知识产权保护力度每增强 1%，外资对我国技术转移将增加 0.69%。这足以说明知识产权保护对于吸引外资技术转移的重要性。近年来，我国知识产权法律修订遇到了前所未有的来自于外资公司的压力，以至于最高人民法院一位常务副院长直言："《中华人民共和国知识产权保护法司法解释》起草过程是一个广泛征求意见的过程，尤其是对有关国家和跨国企业的意见给

予了充分的关注，这是以前起草司法解释时从未有过的"。

② 认为我国忽视了外资对知识产权的滥用

网上不少文章认为，在加强对外资技术的知识产权保护的同时，我们以往也存在忽视外资对知识产权的滥用的问题。所谓知识产权滥用，即权利人在获取或行使权利过程中，违反特定的法律规范，无端指责他人而对他人造成损害的行为。在判断是否存在知识产权滥用行为时，通常并不需要考虑权利人是否在市场上取得了支配地位，不具备市场支配地位的权利人也可能滥用知识产权。我国需要高度关注这类问题。

（3）关于鼓励外资技术改造的政策

网上较为集中的认为，我国应积极引导外资携技术来改造我国的传统产业。今后相当长时期，纺织、普通机械、冶金、建材、石化、化工等传统产业作为基础产业在我国仍有广泛的市场需求，在工业中仍会占较大比重。政府已不可能拿出大量资金投入这些行业，故我们应当大力吸引外资携技术参与这些行业的技术升级与改造。

（4）关于鼓励技术进口的政策

网上较为集中的观点是，认为应进一步完善技术进出口管理，坚决消除盲目重复引进的现象。目前不少地区不是根据本地区的实际情况，分析国内外市场供求关系的变化，从实际出发，选择有可能形成市场竞争优势的产品领域，而是盲目重复引进国外的某些技术，甚至造成了极大浪费。鉴于这种情况，中央政府主管部门应在进一步完善技术进出口管理条例的基础上，坚决杜绝以致消除各地盲目重复引进同类技术项目的现象。

2. 问卷调查结果

围绕我国涉外技术管理政策，我们主要进行了三方面的问卷调查，即专家和企业对我国涉外技术管理政策的了解程度、我国涉外技术管理政策的完备性和有效性、企业对我国涉外技术管理政策的满意程度。

（1）专家和企业对我国涉外技术管理政策的了解程度

将专家和企业对该类政策的了解程度分为<20%、20%～40%、40%～60%、60%～80%以及>80%五个等级，调查企业和专家对该类政策的了解程度，由图3-19可知，企业对该类政策的了解程度好于专家的了解程度。

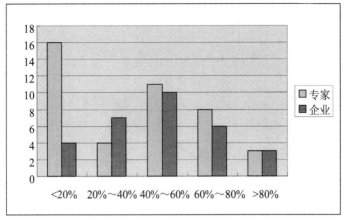

图 3-19　专家和企业对**我国涉外技术管理政策的了解程度**

导致企业难以全面把握我国该类政策的主要原因，除了个别企业由于自身业务很少涉及该类政策外，企业反映最多的三个因素依次是制定政策的部门过多、政策公布渠道不畅和针对性差（见图 3-20）。故今后各个部门制定该类政策时，无疑需要加强部门间的沟通和协调，确保不同部门之间政策的协调性。同时还应充分利用各种渠道宣传新制定的政策，使企业能够及时、全面了解新的政策。

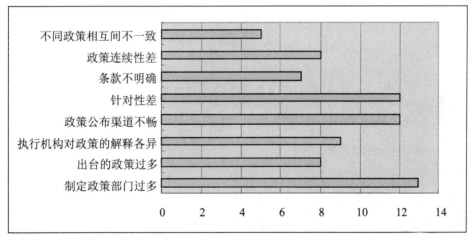

图 3-20　**企业认为难以全面掌握涉外技术管理政策的原因**

（2）我国涉外技术管理政策的完备性和有效性

课题组将我国涉外技术管理政策的完备性分为五个等级，对政府部门及相关专家进行了调查，调查结果如图 3-21 所示。

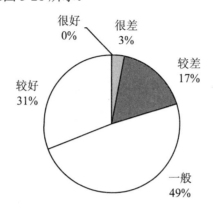

图 3-21　专家对我国涉外技术管理政策完备性的评价

如将前图 3-21 中"很差、较差、一般"三类评价相加，即不难看到，69%的专家对于我国涉外技术管理政策完备性的评价不高。另外，专家们对我国涉外技术管理政策有效性的评价如图 3-22 所示，近半数专家认为"有效程度一般"。

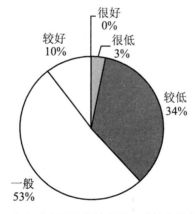

图 3-22　专家对我国涉外技术管理政策有效性的评估

（3）企业对我国涉外技术管理政策的满意程度

"政策作用对象的满意程度"是国内外政策评估的重要内容。在本项研究中，我们将企业对我国涉外技术管理政策的满意程度分为"很不满意、不太满意、一般满意、比较满意、很满意"五个等级，调查结果如图 3-23 所示。

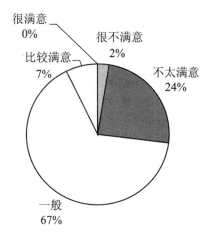

图 3-23 企业对我国涉外技术管理政策的满意程度

由图 3-23 不难看出，目前大多数企业对于我国涉外技术管理政策的"满意程度一般"（67%），"不太满意"和"很不满意"的占到了 26%。

关于该类政策的可改进方向，我们主要从政策的"针对性、合理性、连续性、时效性、一致性、公平性、简洁性、完备性"等方面进行了问卷调查。对企业的调查结果如图 3-24 所示，企业认为"最需要改进的是政策的针对性"，其次依次是政策的"完备性、一致性、连续性、公平性和合理性"。

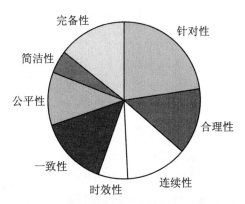

图 3-24 企业期待的涉外技术管理政策改进方向

对专家的调查结果如图 3-25 所示，专家们认为目前最需要改进的也是政策的"针对性"，其次依次是政策的"合理性、公平性、完备性和时效性"。

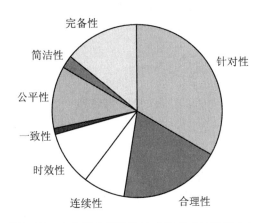

图 3-25　专家期待的涉外技术管理政策改进方向

3. 涉外技术管理政策对维护我国产业安全的效果

总体上看，改革开放以来我国制定了不少"涉外技术管理政策"。从政策范围上看，从技术进口/引进、外商以技术出资，到技术进口/引进的知识产权，再到对外资在华技术开发、替代、转让的鼓励，应该说，政策覆盖范围相当广泛。从政策手段看，我国实行了重大技术引进审批制度以及对外资在华技术活动的税收减免鼓励。客观地看，这些政策对于诱导国内企业进口国外先进、适用技术，吸引国外企业随同投资带入先进、适用技术，诱导在华外资企业研发技术等起到了较好的作用。

（1）涉外技术管理政策与我国的产业竞争力

总体上看，前述政策促进了我国本土资本企业以至产业技术竞争力的提升。改革开放前，我国在不少领域落后于国外技术。改革开放后，在政府"鼓励企业进口先进、适用技术"政策的引导下，不少企业进口了大量先进、适用技术，大大提高了企业的技术能力，进而增强了本土资本企业以至产业的技术竞争力。

但应注意的是，在经济发展、居民福祉的巨大压力之下，一些地方政府不顾中央政府关于"进口先进、适用技术"的要求，也引进了一些耗能多、污染重的技术项目，其中的技术落后是不言而喻的。地方政府在政策执行上的这种偏差，无疑是有害于我国产业竞争力的提升的。

（2）涉外技术管理政策与我国的产业控制力

我国制定的不少涉外技术管理政策有助于提升本土资本企业对于所在产业的技术

控制力。典型的是，《中华人民共和国技术进出口管理条例》（2003）明确规定，对于属于禁止进口的技术，实行许可证管理，并规定未经许可，不得进口。特别是，对于重大技术引进，实行严格的审批政策。这就抑制了一些国外企业企图从技术上控制我国某些产业的企图。值得注意的是，产业控制力现在已不仅仅取决于本土资本在企业中的产权比例，本土资本是否控制着市场、品牌、技术，也都是极为重要的因素。特别是在高新技术和先进技术行业，外方与本土资本谁掌握着核心技术，谁就可能控制所在企业甚至产业。遗憾的是，即便中央制定了相关政策，不少地方政府却不注意对于企业进口技术、吸引外资中是否真正拿到核心技术来进行实质性的审查。

（3）涉外技术管理政策与我国产业的成长

还应看到，前述政策在一定程度上也促进了我国产业的成长。我们通过相应的税收减免政策，鼓励本土资本企业进口技术，鼓励外资以技术出资在华建立合资企业，鼓励外资在华建立高新技术和先进技术企业，鼓励外商在华投资企业就地实施研究开发、技术更新，鼓励外资在华企业向本土资本企业和外资企业转让技术，这些政策对于我国新产业的兴起、老产业的改造，都是有益的。

特别是，这些政策加快了改革开放前我国不少"短板"或"缺项"行业的建立，这对我国整个产业体系的完善和提升，皆发挥了不可轻视的作用。尤其是，在政府"鼓励外商以先进适用技术折价出资"与本土资本合办企业的政策引导下，多数合资企业组建之初即登上了较高的技术平台。我国政府明确规定，外方带入的技术必须是先进的、适用的，使其产品在国内具有显著的经济社会效益，或在国际市场上具有竞争能力。同时规定，如果外资有意以落后技术和设备进行欺骗，则应赔偿相应损失。这对确保合资企业组建之初即登上较高的技术平台起到了很好的促进作用。

需要说明的是，产业竞争力、产业控制力关注的主要是本土资本在产业中的表现，产业成长性关注的则是整个产业的表现。由此我们也注意到，现有涉外技术管理政策在通过"税收减免"鼓励外资以技术出资在华建立合资企业，鼓励外资在华建立高新技术和先进技术企业，鼓励外商在华投资企业就地实施研究开发、技术更新的同时，对于促进外资企业向本土资本企业转让技术方面的力度是不够的。换言之，只有鼓励的诱导，而缺少必要的规制。这或许是今后政策设计需要高度关注的问题。只有外资愿意向本土资本企业转让技术，特别是转让核心技术，才可能使"外商在华投资的技术外溢效应最大化"，从而更为理想地促进我国相关产业的成长。

（4）涉外技术管理政策与我国产业安全的环境

整体上看，实行重大技术引进审批政策，限制外方带入落后技术和设备，净化了我国产业发展的技术环境。鼓励外国自然人或法人在华申请专利，对于外商所带入技术也给予知识产权保护，建立了知识产权海关保护制度，这皆有助于规范我国产业发展的知识产权环境，也有助于改善我国在国际上的形象，进而改善我国产业发展的国际知识产权环境。

但应注意到，在规范产业环境方面，我们的涉外技术政策还存在一些缺陷。一是还需要提升政策设计的体系化，以求借此强化政策的严密性。二是需要加强政策执行的严肃性，非政策制定部门特别是地方政府要严格执行中央主管部门制定的相关政策。在目前情况下，中央政府极有必要组织力量，对各地执行国家涉外技术政策的情况进行调研和检查，以求及时纠正地方政府的违规行为。

第五节　初步结论与建议

一、初步结论

1. 对现行政策的总体评价

（1）关于外贸政策

改革开放以来，为促进我国对外贸易发展，我国先后制定了一系列法律、法规和政府政策。这些法律、法规和政府政策的主要精神有如下几点：一是国家对货物进出口及技术进出口统一管理。二是国家对部分货物的进出口实行国营贸易。三是国家对限制进口或者出口的货物，实行配额、许可证等管理方式；对限制进口或者出口的技术，实行许可证管理。四是强调贸易往来的平等互惠。在货物进出口贸易方面根据所缔结或参加的国际条约、协定，给予其他缔约方、参加方最惠国待遇、国民待遇，或根据互惠、对等原则给予对方最惠国待遇、国民待遇；同时根据实际情况，就对我国采取歧视性禁止、限制或其他类似措施的国家采取相应的措施。总体上看，我国已形成了较为完备的外贸政策体系，从外贸管理角度看对维护我国产业安全起到了极为积极的作用，但也存在一些不尽如人意的缺憾。

（2）关于外资政策

1979 年《中华人民共和国中外合资经营企业法》的颁布，标志着我国吸引和利用外资的起步。经过 30 年的发展，我国关于外商投资方面的法律、法规与政策体系逐步趋于完善。所颁布的涉及外商投资的法律、法规和政策，对涉及我国经济安全和国计民生的重要产业，采取禁止或限制外资进入的政策；对需要大量资金和先进技术的产业和地区，则通过税收、信贷等优惠政策来引导外资进入。2003 年以来，为规范外资在华并购，陆续出台了一些有关外资在华并购的政策。总体上看，我国的外资政策主要涉及三资企业政策、外资在华并购政策、外商在华投资的行业分类管理政策，其中行业分类管理对外资在华投资分别采取了"鼓励、限制、禁止"三种政策。这些制度安排对于我国吸收外资规模的不断扩大，引导外资投向有利于我国国民经济整体发展的产业方向，有效促进国民经济发展，都起到了很好的作用，但在维护产业安全方面的缺憾是不容忽视的。

（3）关于涉外技术管理政策

改革开放以来，我国制定了不少涉外技术管理政策。从技术进口/引进、外商以技术出资组建企业，到技术进口/引进的知识产权管理，再到对外资在华技术开发、替代、转让的鼓励，具体涉及了技术进口/引进的审批和奖励政策；外资以技术出资的限制与鼓励政策；外资技术产权及进出口知识产权规定；鼓励产业技术替代与转让及技术开发的相关政策以及特定领域的产业技术投资鼓励政策。总体上看，政策覆盖范围相当广泛，多种政策手段紧密配合。这些政策对于诱导国内企业进口国外先进、适用技术，吸引国外企业随同投资带入先进、适用技术，诱导在华外资企业研发先进技术等起到了较好的作用。但一些政策执行不严，其对于我国产业安全的负面影响是不可轻视的。

2. 现行政策的实际效果

（1）关于外贸政策

调查发现，一是企业对我国外贸政策的了解程度好于专家。二是企业难以全面把握外贸政策的主要原因，排在第一位的是政府出台政策过多；排在第二位的是政策公布、传递渠道不畅；排在第三位的是执行机构对政策的解释各异。三是专家们认为我国外贸政策的有效程度"较好"或"一般"；大多数企业认为我国外贸政策对维护产业安全的"效果一般"，对外贸政策维护产业安全的效果"很满意"和"很不满意"的企业较少。

20世纪90年代中期开始实施的"科技兴贸战略"正在强化我国若干产业的国际竞争力。外贸政策在扶植幼稚产业、培育产业竞争力的同时，一定程度上保障了本土资本对于产业主体的控制力。但日益提高的外贸依存度，使得我们的产业运行和发展在相当程度上依赖于国际市场的"春江水暖"。自1995年以来，我国遭受反倾销调查总次数占世界比例一直在10%以上，且自1998年以来这一比例基本呈上升趋势。为加强对我国产业的贸易保护，近年来我国出台了一系列反倾销政策，但该类政策尚处于起步阶段，有待进一步完善。特别需要关注的是，我国大部分"救助性法规"是2000年后即是在加入WTO后产业利益受到威胁或损害的情况下被动制定的，这些法规对于抑制危害、威胁事件的发生是滞后的，且一些条款还不明确、不具体。

（2）关于外资政策

调查发现，一是导致企业难以全面了解我国外资政策的原因，除了个别企业由于自身业务很少涉及这类政策外，主要是政府的政策公布渠道不畅、制定政策部门过多、政策连续性差。二是民营企业对我国外资政策的满意度最低，其次是中外合资以及外商股份公司；满意度最高的是外商独资企业，可见我们对于这些企业很优惠了。

从政策体系上看，中央政府制定的三资企业政策给了三资企业过多的政策优惠，使其享受了"非国民待遇"，这就使本土资本企业一定程度上在国内市场竞争中处于非公平的境地。从对外商在华投资的分类管理来看，中央政府制定的对于外商在华投资的"鼓励、限制、禁止"行业管理政策，既有助于我们吸引国外投资，又有助于抑制外资在华对于本土资本企业的过度竞争。从政策执行上看，中央政府制定的外商投资基本有助于维护本土资本企业的市场竞争力，但地方政府基于对地方经济增长的强劲追求，多数并不严格执行中央政府的相应政策。除了中央政府明文规定的显性优惠政策外，地方政府还基于本地发展的考虑，给了外资企业一些额外的政策优惠。这就使得一些外资得以突破中央政府的某些行业限制，而这对维护本土资本企业的竞争力无疑是不利的。

我国政府主要从三个方面对外资设限，即通过"鼓励、限制、禁止"的行业分类管理政策，对外商在华投资设限；通过规定外资在合资、合作企业中的股份比例，来对外资建厂设限；通过制定外资在华并购的投资规范，来对外资在华并购设限。这些门槛对于制约外资对我国产业的控制欲望起到了一定程度的作用。但这些政策门槛并没有十分有效地抑制外资对于我国一些产业的控制（战略产业、军工产业等除外）。

从政策设计上看，一是我们一些政策相互之间缺少协调，使得一些外资可以合法地规避我们的某些政策限制。二是我们一些政策限制较为原则、模糊，实践中职能部门难以据此对外资在华投资控制某些产业的行为进行有效的限制。从政策执行上看，一是相关部门缺少思路上的协调，结果在同一政策规定之下，不同部门对于外资在华的控制性投资采取了相异的态度。二是不少地方部门忽视国家整体产业安全利益，主要从本地发展的角度来理解和执行中央相关政策，甚至对外资在华的控制性投资大开绿灯。所有这些问题，皆使中央政府抑制外资在华控制性投资的政策思路难以得到有效的落实。

从产业整体上看，改革开放以来我国实施的外资政策诱发了外资在华的大量投资。这既促进了我国多数产业市场规模的迅速扩大，又促进了各个产业中资源投入的持续增加。从产业中本土资本部分来看，外商在华投资的持续增加，尽管使本土资本部分所占的市场比例减少了，但持续扩大的产业市场总体规模，又给本土资本部分创造了更多的市场机会和绝对规模更大的市场空间。特别是外资在华投资的示范效应，还诱发了产业中本土资本部分更加重视研究开发、产品创新、技术升级等方面投资，而这对产业中本土资本部分的成长无疑是有益的。但也应看到，前一阶段我们对外资在华并购的"政策性放纵"，无疑抑制了产业中本土资本部分的成长性。

前一阶段大量外资进入后，特别是中国成为 WTO 成员国后，外资关于规范竞争秩序的诉求日益高涨，同时外资企业自身也遵循市场经济规则，这则促进了国内市场竞争秩序的优化。但也应注意到，大量外资涌入后，加剧了不少产业资源供给的紧张。一些地方政府对外资高消耗、重污染项目审查不严，加剧了产业发展的生态环境劣化的趋势。现有外资政策既优化了中国的对外贸易环境，又劣化了中国的对外贸易环境。诸如外资在华投资的示范效应诱发了产业中本土资本部分更加重视研究开发、产品创新、技术升级等方面投资，从而本土资本企业出口产品的技术竞争力提高了，但中国对外贸易中外资企业占据较大的比例，这又在相当程度上挤压了本土资本部分产业的外贸空间。

（3）关于涉外技术管理政策

调查发现，一是导致企业难以全面把握我国该类政策的原因，除了个别企业由于自身业务很少涉及该类政策外，主要是政府制定政策的部门过多，政策公布渠道不畅和针对性差。二是近 70%的专家对于我国涉外技术管理政策完备性的评价不高，近半数专家认为政策的有效程度一般。三是 67%的企业对于我国涉外技术管理政策的"满意程度一般"，"不太满意"和"很不满意"的占到了 26%。

值得关注的是，外资公司在中国投资设立研发中心是其全球战略的一部分，我们在肯定其正面效应的同时，也应对其负面效应有所关注。特别是，在华外资公司对于我国知识产权立法过程的介入不容轻视。外资对知识产权的滥用已对我国一些产业的正常发展造成了一定程度的负面影响。而对本土资本企业的涉外技术管理，最值得关注的是政策执行不严导致的盲目重复引进现象。

二、初步建议

1. 系统审视我们的外贸、外资与涉外技术管理政策

调查发现，专家认为，总体上看，目前我国外贸、外资、涉外技术管理政策依次需要改进的是"执行力度、透明度、监督机制"。企业认为，总体上看，依次需要改进的是"透明度、监督机制、反馈机制和执行力度"（如图 3-26 所示）。这说明，改革开放 30 年来，我们颁布的外贸、外资、涉外技术管理政策对于我国国民经济的发展起到了积极作用。同时，时至今日，我们也有必要从发展与安全结合的角度，将我们已经实施的相关政策系统梳理一遍，以求正确评价既有政策的合理之处，而且需要从制定、传播、执行、反馈的全流程上发现既有政策的缺陷所在。在此基础上，结合新的形势，我们才能制定出新的既有利于产业近期发展，又有利于我国长期产业安全的外贸、外资和涉外技术管理政策。

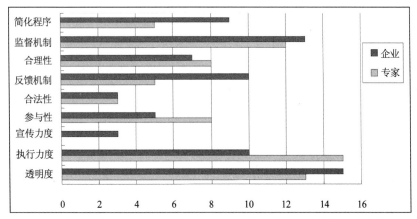

图 3-26　专家和企业认为我国外贸、外资、涉外技术管理政策需要改进的方面

2．适当调整外贸政策

调查发现，企业普遍认为，我国外贸政策急需改进的依次是政策的"公平性、一致性、时效性和合理性"。专家认为，我国外贸政策急需加强的依次是政策的"针对性、时效性和公平性"。特别是，"公平性、时效性两者急需改进"得到了企业和专家的一致认同。调查同时发现，要提升产业中本土资本部分的竞争力和成长性，我们就要通过调整相关外贸政策，引导产业结构调整和升级，提高产业技术水平，改善出口结构。特别是，需要继续实施"科技兴贸战略"，增强对高技术含量、高产业附加值的产品和服务出口的支持力度，加大对资源消耗型企业的限制，逐步减少高能耗、高污染产品的出口。要提升产业中本土资本部分的控制力，政府就需要引导并支持本土资本企业在全球范围内对关键资源进行有效控制。要改善产业中本土资本部分的发展环境，政府需要及时了解国际贸易动态及各国贸易政策的变化，相应制定针对性更强的支持性和救济性政策，有效保护本土资本企业的利益不受国外技术性贸易壁垒和反倾销政策和措施的侵害。

3．适当调整外资政策

调查发现，企业认为，我国外资政策最需要改进的依次是政策的"连续性、公平性和一致性"；专家认为，最需要改进的依次是政策的"针对性、合理性和公平性"。其中，"公平性"得到了企业和专家的一致认同；民营企业更希望获得与外资企业及国有大中型企业相同的政策性发展空间与机会。调查同时发现，现阶段，我们一是应尽快建立外商投资效果评价体系，对外商在华投资对于我国产业发展及其安全的正负面影响进行客观、系统的评价。二是应尽快调整外资税收政策，一视同仁地对待内外资企业，加快"两税合并"的实际进程，取消外资在华企业的"超国民待遇"，以求改善产业中本土资本部分的发展环境。三是应加强对于引进外资的质量控制，引导外商投资兼顾我国产业技术能力的整体提升，以求携外资提升产业中本土资本部分的竞争力和成长性。四是应尽快完善、细化外资并购的法律法规，针对不同类型的外资并购问题明确设限，严防外资恶意并购对于我国产业安全的深度侵害，以求提升关键产业中本土资本部分的控制力。

4．适当调整涉外技术管理政策

调查发现，企业认为，目前我国涉外技术管理政策最需要改进的依次是政策的"完备性、一致性、连续性、公平性和合理性"。专家认为，目前最需要改进的依次是政策的"针对性、合理性、公平性、完备性和时效性"。其中，改进政策"合理性、公平性、完备性"的诉求强度一致。调查同时发现，一是需要系统审视、协调调整涉外技术改造政策、知识产权政策、外资设立研发中心及技术进口政策，以求涉外技术政策既有利于吸引外资，又有助于提升产业中本土资本部分的竞争力、控制力和成长性。二是要通过税收政策等积极引导外资携技术来改造我国的传统产业，同时要严格技术进口政策，坚决消除盲目重复引进的现象，以求提升产业中本土资本部分的技术竞争力和成长性。三是要高度关注外资在华投资设立研发中心的正负面效应：一方面要全面系统调研其对产业中本土资本部分的技术外溢效应，绝不可简单地进行议论；一方面要关注其对产业中本土资本部分的人才掠夺。同时，要高度关注外资对知识产权法律法规的滥用，有效保护产业中本土资本部分的技术权益，以求改善产业中本土资本部分的发展环境。

第四章　北京市高新技术企业
成长的政策环境评估

本章导读

  北京高新技术产业政策从无到有，逐步形成了科学、规范、配套的政策体系，并呈现出明显的区域特点。目前，北京高新技术企业成长的政策环境可分为七大类，即财税政策环境、贸易政策环境、金融政策环境、知识产权政策环境、人才政策环境、政府服务质量环境、区位环境建设等。本章的基本目标，一是建立相应的政策评估框架，并从理论上做出解释；二是通过实际调研、分析与评价，揭示目前影响北京市高新技术企业成长的政策环境因素；三是从促进企业成长的角度，在地方政府力所能及的范围，提出政府政策调整的方向性建议。

第一节 引 言

一、研究目的

政策环境对于北京市高新技术企业的成长有着举足轻重的影响，本项研究的基本目的就是要通过对北京市高新技术企业成长的政策环境的评价，揭示目前影响北京市高新技术企业成长的政策环境因素，进而从促进企业成长的角度，提出政府政策调整的方向性建议。鉴于前述目的，我们做了如下工作：一是建立相应的政策评价框架，并从理论上做出解释；二是通过实际调研、分析和评价，揭示目前影响北京市高新技术企业成长的政策环境因素；三是从促进企业成长的角度，在地方政府力所能及的范围，提出政府政策调整的方向性建议。

二、研究思路与方法

本章的基本思路与方法如下：第一，对北京高新技术企业成长政策环境的演变情况进行梳理。第二，在前述梳理的基础上，对现行北京高新技术企业政策环境进行分类。第三，根据政策分类，调研典型企业对于这些政策的实际感受。第四，根据前述政策分类和典型企业的感受，设计调查问卷。第五，向样本企业发放调查问卷。第六，回收问卷，甄别问卷的有效性，对有效问卷进行统计分析。第七，根据问卷统计分析揭示的问题，对典型问卷企业进行再调研。第八，根据问卷统计分析和再调研，揭示目前影响北京市高新技术企业成长的政策环境因素。第九，通过研讨与向专家咨询，提出政府政策调整的方向性建议。

三、内容与框架

本章实质内容分为四个部分：第一部分，北京高新技术企业成长的政策环境演变情况；第二部分，北京高新技术企业成长的政策环境现状；第三部分，北京高新技术企业成长的政策环境的总体分析；第四部分，北京高新技术企业成长的政策调整的方向性建议。

第二节　北京高新技术企业成长的政策环境演变

20 世纪 80 年代初，伴随着改革开放的历史进程，我国开始积极发展高新技术产业。1988 年 5 月，国务院正式批准在北京中关村建立我国大陆第一个国家级高新技术产业开发区，即北京市新技术产业开发试验区。1999 年 6 月，国务院批复加快建设中关村科技园区。此后，北京市逐步形成了科学、规范、配套的政策体系，并呈现出明显的区域特征。总体上看，北京高新技术企业成长的政策环境即高新技术产业政策体系演变可分为以下三个阶段。

一、高新技术产业政策体系的创立阶段

1985—1988 年是北京高新技术产业政策体系的创立阶段。1988 年 5 月，国务院里程碑式地批准了《北京市新技术开发试验区暂行条例》（下称《暂行条例》），标志着北京高新技术产业政策体系建设开始纳入到政府工作的日常议程[①]。此后，北京市政府相继出台了系列化配套政策，发布了《北京市新技术产业开发试验区内新技术企业核定暂行办法》和《北京市新技术产业开发试验区暂行条例实施办法》。前者对新技术及其产品的范围、创办新技术企业的条件、考核的标准等做出了明确规定；后者涉及总则、基建、财政和税收、信贷和保险、进出口和外汇管理、劳动人事等内容，系统阐述了落实《暂行条例》的具体办法。这些政策的先后出台大大促进了中关村科技园区的建设和北京高新技术产业的整体发展，更标志着北京高新技术产业政策体系建设的起步。

二、高新技术产业政策体系的调整阶段

随着我国社会主义市场经济建设目标逐渐确立，外商投资企业和民营科技企业开始进入政策制定者的视野。1989—1998 年，为了引导和鼓励各类高新技术企业发展，

[①] 李建军. 北京高新技术产业政策体系建设的历史及其特点. 中国农业大学学报（社会科学版）（总 61 期），2005（4）.

北京市政府又制定了一系列新的政策和法规。例如，《关于鼓励外商投资高新技术产业的若干规定》目的是鼓励外商投资高新技术领域，发展促进符合首都特点的产业。《关于鼓励民营科技企业发展的若干规定》强调帮助民营科技企业解决发展过程中的困难和问题，鼓励院所、高校及企事业单位的科技人员兴办民营科技企业。随着这些政策的出台，在北京形成了创办高新技术企业的新浪潮。

在前述政策和法规的基础上，市政府还出台了一系列配套政策和法规，如《关于促进高新技术企业发展的意见》、《关于鼓励民营科技企业发展若干规定的实施办法》等。市科委还颁布了《新技术企业认定办法》、《高新技术及其产品认定的原则和目录（第二期）》。这些配套政策的出台，细化了政策目标和对象，进一步完善了北京高新技术产业政策体系，使北京高新技术产业政策体系建设的着力点从中关村园区建设，拓展到了全面促进高新技术企业创立与发展的高度，极大地调动了科技人员和院所创办并发展高新技术企业的积极性。

三、高新技术产业政策体系的完善阶段

1999—2003 年是北京高新技术政策体系建设的完善阶段。1999 年 4 月，依据《国务院关于建设中关村科技园区有关问题的批复》和《北京市国民经济和社会发展第十个五年计划纲要》，市政府颁布了《关于进一步促进高新技术产业发展的若干政策》，强调高新技术产业是北京经济发展的关键和核心，是新的经济增长点。为重点支持电子信息、光机电一体化、生物工程和新医药、新材料、环保等高新技术产业发展，推动传统产业升级，市政府将采取各种优惠政策吸引、凝聚高素质的创新创业人才，多渠道筹资，加大对高新技术企业的支持力度；继续实施优惠政策，推动高新技术成果转化，扶持高新技术企业持续发展。

围绕这三项政策的落实，市科委、市试验区管委会等单位先后颁布了《关于进一步促进高新技术产业发展若干政策的实施办法》、《鼓励在京设立科技研发机构的暂行规定》、《关于高新技术成果产业项目的认定办法》、《高新技术骨干企业认定办法（试行）》、《软件开发生产企业和软件产品认证及管理办法》、《北京市鼓励在京设立科技研究开发机构的暂行规定的实施细则》、《关于促进科技成果转化若干规定的实施办法》以及《高新技术产业孵化基地认定暂行办法》。

与此同时，高新技术企业的孵育条件建设也被纳入到政策建设的框架内。中共北

京市委全会通过了《关于加强技术创新发展高科技实现产业化的意见》，决定从首都经济社会发展的关键问题出发，实施"二四八重大创新工程"，目标是集成首都科技资源，加快中关村科技园区建设，构建首都区域创新体系，全面推动首都经济和社会发展。具体包括建设两个服务体系，即首都创业孵化体系和首都经济创新服务体系；四个产业化基地即北京软件产业基地、北方微电子基地、北京生物医药基地和西三旗新材料基地；八个高新技术产业示范项目即数字北京工程、高清晰度数字电视产业工程、大直径半导体硅晶片及大规模集成电路产业化工程、能源结构调整及清洁燃烧技术产业化工程、现代医药生物技术产业化、绿色食品及良种工程、水资源可持续利用工程和北京"无氟"城市工程。这些工程的提出和实施，标志着北京高新技术产业政策整体进入到了经济社会发展的总体战略之中。

2000 年，北京市科委又提出了《首都创业体系建设纲要》，旨在通过政府引导和支持，用市场经济规律，集成资源，把孵化服务机构、创资本市场、中介服务机构以及其他资源有机组合成完整的创业体系。同年 12 月 8 日，北京市第 11 届人大常务委员会通过了《中关村科技园区条例》，涉及市场主体和竞争秩序，促进和保障风险投资、资金支持、人才引进、知识产权保护、规划和环境建设、国际经济技术合作、政府行为规范、管理体制、法律责任等，这标志着北京高新技术产业政策体系建设进入到法制化轨道，并开始趋于完善。

围绕贯彻执行《中关村科技园区条例》，市政府又先后颁布了一系列配套政策和法规，如《中关村科技园区企业登记注册管理办法》、用于规范中关村科技园区内有限合伙制风险投资机构的《有限合伙管理办法》、《中关村科技园区信用担保机构建立风险准备金和财政优先补偿担保代偿损失制度的暂行办法》、《中关村科技园区发展专项资金使用管理办法》、《关于到中关村科技园区企业工作的党和国家机关及事业单位人员参加社会保险的有关规定》、《中关村科技园区接受非北京生源高校毕业生办法》、《中关村科技园区管理体制改革方案》和《中关村科技园区社会团体管理办法》等。

2001 年后，为进一步促进科技发明、技术专利等科技成果的商品化，鼓励成果拥有者将其转向产业应用，促进高新技术产业发展，市政府根据《中华人民共和国促进科技成果转化法》和《国务院办公厅转发科技部等部门关于促进科技成果转化若干规定的通知》，先后出台了《北京市关于进一步促进高新技术产业发展的若干规定》、《北京市高新技术成果转化项目认定办法》、《北京市科技中介机构享受财政专项资金支持认定办法》、《北京市支持高新技术成果转化项目等财政专项资金实施办法》、《北京市风险投资机构享受财政专项资金支持确认办法》、《中关村科技园区高新技术企业股权奖励试点办法》、《北京市专利实施资金管理办法》、《北京市支持高新技术成果转化项目等税收政策实施办法》、《北京市技术市场管理条例》、《北京市鼓励在京设立科研开发机构的规定》、《北京市技术合同认定登记机构管理办法》和《北京市技术经纪人管理暂行办法》等。从聚集高新技术创新资源、激励高新技术企业创新、优化高新技术产业发展环境等方面进一步完善了相关政策体系。市政府这一系列努力，使北京市基本形成了一套与国际接轨的、有利于高新技术产业整体发展的相对完善的政策体系。

第三节　北京高新技术企业
成长的政策环境现状

一、政策环境的初步分类

对北京高新技术企业成长的政策环境现状进行分析之前，有必要先对现有政策进行分类。可把目前北京高新技术企业成长的政策分为七大类，即财税政策、贸易政策、金融政策、知识产权政策、人才政策、政府服务质量政策、区位环境建设政策等。基本内容如表4-1所示。

表4-1　北京高新技术产业政策的初步分类

政策分类	主要内容
财税政策	包括税收政策、财政补贴和投入、政府采购三部分
贸易政策	包括通过法律、行政、财政金融手段实施的高新技术产品进口保护政策和出口鼓励政策
金融政策	包括信贷支持、风险投资发展等拓宽融资渠道的政策措施以及发展信用保证体系等支持措施
知识产权政策	包括知识产权保护的资金支持和法律体系建设
人才政策	包括通过精神、物质激励的各种吸引、留住、培养、鼓励科技人才创新创业的政策，为科技人才创造良好的工作环境和条件

政 策 分 类	主 要 内 容
提升政府服务质量政策	指政府在促进高新技术企业成长方面的相关服务效率及政策稳定性等
区位环境建设政策	包括科技产业园区建设、促进行业协会发展、提供信息服务等促进高新技术企业成长的区位环境建设措施

需要说明的是，提升政府服务质量与加强区位环境建设并不一定直接属于政府政策范围，但政府的具体做法具有政策效果，且政府也有这方面的相关政策或措施，故这里也将这两方面的情况列入到政府政策之中。

二、财税政策

财税政策是各国政府促进高新技术企业成长与产业发展的重要政策领域。自有高新区以来，北京市政府也通过相关财税政策来促进高新技术企业成长，包括税收优惠、财政补贴、政府采购等方面。

1. 税收优惠

（1）税收优惠政策及其对高新技术企业成长的作用

税收优惠政策是指政府为了实现某些特定的社会和经济目标，对某些特定的课税对象、纳税人或地区采取的减免税收负担的措施。税收优惠的基本特征是税收优惠的享受者比大多数纳税人承担较低的税负，甚至不承担税负。政府实施税收优惠政策有两个基本目标：一是旨在减轻某些人、某些企业、某些产业或某些地区的经济困难或负担，如对社会福利企业所给予的减免照顾；二是旨在激励和促进某些领域、产业或地区的发展，如对高新技术产业、基础设施项目投资与经营所给予的税收优惠。税收优惠是政府运用税收杠杆调控经济的重要手段，调控是通过一系列税后优惠实现的。税收优惠的主要形式有减税、免税或提高起征点、税收扣除、优惠税率、优惠退税、盈亏结转、税收还贷、税收抵免、延期纳税、加速折旧和特定准备金等。

高新技术产业具有高难度、高投入、起步难、高风险、成功后的高收益等特点，其形成和发展离不开政府税收优惠政策的扶持。高新技术人才的培养、高新技术的研究与开发、高新技术成果的转化及其广泛应用，以及高新技术产品的营销和消费是高新技术产业发展的四个基本环节。北京市对于高新技术企业的税收优惠政策正是通过影响上述四类活动，降低各个环节的投资成本和投资风险，增加投资的预期收益，进而实现对高新技术产业的扶持。

（2）北京市高新技术企业税收优惠政策的基本情况

北京市高新技术企业的税收优惠政策可按对象和途径分类，如表4-2所示。

表4-2　北京市高新技术企业税收优惠政策分类

分　类　法	所涉及税种
按途径分	企业所得税、营业税、增值税、个人所得税、关税
按目的分	针对研发人员的税收优惠政策，新技术和新产品开发的税收优惠政策，推进企业机器设备加速折旧的税收优惠政策，新技术或先进技术的引进和使用的税收优惠政策，技术转让、咨询、服务和培训的税收优惠政策，对高新区的税收优惠政策

以下按税收优惠的目的进行分类，来看北京市政府对高新技术企业的税收优惠，如表4-3所示。

表4-3　北京市高新技术企业税收优惠政策分类（按目的细分）

政　策　目　的	政　策　措　施	政　策　出　处
研究与开发人员的税收优惠政策	对在高新技术成果转化中做出重大贡献的技术人员和管理人员，由市政府授予荣誉称号，并安排专项资金奖励，奖金免征个人所得税	《北京市支持高新技术成果转化项目等税收政策实施办法》（京地税企[2001]694号）第2条
	科研机构、高等学校转化职务成果以股份或出资比例等股权形式给予个人奖励，经税务机关审核后，暂不征收个人所得税	《国家税务总局关于促进科技成果转化有关个人所得税问题的通知》（国税发[1999]125号）第1条
促进新技术和新产品开发	高新技术企业当年发生的技术开发费比上年实际增长10%（含10%）以上的，当年经主管税务机关批准，可再按技术开发费实际发生额的50%抵扣当年应纳税所得额	《北京市关于进一步促进 高新技术产业发展的若干规定》（京政发[2001]38号）第11条
	研发机构研发新产品、新技术、新工艺发生的各项费用，比上年实际发生额增长 10%（含10%）以上的，经税务部门审核批准，可再按技术开发费实际发生额的 50%直接抵扣当年应纳税所得额	《北京市鼓励在京设立科技研究开发机构的规定》（京政发[2002]23号）第15条
推进企业机器设备加速折旧	企业可根据技术改造规划和承受能力，在国家规定的折旧年限区间内，选择较短的折旧年限	《关于促进企业技术进步有关财务问题的规定》

续表

政 策 目 的	政 策 措 施	政 策 出 处
新兴或先进技术的引进和使用	企业为进行技术改造而引进的先进技术，以及按技术转让合同必须随附的仪器回赠进口关税和工商税	《关于从国外引进技术项目的技术、设备减免关税和工商（统一）税问题的通知》
技术转让、咨询、服务和培训	对单位和个人从事技术转让、技术开发业务和与之相关的技术咨询、技术服务取得的收入，免征营业税；对从事软件著作权转让业务和软件研制开发业务，比照技术转让与技术开发业务免征营业税	《北京市关于进一步促进高新技术产业发展的若干规定》（京政发[2001]38号）第12条
	企事业单位进行技术转让，以及在技术转让过程中发生的与技术有关的技术咨询、技术服务、技术培训的所得，年净收入在30万元以下的暂免征收所得税；超过30万元的部分依法缴纳所得税	《财政部、国家税务总局关于企业所得税若干优惠政策的通知》（财税字[94]001号）第5条
对高新区内企业的税收优惠	内资办的开发区企业，以自筹资金新建技术开发和生产经营用房，按国家产业政策规定免征投资方向调节税	《国家高新技术产业开发区税收政策的规定》

2. 财政补贴

（1）财政补贴及其对高新技术企业成长的作用

财政补贴也是政府运用的一种经济杠杆，在弥补市场缺陷、调节供求结构、落实产业政策和推行价格改革过程中发挥着积极作用。通过财政补贴，可以直接加强对特定产业、特定企业和特定生产环节的投入，促进其加快发展。在高新技术产业链条上，研究开发和科技成果转化等环节的资金需求通常超过市场均衡条件下企业的投入，政府可以通过财政补贴来弥补市场缺陷，为高新技术企业成长添加动力，故财政补贴对高新技术企业成长具有重要的促进作用。

（2）北京市对高新技术企业的财政补贴政策基本情况

在促进和扶持高新技术企业成长的财政补贴方面，除国家有关科技计划对高新技术企业的财政支持外，北京市为大力推动高新技术成果转化，加速本市科技发明、技术专利等科技成果的商品化，制定了《北京市关于进一步促进高新技术产业发展的若干规定》，通过设立专项资金、直接贴息补助、加大科技投入等方式来扶持高新技术企业。目前，北京的财政补贴主要投放并作用在支持科技人才培养、企业研发和创新、企业高新技术成果转化以及高新产业园区的基础设施建设等四个方面，具体如表4-4所示。

表4-4 北京市高新技术企业财政补贴政策分类列表

目　的	政　策　措　施	政　策　出　处
支持科技人才培养	科研机构、高等学校转化职务科技成果，应当依法对研究开发该项科技成果的职务科技成果完成人和为成果转化做出重要贡献的其他人员给予奖励	《北京市关于进一步促进高新技术产业发展的若干规定》（京政发[2001]38号）
支持研究开发	鼓励各类企业建立高新技术研究开发机构。各类企业自办或与高等院校、研究机构联合组建的工程或技术研究中心以及企业技术中心，经认定后，对其主要研究开发项目从科技经费中给予资助	《北京市关于进一步促进高新技术产业发展的若干规定》（京政发[2001]38号）
	鼓励软件出口型企业通过GB/T19000－ISO9000系列质量保证体系认证和CMM（能力成熟度模型）认证，其认证费用由软件产业发展专项资金予以一定支持	《市政府印发贯彻国务院鼓励软件产业和集成电路产业发展若干政策实施意见的通知》（京政发[2001]4号）
支持高新技术成果转化	设立技术创新资金，用于支持高新技术成果转化。由市财政局、市科委、市计委（发改委）、中关村科技园区管委会等部门以及政府出资引导设立的投资机构，多渠道筹资，以市场调研投入、项目开发、风险投资、贷款贴息、贷款担保等方式，促进高新技术成果转化	《北京市关于进一步促进高新技术产业发展的若干规定》（京政发[2001]38号）
	设立知识产权发展和保护资金，用于鼓励本市组织和个人取得自主知识产权。对申请国内外专利的组织和个人，给予一定的专利申请费和专利维持费补贴；对具有市场前景的专利技术实施项目，可一次性给予一定的专利实施资金支持	《北京市关于进一步促进高新技术产业发展的若干规定》（京政发[2001]38号）
	设立专利实施资金，资助有市场前景的专利技术产业化；组织资助科技含量高、创新性强的专利技术产品开发；组织资助专利技术推广、应用与实施	北京市知识产权局
	市经委及科委每年从技术改造资金、结构调整资金和科技三项费用中，安排不低于50%的资金，对高新技术成果转化项目和产学研联合实施项目给予贴息、资本金注入及科研开发补助拨款等支持	《北京市关于进一步促进高新技术产业发展的若干规定》（京政发[2001]38号）
	市科委、市人事局每年安排一定资金，用于资助留学人员在本市从事高新技术项目的研究开发、携带高新技术成果来本市转化和创业	《北京市关于进一步促进高新技术产业发展的若干规定》（京政发[2001]38号）

续表

目　　的	政　策　措　施	政　策　出　处
支持高新技术成果转化	对实施高新技术成果转化项目的企业，2001 年起五年内，其当年用于高新技术成果转化项目自建或购置的生产经营场地所缴纳的房产税，由财政安排专项资金支持。财政专项资金全部用于相关企业的技术创新	《北京市财政支持高新技术成果转化项目等财政专项资金实施办法》
	对经认定的本市注册的促进高新技术成果转化和发展高新技术企业有重大贡献的中介服务机构，当年缴纳所得税地方收入部分的 50%，财政安排专项资金支持	《北京市财政支持高新技术成果转化项目等财政专项资金实施办法》
	本市注册的风险投资机构，对本市认定的高新技术成果转化项目投资超过当年投资总额 70%的，其当年缴纳所得税地方收入部分的 50%，财政安排专项资金支持	《北京市财政支持高新技术成果转化项目等财政专项资金实施办法》
支持产业园区基础设施建设	经市科委认定的孵化基地和在孵企业，认定之日起三年内所缴纳各项税收的地方收入部分，由财政安排专项资金予以支持。财政专项资金作为孵化器种子资金，用于孵化基地建设和在孵企业的项目贴息、投资和补助拨款等支持	《北京市关于进一步促进高新技术产业发展的若干规定》（京政发[2001]38 号）
	市政府建立中关村科技园区发展专项资金，重点用于中关村科技园区内基础设施建设和高新技术成果项目转化	《北京市关于进一步促进高新技术产业发展的若干规定》（京政发[2001]38 号）

3. 政府采购

（1）政府采购及其对高新技术企业成长的作用

政府采购是指各级政府为了行政或公众服务的目的而购买商品或服务，在技术经济指标（质量、性能、价格与交货时间等）大致相同的情况下，应优先购买本国的商品或服务的行为。政府采购是世界通行的、政府引导本国经济发展方向、保护和扶持国内产业尤其是高新技术产业发展的重要手段。

北京市的实践证明，政府采购有助于从需求方面"拉动"高新技术企业成长，特别是有助于"拉动"中小型高新技术企业的成长。在高新技术及其产品采购中，政府可以站在国家和北京市经济社会长远发展的战略高度，规划和指定政府采购目录清单，择优选择产品和服务的提供单位，从而为高新技术企业创造更大的市场空间和中标机遇，使本土高新技术企业处于更为有利的竞争环境之中，进而实现更为理想的成长。

（2）北京市针对高新技术企业的政府采购政策的基本情况

《国务院关于"九五"期间深化科学技术体制改革的决定》（国发[1996]39 号）

指出，为扶持高新技术产业发展，要鼓励各级政府部门和由财政支持的事业单位等优先采购具有我国知识产权的高新技术产品。相应，北京市政府在《关于进一步促进高新技术产业发展的若干规定》中也指出，要"发挥政府采购政策对高新技术企业的扶持作用"。要"通过预算控制、招投标等形式，凡纳入本市市级预算管理的机关、事业单位和社会团体，对于同类产品，优先采购转化高新技术成果的产品"。中央和北京市这些政策，强力引导了市级预算管理的机关、事业单位和社会团体对于国产高新技术产品和服务的采购，同时在全国起到了很好的示范作用。

三、贸易政策

1. 贸易政策及其对高新技术企业成长的作用

在国际上，高新技术及其产品出口已成为发达国家最具竞争力的贸易部分，且落后国家对于来自发达国家的高新技术及其产品的依赖程度越来越高。在我国，改革开放以来，特别是随着我国产业结构的调整，高新技术产品越来越成为我国出口增长较快的部分，甚至成为我国出口贸易的新亮点。但由于我国科研机构和企业的创新能力仍然不足，近10年来我国高新技术产品出口的绝对额仍然较低，此类贸易逆差仍然较大。为此，我国政府也需要借助相应的贸易政策来缩小这种逆差。其中，一是要通过贸易政策，来鼓励国内企业加强高新技术产品的研发、试制、生产和出口（简称鼓励类贸易政策）；二是要通过贸易政策，来限制那些国内可以生产的国外同类高新技术产品的进口（简称限制类贸易政策）。

客观地看，这类政策不单是有助于缩小我国高新技术及其产品的国际贸易逆差，而且对高新技术企业成长至少有两大作用：一是鼓励类贸易政策有助于增强高新技术企业的自主创新能力，特别是新产品开发能力和国际市场开拓能力；二是限制类贸易政策有助于为国内高新技术企业创造市场机会，从而增加企业实现产品价值的机会。这样，在这两类政策扶持下，高新技术企业即有可能实现更为理想的成长。

2. 北京市关于高新技术企业的贸易政策的基本情况

国家相关贸易政策即为与北京市企业相关的贸易政策。我国现行与高新技术企业成长相关的贸易政策可以按目的分为两类，即进口保护政策和出口鼓励政策，具体政策措施如表4-5所示。

表 4-5　相关贸易政策分类列表

政　策	具体政策措施	措施主要内容
进口保护政策	关税政策	为保护本国幼稚产业，对进口商品征收保护性关税
	进口配额制度	对特定商品的进口数量或金额规定一个限额
	进口许可证制度	对特定商品进口发放许可证，以控制进口数量
	反倾销制度	产品以低于正常价格进口，并对国内相关产业产生实质性损害或损害的威胁时，国家可以采取必要的反倾销措施
	反补贴制度	进口商品接受出口国任何形式的补贴，并由此对国内相关产业产生实质损害或威胁时，国家可以采取必要的反补贴措施
	保障制度	因进口产品数量增加，致使国内相同产品生产者受到严重损害或威胁时，国家可以采取必要的救济性保障措施
出口鼓励政策	提供出口信贷	政策性银行向企业提供出口信贷，分为买方信贷和卖方信贷
	出口信用保险	政策性银行或保险公司向出口企业提供信用保险业务
	信用证贴现和抵押贷款	出口企业可采用信用证贴现和抵押贷款形式向银行贷款
	外贸风险基金	补偿外贸企业因出口风险造成的部分损失
	出口退税	对出口产品退还已缴纳的增值税等税种
	成立出口商会	发挥行业协会协调、指导和服务功能，维护对外贸易竞争秩序
	企业自营出口权	对达到一定标准的生产企业赋予自营出口权
	推行出口代理制	受托人接受委托人委托，从事出口业务，并收取一定的费用

与此同时，北京海关也出台了相关政策，目的是为高新技术企业进出口提供更多便利，包括"从优从快"服务。《北京海关支持高新技术企业发展的具体措施》（京关中[1999]225 号）还提出了一些具体措施（见表 4-6）。北京海关为此特别成立了支持高新技术产业发展领导小组，负责研究、协调、督促、检查支持高新技术企业的海关相关政策的落实。该领导小组由北京海关主管副关长和各有关处室负责人组成，下设办公室。办公室设在中关村海关，具体负责日常工作和对外宣传工作。

表 4-6　北京海关支持高新技术企业成长的相关措施

类　别	内　容
负责机构	中关村海关负责协调北京市高新技术产业开发试验区管委会，提供有进出口权的《高新技术企业享受海关优惠名单》
具体政策	对列入《高新技术企业享受海关优惠名单》的加工贸易企业，优先办理备案审批优惠；对需暂时进出口货物的高新企业，采取专门的管理办法给予便利
事务办理	《高新技术企业享受海关优惠名单》内企业，享受优先通关、查验、放行的待遇。进出口业务量较大及信誉较好的高新技术企业，申请预归类和事后审价的，经北京海关关税处和审单处审核同意，实行预归类和事后审价办法，以加快通关速度

四、金融政策

1. 金融支持对高新技术企业成长的作用

高新技术企业创办阶段不一定要用大量的资金。但在其成长过程中,必然会耗费大量资金。因为高新技术企业赖以生存与成长的核心资源是高新技术,其研发、工程化、商业化、产业化等阶段都需要耗费大量资金。一方面,各阶段对资金的需求量会按一定数量级递增,通常为 1:10:100:1 000;另一方面,各个阶段的资金需求规模具有很大的不确定性,现实中不少高新技术企业常常受困于资金短缺。因此,高新技术企业的成长需要足够的融资支持。

常规而言,高新技术企业的资金主要来源于企业所有者个人积累、亲朋间借贷、银行贷款、企业间拆借、新加盟者的股权投资以及创业投资公司的股权投资、产业投资或 IPO 融资。在高新技术企业创建初期,一般靠企业所有者的个人积累和亲朋间借贷;在学习调整期,一般靠银行贷款、企业间拆借、新加盟者的股权投资;在快速发展期,一般靠银行贷款和创业投资公司的股权投资;在相对稳定期之后的新的快速发展期,一般靠资本市场上的产业投资或 IPO 融资。如果我们能顺应高新技术企业成长如此这般的融资环境要求,那北京市的高新技术企业一定会有更为理想的成长。可见,建设良好的融资环境,拓宽高新技术企业的融资渠道,降低高新技术企业的融资成本,对于高新技术企业成长的意义重大。

2. 北京市关于高新技术企业融资环境建设的相关政策

自设立北京海淀高新技术产业实验区以来,北京市在建立和提升高新技术企业融资环境方面开展了大量工作、出台了大量政策,其中主要政策精神如表 4-7 所示。由该表可见,相关金融政策主要体现在政府融资担保、银行信贷环境、风险投资(创业投资)环境建设、明晰企业产权、信用体系建设等五个方面。

表 4-7　北京市有关高新技术企业融资的金融政策列表

政 策 类 别	政 策 措 施
政府融资担保	设立"北京市高新技术产业发展融资担保资金",支持符合北京市高新技术产业发展战略规划和政策导向的科技项目(1998)
	中关村科技园区内政府出资设立的信用担保机构发生贷款担保代偿损失时,可申请政府财政资金补偿

续表

政 策 类 别	政 策 措 施
银行信贷环境	银监会颁布《关于商业银行改善和加强对高新技术企业金融服务的指导意见》，引导商业银行改善和加强对高新技术企业的金融服务
	商业银行根据人民银行及银监会的要求，调整信贷结构，在防范风险的前提下，将信贷资金投向符合国家及北京市产业政策的项目及企业，尤其是符合国家政策要求的园区重点项目和高新技术企业，实行推进担保贷款、开通绿色通道等多项措施
风险投资（创业投资）环境建设	北京市风险投资机构享受财政专项资金支持，符合条件的企业当年缴纳所得税地方收入部分 50%由财政安排专项资金支持
	鼓励民间资本建立风险投资机构和担保机构。本市注册的投资机构对认定的高新技术成果转化项目投资，超过当年投资总额 60%的，由财政安排专项资金支持
明晰企业产权	妥善解决集体性质高新技术企业中历史遗留的产权不清问题
信用体系建设	成立中关村企业信用促进会，并实施以企业信用为重要支点的高成长企业信用担保贷款绿色通道（简称"瞪羚计划"）
	广泛推行《中关村园区企业信用评级报告》、《中关村园区企业征信报告》后，继续广泛推行《中关村园区企业应收账款管理咨询报告》等新的信用服务品种，以在园区内营造良好的信用环境和投资环境
	在市政府直接领导下，成立北京信用管理有限公司，从事信用管理、信用评级等信用中介服务

五、知识产权政策

1. 知识产权制度对于高新技术企业成长的作用

在市场经济制度史上，知识产权制度以其独特的法律形式保护了新技术发明人或其持有人在一定时期内拥有的排他的独占权，这不仅有助于发明人或其持有人实现研究开发的投资回报，而且有助于发明人或其持有人获取超额利润，从而极大程度地激励了个人、企业、机构发明创造和技术创新的积极性。据美国一机构 2003 年的一项研究报告，假若没有专利制度，则至少会有 60%的药品不能问世。这就是知识产权制度的作用所在。高新技术成果及其知识产权是高新技术企业的核心资源，知识产权管理是高新技术企业战略层面的管理工作，因此，建立并完善知识产权制度，才有助于高新技术企业凭借其核心资源来实现企业的持续成长。

在较为完善的知识产权制度背景下，拥有先进技术的知识产权的企业，可以借助法律赋予他的独占权，实现研究开发的投资回报，甚至是超额利润；缺少先进技术的企业，可以借助知识产权制度提供的技术交易与转移机制，合法、有利、有效地获取所需的技术；甚至也有助于培育专门从事先进技术研发的高新技术企业。特别是，专利制度中的"申请在先"原则，有助于保护率先创新者的利益；专利制度中的"公开"原则，有助于减少了重复研究的浪费，促进先进技术信息的扩散；专利制度中的"地域原则"，有助于保护本土企业的研发积极性与本土市场。而多国专利制度，既有助于跨国保护率先创新者的国际市场利益，也有助于国家间的技术交易与转移。由以上这些不难看到，知识产权制度的完善，有利于高新技术企业的成长，也是高新技术企业成长不可或缺的环境条件。

2. 北京市涉及高新技术企业的知识产权法规及政策情况

在多数国家，知识产权制度是由一系列法律、法规构成的。在我国，是由一系列法律、法规、政策构成的。我国于 1983 年 3 月颁布了《中华人民共和国商标法》及其实施细则，初步建立了企业商标的法律保护框架。1984 年 3 月颁布了《中华人民共和国专利法》，初步建立了发明创造、实用新型和外观设计的法律保护框架。1990 年 9 月颁布了《著作权法》，将知识产权保护的范围进一步扩大到电影、工程设计、摄影作品、计算机软件等。除专利、商标和著作权作为三大类知识产权法律外，我国的知识产权法律体系还包括《计算机软件保护条例》（1991）、《国家高技术研究发展计划知识产权管理办法》（1994）、《关于对外科技合作交流中保护知识产权的示范导则》（1995）、《知识产权海关保护条例》（1995）等。

在地方层面，北京市的知识产权法规、政策体系也在逐步完善之中。"十五"期间，北京市委、市政府陆续发布了《关于加强知识产权工作的意见》、《北京知识产权发展和保护纲要》（2004—2008）、《加入世界贸易组织过渡期知识产权工作计划》、《北京市专利促进和保护条例》等，基本形成了地方层面较为完善的知识产权管理体系。仅就行政措施来看，其大致可以分为权利保护与鼓励创新两大类，如表 4-8 所示。

表 4-8　北京市有关高新技术企业知识产权的政策列表

目　的	政　策　措　施	政　策　出　处
权利保护	保护来京投资企业的名称专用权。享有驰名商标的企业，经申请可以在本市范围内各类行业名称中受到全面保护	《北京市关于扩大对内开放、促进首都经济发展的若干规定》（京政发[2002]12 号）第 5 条
	设立知识产权投诉举报机制	北京市知识产权局

续表

目　　的	政　策　措　施	政　策　出　处
鼓励创新	北京市政府设立知识产权发展和保护资金，用于鼓励本市组织和个人取得自主知识产权。对具有市场前景的专利技术实施项目，可一次性给予一定的专利实施资金支持	《北京市关于进一步促进高新技术产业发展的若干规定》（京政发[2001]38号）第2条
	研发机构研发拥有发明、实用新型专利的共性技术、安全技术项目，经北京市科委核实，可给予一定量的科技经费支持	《北京市鼓励在京设立科技研究开发机构的规定》（京政发[2002]23号）第16条
	北京市知识产权局与被批准使用专利实施资金的单位签订"北京市专利实施项目合同书"，并给予资金支持	《北京市专利实施资金管理办法》（京知局[2001]44号）第10条
	鼓励研发机构在京申请国内外专利，北京市知识产权局可给予一定的专利申请费和专利维持费补贴	《北京市鼓励在京设立科技研究开发机构的规定》（京政发[2002]23号）第22条

北京市知识产权保护体系现阶段涉及主体较多（如图4-1所示）。其中，北京市知识产权办公会议制度的建立，加强了部门间合作，明确了各部门职责，实行了定期通报制度和知识产权争议应急预案。

除建立前述知识产权保护体系外，北京市还采取了一系列相关措施。例如，建立中关村国家知识产权制度示范园区，开展政策和制度示范推广；构建正版销售体系，净化知识产权保护环境，由北京市版权局负责，在全市开展"正版产品销售示范单位"认定工作等；建立知识产权中介服务体系，加强知识产权人才队伍建设，宣传工作等都取得了一定成绩。

2003年10月，国家知识产权局和北京市政府联合建立了"中关村国家知识产权制度示范园区"。中关村知识产权促进局起草了《中关村国家知识产权示范园区知识产权促进办法》，推动了中关村"专利引擎"计划，组建了中关村高校知识产权产业联盟，并分别与中国人民财产保险股份有限公司深圳市分公司和上海浦东发展银行北京分行签订了"知保"、"知银"协议，推动了园区企事业单位的知识产权管理，激发了园区内单位申请国外专利的积极性，促进了园区内专利技术的产业化。

北京市的知识产权中介服务体系逐步完善。专利、商标、版权等知识产权中介服务机构进一步发展。截至2005年，北京市专利代理机构130家，约占全国专利代理机构总数 1/4 以上；商标代理机构 483 家，是未放开代理机构登记前的 13 倍。为加强行业自律，2003 年 4 月，成立了"北京市专利代理惩戒委员会"，接受专利申请人的投诉，对专利代理机构依法进行管理。北京市专利、商标、版权等知识产权人才队伍不断发展壮大。其中在岗专利人才约 1 000 余人，具有专利代理人证书的人员约 1 400 余人。

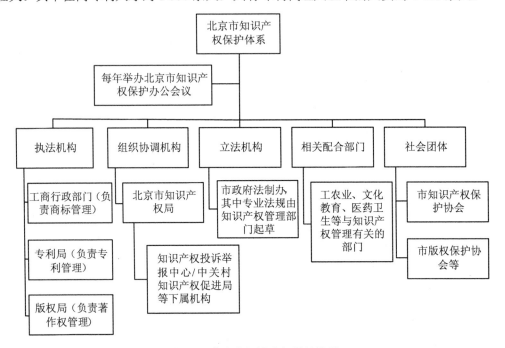

图 4-1　北京市知识产权保护体系

六、人才政策

1. 人才政策环境及其对高新技术企业成长的作用

高新技术产业是技术及知识密集型企业，其创立、运行、成长等皆需要高密集的人才支持。不仅需要技术型人才，还需要人力资源、财务、制造、营销、战略等方面的管理人才。因此，高质量的人才是高新技术企业成长的核心要素之一。企业能否吸引并留住人才，一是有赖于企业的事业发展及其前景和内部激励机制；二是有赖于政府的人才政策，特别是地方、地域，甚至社区政府的人才政策。可见，政府涉及高新技术企业的人才政策对于高新技术企业的成长具有十分重要的作用和意义。

2. 北京市针对高新技术企业的人才政策情况

自有北京海淀高新技术产业试验区以来，为促进高新技术企业的创立和成长，北京市制定了一系列相关人才政策，涉及人才培养和教育、提高科技人员待遇、科技奖励、鼓励人才流动、职务晋升、户口制度等六个方面，这些政策对北京市高新技术企业吸引、用好、培养并留住人才等起到了很好的作用（见表4-9）。

表4-9　北京市有关高新技术企业的人才政策列表

政策措施	措施主要内容
人才培养与教育	制定科技新星计划，培训、资助科研人才和科技人员。市政府每年制定高新技术企业高级经营管理人员和技术骨干培训计划，并委托有关高校或机构组织实施
提高科技人员待遇	研发机构中的高级管理人员在本市首次购买商品住房，符合有关规定的，可申请按其本人上年已纳个人所得税数额的一定比例给予奖励
	采取必要措施，逐步提高科技人员的普遍待遇，对有突出贡献的科技人员发放政府特殊津贴
鼓励人才流动	鼓励留学人员携带科技成果来本市进行高新技术产品开发和生产，开设"绿色通道"，采取来去自由的管理政策，并在职称确认、特聘岗位、津贴领取等方面提供便捷服务
	鼓励高等院校、科研机构的专业技术人员创办具有自主知识产权的高新技术企业，兼职从事研究开发及成果转化活动
科技奖励	科研机构、高等学校转化职务科技成果，应当依法对研发该项科技成果的职务科技成果完成人和为成果转化做出重要贡献的其他人员给予奖励
	对企业发展有突出贡献的科技人员和经营管理人员可实施股权奖励
	安排专项资金，用于软件企业高级管理人员和技术人员兴办高新技术企业或增加本企业资本金投入，以及个人第一次购买住房、轿车的资金补助
	对高新技术成果完成人和从事成果产业化的科技人员、管理人员的奖励和股权收益，用于再投入高新技术产业化项目的，免征个人所得税
	对在高新技术产业化中做出重大贡献的专业技术人员和管理人员，市政府授予荣誉称号
职称晋升	在中关村地区建立社会化的专业技术职务评审制度。鼓励高等院校、科研机构根据教学、科研工作需要，实行专兼职相结合的用人办法，设立面向企业创新人才的客座教授、研究员岗位，选聘企业高级专家担任兼职教授或研究员
户口制度	对经市政府认定的高新技术企业和高新技术成果产业项目所需的外省专业技术和管理人才，经批准给予工作居住证，享有北京市民待遇；三年后符合条件的办理户口进京手续

七、区位环境建设和政府服务质量

1. 区位环境建设

在本项研究中，区位环境建设泛指高新技术企业所在区域的地理条件、国土开发、基础设施、信息网络、社会服务、商业文化等方面因素。良好的区域环境是企业经营不可或缺的条件，其优劣与否与政府制定的政策、采取的措施等有着必然的联系。为优化高新技术企业成长的区位环境，我国各级政府在基础设施建设、孵化器建设、国土资源开发、信息网络建设、商业文化建设等方面，从政策和措施上做出了巨大努力。北京作为我国高新技术产业发展的首善区域，在高新技术企业成长的区域环境建设方面的努力是首屈一指的，如表 4-10 所示，在全国形成示范效应的主要有三个方面。

表 4-10　北京市有关高新技术企业区位环境建设的政策分类列表

政 策 类 别	政 策 内 容
孵化器建设	建设中关村科技园区内外的科技企业孵化器，划拨财政资金对在孵企业实行税收、项目贴息、投资和补助拨款等支持
	建设清华科技园等大学科技园，孵化新创企业，建设中关村永丰产业基地等专业产业化基地
	支持建设创业孵育协会，加强企业孵化器与科研机构、中介服务机构、风险投资机构等的联系，协调各方面工作、举办各种培训、提供信息服务
	孵育协会组织各孵化器周围的服务机构，为孵化企业提供渠道资源，组织对外交流和孵化培训，同时促进企业间的交流
	制定孵化器评价指标体系，从实力和绩效两方面对孵化器进行评测
信息网络支持	提供高新技术企业信息网络支持，建立科技服务信息资源共享的服务平台，整合政府部门、企业、科研院所、高校和信息分析机构的信息资源
	建立和完善科技中介服务网络体系，集成科技服务资源
土地政策优惠	高新技术企业用于"经认定的重大高新技术成果转化项目"的新增用地，免征土地使用权出让金及城市基础设施"四源费"，减半征收市政公用设施建设费
	对外地企业和机构在京设立的研发机构，优先安排建设用地，按重点工程用地优先办理手续，对用地项目应征收的管理费减半收取
	鼓励高校、科研机构、国内外企业和个人在京投资兴办软件企业，或兴建软件园，其建设项目所需用地，凡以出让方式取得土地使用权者，可免交土地出让金
	减免开发区工业用地部分税费。按 70%征收征地管理费和房屋拆迁管理费
	鼓励跨国公司地区总部在京设立研发机构与培训机构，优先办理立项、规划、可行性研究、登记、开工建设等事项，优先提供建设用地等

续表

政 策 类 别	政 策 内 容
基础设施建设	加强科技园区、专业化产业基地、孵化器机构的基础设施和配套环境建设
中介服务环境	政府设立专项资金，无偿资助科技中介机构。设立中介服务支持资金，资助中关村科技园区内注册的高新技术企业购买相关中介服务
	发展各类科技中介行业协会，鼓励建立行业联盟。鼓励相关行业协会推行执业资格认定制度，建立科技中介执业资格标准体系
	从事技术转移、科技咨询和投融资等服务的中介机构，可申请认定为北京市高新技术企业。在中关村园区内注册并经认定的中介机构，可享受国家级高新区内高新企业的相关优惠政策
	依托行业协会建立科技中介机构信誉评价体系。建立信誉评价信息发布和查询制度，使信誉监督管理社会化

一是率先在全国设立了国家级高新区。高新区本质上是一种新型的创新创业社区，具有独特的创新创业文化。1988 年，北京市率先在全国设立了"北京海淀高新技术产业试验区"，为高新技术企业创建了当时全国独一无二的创新创业社区环境。其后，又将该试验区扩大为"中关村科技园"，内含海淀、丰台、昌平、电子城和亦庄五个科技园，使得更大范围内的企业可以享受"开办之日起三年内免征所得税，第四至第六年减半征收所得税，第七年起按 15%税率征收所得税"等优惠政策，并可感受高新区独特的创新创业文化氛围。

二是高度专注于高新技术企业孵化器建设。北京作为"国家高新技术企业孵化器试点城市"之一，重点建设和完善"首都创业孵化体系"，逐渐呈现出孵化器、大学科技园、专业产业化基地等彼此衔接配套的态势。在各孵化器周围，还散布着各种中介服务机构。特别是大学科技园更靠近技术源头，更容易为创新创业者提供支持的孵化机构；专业产业化基地常常与同业创新创业集群结合。由此，孵化器建设为北京高新技术企业的成长起到了重要的促进作用。

三是高度集中于建设良好的中介服务环境。造就了一批具有较高专业素质的科技中介服务队伍，形成了社会化、网络化的科技中介服务体系，初步满足了企业创新和成果转化的服务需求。特别是 2007 年 1 月北京市科委颁布的《促进科技中介机构发展的若干意见》，对科技中介机构发展做出了全面部署，涉及对科技中介机构发展的资金支持、网络体系建设支持、信息网络支持以及行业协会的发展与自律等方面。

2. 政府服务质量

政府服务质量对于高新技术企业成长起着极为重要的作用。所谓政府服务质量，是指依照相关法律、法规及政府职能分工，政府为企业提供相关服务的效率和友善程度。政府服务效率影响着企业在政府机构办事的效率，后者又影响着企业的决策效率和运行效率，甚至影响着企业在特定区域、社区经营的商业成本；政府服务的友善程度，影响着企业选址或落户于某个区域、社区的决策行为，进而影响着企业对于特定区域、社区的忠诚度。

在高新技术企业成长过程中，通常需要政府在以下方面提供相关服务：一是企业登记、注册等方面的服务，这主要涉及工商、税务、统计等政府机构；二是产业投资批准（或核准、备案）、生产制造许可、产品促销与企业推广的广告发布等方面的服务，这主要涉及规划、计划、技术监督、工商、质检、环保等政府机构；三是争取政府公共资源支持方面的程序性服务，例如，企业争取国家火炬计划、中小企业创新基金、重大科技成果产业化示范计划等方面支持，需要政府职能部门或下属机构提供技术型审查、项目评审、招投标组织等方面的服务。可以说，只要在国家法律范围和政府职能范围之内，企业需要政府机构办理哪些事情，政府机构就应该提供哪些方面的服务。

常规而论，政府为企业提供的服务分为两种情况：一种情况是主动的服务，这多涉及政府公共资源支持，如政府相关部门或机构主动组织企业所申报的火炬计划、中小企业创新基金、重大科技成果产业化示范计划等方面项目的审查、评审等方面的服务；另一种情况是被动的服务，如企业根据自身需要，前往政府相关部门或机构办理企业登记注册、产业投资、生产制造许可、广告发布等方面的核准或审批事项。无论是主动服务，还是被动服务，都要求政府部门或机构既要有较高的服务效率，又要有友善的服务态度。这进一步要求政府机构分工明确，减少审批事项，简化办事程序，及时对企业的服务诉求做出回应。

改革开放以来，北京市在为高新技术企业服务方面主要开展了以下工作"一是在高新区设立具有现代气息的办事机构。这些机构可能与区外政府的名称相同，但其办事态度、办事效率等多数优于区外机构。此后，高新区外的市、区（县）政府机构也跟进改善了办事态度，提高了办事效率，为高新企业提供了快捷的政府服务。二是借助现代电子技术，建设网上办公系统，规范并简化了办事程序，且使企业足不出户就可"在政府办事"，这一创举甚至得到世界银行总部的肯定。故我们在调研中发现，不少在多处创办高新企业的人士认为，就地方政府机构办事的态度、效率、廉洁程度而言，北京是最好的。

八、政府有关政策的功能分类

1. 政府政策的功能分类

表4-1的政策分类，将政府促进高新技术企业成长的政策分为财税、贸易、金融、知识产权、人才、政府服务质量、区位环境建设等七大类，大致地看，除后两类外，这基本是按政策源头（制定部门）和政策工具分类的。客观地看，如果能根据政策的功能对政府相关政策进行分类，将有助于我们进一步认识这些政策对于高新技术企业成长的作用。

在本项研究中，政策功能是指具体政策所发挥的特定功效和作用。从这一基本概念出发，我们可以将政府相关政策分类为导向性政策、激励性政策、协调性政策、规制性政策和优化性政策五类。

其中，导向性政策是指政策制定者（政府，下文同）拟通过相关制度安排，引导政策承受者（企业或创新创业者，下文同）去做政府希望的事情，而不要做政府不希望做的事情，以求最终使事物朝着政策制定者期望的方向发展。例如，为引导企业在生产经营中保护环境，政府颁布了相关法规和政策，对生产经营中保护环境的企业以奖励，对生产经营中污染环境的企业以惩罚。

激励性政策是政策制定者拟通过相关制度安排，给政策承受者以利益，以使政策承受者从"做政府赞许的事情"中获益，从而更多地去做政府赞许的事情。例如，为激励创新创业者建立高新技术企业，政府赋予高新技术企业以"开办之日起三年内免征所得税，第四至第六年减半征收所得税，第七年起按15%税率征收所得税"的税收优惠政策。

协调性政策是指政策制定者拟通过相关制度安排，协调较多的政策承受者的利益关系，以促使利益相关者以相互认同、相互协调的、政府希望的方式做事，使事物朝着政府希望的方向发展。例如，政府关于协调企业中劳资关系的法规与政策，就是为了使劳资双方的关系处于协调、和谐的状态，从而使企业和社会都更为理性、和谐地运行和发展。

规制性政策是指政策制定者拟通过相关的制度安排，规范政策承受者做事的范围和方式，以使市场和社会以某种规范有序地运行。典型的是《反垄断法》，政策制定者就是希望通过该法，规范企业的市场行为，鼓励适度竞争，限制过度垄断。

优化性政策是指政策制定者拟通过相关制度安排，优化政策承受者的行为，进而促使事物发展的态势朝着政府认为的"最佳"方向发展。典型的是政府关于高新区建设的相关政策，目的都在于优化高新技术企业创新和成长的社区环境。

需要说明的是，现实中我们并非一定能简单地将政府某项政策归之于前述某一分类，因为特定的政策往往同时有多个目的、多种功能。例如，激励性政策、规制性政策都可能会与导向性政策交叉；或者是在具体政策文本中，导向性政策条款中包含了激励性政策或规制性政策的意思。再如，规制性政策往往有着协调性政策或优化性政策的涵义，因为通过规制性政策规范了相关事项，即有可能协调或优化相关事项或政策承受者的行为。基于前述，如果要给出基于功能的政策分类之间的关系，大致会有图 4-2 所示的政策功能类别间的关系。

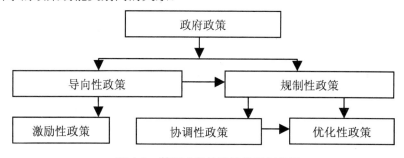

图 4-2　基于功能的政策类别间关系

由图 4-2 可以进一步看出，现实中我们事实上很难对某一政策进行绝对的功能分类。但作为政策研究和评价之需，我们又需要对具体政策进行功能分类。这就是政策实践与政策研究的矛盾之所在，更是政策评价及研究的难点之一。

2. 与高新企业成长相关的政策功能分类

基于前述观点，我们可对北京市现有与高新技术企业成长相关的政策进行"功能分类"，即对前面相关表格中罗列的政策进行功能分类（见表 4-11）。其中，对具有两种或多种功能的政策，这里以其主要功能为主进行分类。

表 4-11 北京市现有政策的功能分类列表

单位：项

政　　策	激励性政策	导向性政策	协调性政策	规制性政策	优化性政策	合　　计
财税政策	15	9	0	0	0	24
金融政策	2	5	2	1	1	11
贸易政策	4	0	6	4	3	17
知识产权政策	1	3	0	1	1	6
人才政策	8	4	0	1	1	14
区位环境建设与政府服务质量	6	5	7	3	1	22
合计	36	26	15	10	7	94

由表 4-11 不难看出，从数量上看，北京市促进高新技术企业成长的政策总体上是以激励性政策、导向性政策为主的，分别占政策总数的 38.3%和 27.7%，两者合计占66%；相对而言，协调性政策、规制性政策和优化性政策的比重较小。究其原因，不外乎是政府更多地希望通过激励和导向来推拉高新技术企业更好更快地成长，但这也说明政府在政策设计上存在不同功能的政策在比例上的不平衡性。至于这种情况是否合理，可能还需要进行进一步的研究。如将按政策源头分类与按政策功能分类结合起来考察，则有如图 4-3 所示的分布。

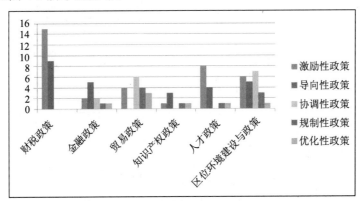

图 4-3 将按政策源头分类与按政策功能分类结合考察北京市的相关政策

由图 4-3 可以看出，财税政策以激励性为主，基本是激励性加导向性；金融政策主要是导向性的；贸易政策以协调性为主，兼有激励性和规制性；知识产权政策是以导向性为主的；人才政策是以激励性为主的，兼有导向性；区位环境建设和政府服务质量方面的政策兼有协调性、激励性、导向性、规制性等多种功能。

第四节　北京高新技术企业成长的政策环境的总体分析

一、调查方法和问卷设计

前述相关部分对北京市高新技术企业成长的政策环境进行了初步梳理和评述，本部分基于现场访谈和问卷调查，进一步分析北京市现行政策对高新技术企业成长的影响，并对各类政策因素的重要性和完善度进行评价，以求为进一步提出相关政策建议提供依据。

问卷调查是这部分研究的基本工具，基本设计思想与结构如图4-4所示。

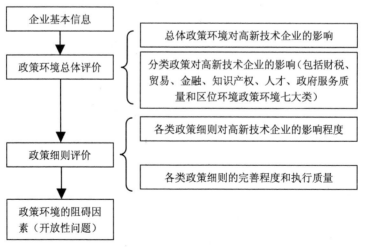

图4-4　调查问卷设计

我们采取了现场访谈和问卷调查相结合的调查方法。其中，访谈对象基本是高新技术企业的高层管理者，访谈的目的是概括性了解北京的政策环境对高新技术企业成长的影响，现行政策环境存在的主要问题，以及被访谈人员对相关政策的轮廓性看法与评价。问卷调查的对象主要是高新技术企业的中层及中层以上级别管理人员，目的是深入全面了解各项政策的实际效果及存在的缺憾。

调查问卷主要内容见书后附录。其中，各政策细则共包含 37 项具体政策，是从前文列出的七类政策的全部细则中，通过文献研究筛选出来的实施范围广泛的相关政策。

本次研究对 100 家高新技术企业进行了问卷调查，其中 77 家企业的答卷有效，占调查总数的 77%。调查样本中，如按行业划分（依据国家高新技术行业分类），电子信息行业的企业样本占总体的 74%，航空航天企业样本占 6%，制造业及自动化企业样本占 6%，其余为其他行业。如按企业性质划分，国有及集体所有制企业样本占 18%，外资企业样本占 32%，民营企业样本占 50%。如按企业成长的阶段性划分，初创阶段的企业样本占 23%，成长阶段的企业样本占 35%，扩张阶段（含二次创业）的企业样本占 23%，成熟阶段的企业样本占 19%。

二、政策环境的总体评价

在就政府所有相关政策对于北京市高新企业成长的影响进行调查的基础上，课题组进行了统计分析。统计分析结果显示，样本均值为 5.3，标准差为 1.49。这说明北京市相关政策对于高新技术企业成长有着较大的影响，且绩效比较明显。我们试图分析政府政策的总体影响对不同类型企业是否存在差异，故分别根据样本的企业性质和成长阶段对该项统计结果进行了单因素方差分析（由于绝大部分样本集中在电子信息行业，故未就行业进行方差分析）。就企业所有制性质进行分析，统计结果显示，F 值小于 F criteria，即政府政策的总体影响对不同性质的企业存在显著差异。这说明，政府政策对企业成长的影响对于不同所有制企业的效用不同，具体而言，政府政策对国有及集体所有制企业的作用最大，对外资企业的作用次之，对民营企业的作用最小。统计分析结果如表 4-12 所示（由于三个样本组存在显著差异，故就两两分组进行二阶因素分析，结果显示三个样本组两两间均存在显著差异。具体分析不再赘述）。

不难看到，就政府政策的促进作用而言，民营企业相对国有企业处于弱势地位。由于缺少国有企业那样的资源及市场方面的优势，多数情况下民营企业没有与国有企业直接竞争的能力，或缺少直接竞争的环境。而问题恰恰在于，在高新技术产业中，民营企业的比例最大，活跃性和创造性也较强，其发展更需要得到政府的政策支持。

表 4-12　政府政策对不同所有制企业的影响的方差分析

方差分析：单因素方差分析（所有制性质）					
组	观 测 数	求 和	平 均	方 差	
国有、集体所有制企业	15	81	5.467 379	1.685 714	
外资企业	24	131	5.458 333	2.259 058	
民营企业	38	196	5.157 895	2.514 936	
差 异 源	SS	df	MS	F	P-value	F crit
组间	1.518 905	2	0.759 453	0.333 309	0.717 619	3.120 349
组内	168.611	74	2.278 527			
总计	170.1 299	76				

　　继续对不同成长阶段的企业进行方差分析（见表 4-13）。统计结果显示，F 值小于 F criteria，说明样本差异显著（但并不一定四个项目中的每两个都存在显著差异）。即政府政策的总体影响对于不同成长阶段的企业存在显著差异；且进一步分析显示，政府政策对初创企业成长的作用最大，对成长阶段企业成长的作用次之，对扩张阶段企业成长的作用排第三，对成熟阶段企业成长的作用最小。统计分析结果如表 4-13 所示（由于四个样本组存在显著差异，故两两分组进行二阶因素分析，结果显示四个样本组两两间均存在显著差异。具体分析不再赘述）。

表 4-13　政府政策对不同成长阶段的企业的影响的方差分析

方差分析：单因素方差分析（成长阶段）					
组	观 测 数	求 和	平 均	方 差	
初创阶段企业	18	106	5.888 889	2.222 222	
成长阶段企业	27	143	5.296 296	2.447 293	
扩张阶段企业	18	92	5.111 111	1.751 634	
成熟阶段企业	14	67	4.785 714	2.181 319	
差 异 源	SS	df	MS	F	P-value	F crit
组间	10.587 5 4	3	3.529 181	1.614 808	0.193 304	2.730 019
组内	159.542 3	73	2.185 511			
总计	170.129 9	76				

三、分类政策的重要性评价

　　为评价分类政策对高新技术企业成长的重要性和实际绩效，并揭示各类政策之间的关系，我们对调查问卷第一部分列举的七类政策（参见前文）进行了一阶因素分析。这一分析采用了 SPSS 统计软件包，选择主成分分析法（Principal Components），因子提取的原则是其特征值大于 1（Eigenvalues over 1）。统计分析结果如表 4-14 所示。信度分析（Reliability Statistics）结果显示，Alpha 值为 0.809，大于 0.6，说明该因素分析是可信的。

表 4-14A 政府政策总体环境的因素分析

Total Variance Explained						
Component	Initial Eigenvalues			Extraction Sums of Squared Loadings		
	Total	% of Variance	Cumulative %	Total	% of Variance	Cumulative %
1	3.327	47.528	47.528	3.327	47.528	47.528
2	1.021	14.586	62.114	1.021	14.586	62.114
3	0.755	10.783	72.897			
4	0.711	10.156	83.054			
5	0.554	7.912	90.966			
6	0.376	5.378	96.344			
7	0.256	3.656	100.000			

表 4-14B 政府政策总体环境的因素分析

Component Matrix(a)		
各 类 项 策	Component	
	1	2
财税政策	0.777	−0.147
贸易政策	0.632	−0.114
金融政策	0.685	−0.099
知识产权政策	0.704	0.448
人才政策	0.514	0.755
政府服务质量	0.726	−0.191
区位环境建设	0.754	−0.412

因素分析显示，因素 1（Component 1）在财税、贸易、金融、知识产权、政府服务质量和区位环境建设六个大类上有较高的载荷，因素 2（Component 2）在人才政策上具有高的载荷。这两个一阶因素方差的累积贡献率（Cumulative % of Variance）达到了 62.1%，能基本解释所调查政策项目的大部分变差。故可认为，它们是促进北京市高

新技术企业成长的基本政策环境因素。另一方面，从分类关系角度分析，不难看出，人才政策和非人才政策对企业成长的影响方式存在较大的差异。

从各类政策的绩效大小的角度分析，对因素 1 的解释从大到小依次为财税政策（0.777）、区位环境建设（0.754）、政府服务质量（0.726）、知识产权政策（0.704）、金融政策（0.685）、贸易政策（0.632）；对因素 2 的解释只有人才政策，且其解释度较强（0.755）。总体上看，对北京高新技术企业成长影响较大的是财税政策、区位环境政策、政府服务质量和人才政策；影响力较小的是金融政策和贸易政策。

具体来说，财税政策的内容丰富，从政策工具上分为所得税、增值税、营业税等多个种类，在作用对象上包括企业的研发、生产、销售等多个环节，且覆盖面广泛。财税政策的作用比较直接，具体表现为税收优惠，能够直接减轻企业的财务负担。且政府对高新技术企业的财税优惠政策已有较长时间，作用效果已充分凸显。这既是企业感受到的，也是不少政策评价研究所认同的。

区位环境建设政策主要包括科技园区建设和孵化器建设政策，这是北京市这方面政策的重点和亮点，以至于中关村科技园区及相关的孵化器成为全国各省市学习的榜样。这样的科技园区和孵化器不仅能为其中的高新技术企业营造良好的政策环境，而且有助于企业之间的相互激发与知识交流。在对一些典型企业的访谈中也发现，科技园区和孵化器的建设对北京高新技术企业的成长的确起到了较大的促进作用。

政府服务质量虽不是具体的政策，但其效率及友善程度对于政府其他政策能否有效发挥作用有着很大的影响，这也是企业十分关注的问题。假若行政审批程序冗长复杂，审批规则前后不一，监管部门交叉重叠，这都会给企业经营带来较大的"交易成本"，从而成为限制企业成长的重要因素。本次调研的统计分析结果，也恰恰验证了前述直观的判断。

相对而言，现阶段知识产权政策对于北京高新技术企业成长的作用并不十分明显。这一方面是由于政府这方面政策数量较少，提供的激励并不像财税政策那样丰富；另一方面，在对企业的访谈中也发现，目前企业在运用知识产权领域的法律、法规、政策方面的主动性和能力较差，不能很好地运用专利等知识产权领域的法律手段来利用和维护自身的知识产权资源。

贸易政策的实际效果不够显著，这主要是因为涉及进出口贸易的高新技术企业并不是很多，甚至可以说较少。这些企业的产品销售并不主要依靠出口，由此便使政府贸易政策实际发挥作用的空间较小。

常规地看，金融政策对高新技术企业的成长本应很重要。但本次调研及分析却发现，目前该类政策对北京市高新技术企业成长的实际影响较小。究其原因，调查发现，这是因为目前北京的资本市场还不发达，高新技术企业的融资渠道仍然不多，使得企业很难从政府提供的金融政策中获益。特别是，由于商业信用体系不健全，导致商业银行的信贷业务很难倾心于亟需资金支持的高新技术中小企业；由于我国的风险投资体系建设时间不长，风险投资的投入有着过多的投机性，且退出机制不完善，这就使得风险投资对北京市高新技术企业成长的助推作用还极为有限。

四、各类政策的执行质量评价

为进一步分析各类政策的绩效差异及其成因，特别是揭示如果某类政策确有某些绩效，那究竟是政策设计的原因，还是政策执行环节的原因，我们对调查问卷相关部分进行了进一步分析，如表 4-15 所示。

表 4-15　分类政策执行质量的方差分析

方差分析：单因素方差分析（执行质量）					
组	观 测 数	求 和	平 均	方 差	
财税政策	10	40.382	4.038 181 82	0.051 01	
贸易政策	5	21.039	4.207 792 21	0.007 57	
金融政策	4	14.836	3.709 090 91	0.066 38	
知识产权政策	2	9.246 8	4.623 376 62	0.378 56	
人才政策	5	19.027	3.805 454 55	0.014 35	
政府服务质量	7	26.896	3.842 300 56	0.028 25	
区位环境政策	4	16.999	4.249 786 4	0.070 8	
差 异 源	SS	df	MS	F	P-value	F crit
组间	1.954	6	0.325 692 97	6.486 52	0.000 182 2	2.420 523
组内	1.506	30	0.050 210 76			
总计	3.46	36				

表 4-15 中，基于问卷的第三部分，我们在对 37 个政策细类的完善程度和执行质量进行考察的基础上，对两项评价结果（以平均值作为政策完善程度和执行程度的综合测量指标）的均值进行了"单因素方差分析"，以求发现七大类政策在执行质量上是否存在显著的差异。

统计分析发现：F 值小于 F criteria，这说明七类政策之间不存在显著差异的项目，即不同类型政策的执行情况基本相似。由此可以认为，政策执行质量不是各类政策绩效差异的主要原因。换言之，各类政策的绩效差异主要是政策设计环节造成的。

由于各大类政策之间的差异并不显著，我们又选取所有样本的均值作为政策综合执行质量的测量指标，测算出的均值是 4.01。这说明，总体来看，北京市关于高新技术企业成长的政策的执行质量总体上处于一般水平，还存在较大的改善空间。

五、对部分政策细项的评价

通过前文分析可以发现，总体上看，财税政策、区位环境政策、政府服务质量和人才政策四者对北京市高新技术企业成长的影响较大，故这里主要对这四类政策进行进一步的分析评价。基本方法是通过二阶因素分析，找出究竟是哪些具体的政策使得某类政策对于北京市高新技术企业成长的影响较大。

1. 财税政策细项评价

这里首先对财税政策各细项进行因素分析（见表 4-16）。这一细项因素分析显示，因素 1（Component 1）在项目 2～10 上有高或较高的载荷；因素 2（Component 2）在项目 1 上具有高载荷。这三个"一阶因素方差"的累积贡献率（Cumulative % of Variance）达到了 68.0%，能基本解释测量项目的大部分变差。据此可以认为，它们是促进北京高新技术企业成长的主要财税政策因素。

表 4-16A 财税细项政策因素分析

Component	Initial Eigenvalues			Extraction Sums of Squared Loadings		
	Total	% of Variance	Cumulative %	Total	% of Variance	Cumulative %
1	4.532	45.320	45.320	4.532	45.320	45.320
2	1.232	12.319	57.639	1.232	12.319	57.639
3	1.039	10.395	68.034	1.039	10.395	68.034
4	0.747	7.472	75.506			
5	0.640	6.396	81.902			
6	0.560	5.604	87.506			
7	0.497	4.969	92.475			
8	0.331	3.309	95.784			
9	0.231	2.308	98.092			
10	0.191	1.908	100.000			

Total Variance Explained（表头居中跨列）

表 4-16B　财税细项政策因素分析

Component Matrix(a)

各 项 政 策	Component		
	1	2	3
1. 给予研发人员以个人所得税优惠	0.271	0.645	0.558
2. 给予新技术和新产品开发的单位以税收优惠	0.780	0.147	0.183
3. 促进企业技术设备加速折旧的税收优惠	0.560	0.414	-0.342
4. 鼓励企业引进和使用新技术或先进技术的税收优惠	0.747	0.235	-0.449
5. 鼓励技术转让、咨询、服务和培训的税收优惠	0.687	0.369	-0.216
6. 政府优先采购本土企业高新技术产品	0.597	-0.338	-0.303
7. 政府设立技术创新资金，支持企业科技成果转化	0.771	-0.293	0.064
8. 政府设立科技三项费用，支持民营科技企业的项目开发	0.718	-0.343	0.342
9. 开发区内资企业财政返还	0.768	-0.072	0.342
10. 研发项目被列入政府计划、获得政府支持	0.671	-0.330	0.006

从各因素绩效大小的角度分析，对因素 1 的解释度从大到小依次为：项目 2（0.780）、项目 7（0.771）、项目 9（0.768）、项目 4（0.747）、项目 8（0.718）、项目 5（0.687）、项目 10（0.671）、项目 6（0.597）、项目 3（0.560）；对于因素 2 的解释只有项目 1。

可以据此判断，各项政策的绩效（不同因素之间不具备可比性）为：对新技术产品的税收优惠、政府支持科技成果转化的创新资金、开发区内的税收返还、引进先进技术的税收优惠和科技三项费用对财税政策的绩效贡献较大。同时，政府采购被认为影响较小，故客观上要求政府今后要加大政府采购对高新技术企业的扶持作用。另外，信度分析（Reliability Statistics）的结果显示，Alpha 值为 0.869，大于 0.6，说明这里的因素分析是可信的。

2. 区位环境政策细项评价

对区位环境政策细项进行因素分析，结果只划分出一类因素，这说明四个政策细项的作用方式基本相同。如表 4-17 所示，四个"一阶因素方差"的累积贡献率（Cumulative % of Variance）达到了 65.7%，能基本解释所测量项目的大部分变差。据此可以认为，它们是促进北京高新技术企业成长的区位环境政策因素。

表 4-17A　区位环境细项政策因素分析

Total Variance Explained

Component	Initial Eigenvalues			Extraction Sums of Squared Loadings		
	Total	% of Variance	Cumulative %	Total	% of Variance	Cumulative %
1	2.629	65.725	65.725	2.629	65.725	65.725
2	0.620	15.489	81.213			
3	0.432	10.793	92.006			
4	0.320	7.994	100.000			

表 4-17B　区位环境细项政策因素分析

Component Matrix(a)

各 项 政 策	Component
	1
1. 科技产业园区建设及相关用地支持	0.846
2. 信息网络支持	0.823
3. 基础设施建设（交通、物流、市政、能源等）	0.808
4. 鼓励行业协会的建设和发展	0.764

　　为区分各项因素的绩效大小，依照对因素 1 的解释度从大到小排序，可以得到各项政策的绩效排名（对因素分析的结果做简单排序，见表 4-17B）。由表 4-17B 可见，科技园区建设对高新技术企业成长的作用最大，信息网络建设的作用其次，基础设施建设作用排第三；鼓励行业协会建设与发展的作用最小。

　　直观地看，北京市促进高新技术企业成长的区位环境建设政策以加强科技园区和孵化器建设为重要特色。前述分析结果也证实了科技园区和孵化器建设对高新技术企业成长确实有着较大的作用。另外，信度分析（Reliability Statistics）的结果显示，Alpha 值为 0.840，大于 0.6，说明这里的因素分析是可信的。

3. 政府服务质量细项评价

　　这里的细项因素分析同样只划分出一个因素，说明七个政策细项的作用方式基本相同。这七个"一阶因素方差"的累积贡献率（Cumulative % of Variance）达到了 58.8%，能基本解释所测量项目的大部分变差，故可认为它们是促进北京高新技术企业成长的政府服务质量因素，如表 4-18 所示。

表 4-18A　政府服务质量细项因素分析

Component	Initial Eigenvalues			Extraction Sums of Squared Loadings		
	Total	% of Variance	Cumulative %	Total	% of Variance	Cumulative %
1	4.114	58.771	58.771	4.114	58.771	58.771
2	0.795	11.360	70.131			
3	0.583	8.332	78.463			
4	0.534	7.630	86.093			
5	0.454	6.479	92.572			
6	0.302	4.317	96.889			
7	0.218	3.111	100.000			

Total Variance Explained

表 4-18B　政府服务质量细项因素分析

Component Matrix(a)

各 项 政 策	Component
	1
1. 监管部门权责明晰，分工明确（工商、技术监督、质检、环保等部门）	0.865
2. 维护市场公平竞争秩序	0.827
3. 相关政策稳定性、统一性	0.816
4. 减少国家行政干预	0.740
5. 建设政府与企业之间交流的平台	0.717
6. 对企业日常经营减少政府干预	0.713
7. 精简行政审批手续	0.667

　　为进一步区分七个因素的作用（绩效）大小，依照对于因素 1 的解释度从大到小排序，我们得到了各项政策的绩效排名，如表 4-18B 所示。由表 4-18B 还可发现，影响最大的是政策执行过程中各个监管部门能否权责明晰、分工明确；反之，"谁都管，谁都不管"的情况的负面影响较大。这是困扰政府办事效率提高、相应降低企业运行效率的主要问题。此外，较为重要的影响因素还有政策的稳定性、统一性和维护市场公平竞争秩序。前者是指针对同一问题所制定的各种政策要相互一致，不能前后矛盾。后者指政府应该充分发挥监管者的作用，建设并维护良好的市场经济秩序。

　　总体上看，企业对政府服务质量最为关注的是提供一种简捷而便利的政府办事方式与监管环境，减少效率低下的交叉办事和监管程序，减少政策前后不一致的矛盾现象。另外，信度分析（Reliability Statistics）结果显示，Alpha 值为 0.877，大于 0.6，说明这一因素分析是可信的。

4. 人才政策细项评价

如表 4-19 所示，这里的细项因素分析也只划分出一个因素，说明五个政策细项的作用方式基本相同。这五个"一阶因素方差"的累积贡献率（Cumulative % of Variance）达到了 55.6%，能解释所测量细项的大部分变差。故可以认为，它们是影响北京市高新技术企业成长的主要人才政策因素。

表 4-19A　人才政策细项因素分析

Total Variance Explained						
Component	Initial Eigenvalues			Extraction Sums of Squared Loadings		
	Total	% of Variance	Cumulative %	Total	% of Variance	Cumulative %
1	2.778	55.555	55.555	2.778	55.555	55.555
2	0.735	14.695	70.251			
3	0.643	12.855	83.105			
4	0.553	11.050	94.156			
5	0.292	5.844	100.000			

表 4-19B　人才政策细项因素分析

Component Matrix(a)	
各 项 政 策	Component
	1
1. 允许科技人员、研发机构以高新技术成果出资入股企业	0.816
2. 对企业引进外省科技人才和留学人员提供户籍政策优惠	0.813
3. 提高科技人员待遇	0.711
4. 政府奖励有突出贡献的科技人员	0.708
5. 为科技人才合理流动创造条件	0.666

为进一步区分各细项因素的作用（即绩效）大小，我们依照对于因素 1 的解释度从大到小排序，得到各个细项政策的绩效排名，如表 4-19B 所示。由此表可以发现，允许以技术出资入股的激励方式对于企业成长的作用最大。这项政策引入了产权制度变革，保护了科技人才和科研机构的利益，对促进高新技术企业成长的意义重大。同时，户籍政策改革对于企业成长的影响也较大，它为科技人才合理流动创造了条件，使得企业所需的人才能够及时得到补充。另外，提高科技人员待遇、对科技人员实施奖励做得如何，对于企业成长也有一定程度的影响。这部分的信度分析（Reliability Statistics）结果是，Alpha 值为 0.792，大于 0.6，说明这部分的因素分析也是可信的。

第五节　初步结论与建议

一、政策环境评价的初步结论

第一，北京市高新技术企业成长的政策体系演变可分为三个阶段。1985—1988年是该政策体系的创立阶段；1989—1998年是该政策体系的调整阶段；1999—2003年是该政策体系的完善阶段。可把目前北京高新技术企业成长的政策环境分为七大类，即财税政策、贸易政策、金融政策、知识产权政策、人才政策、提高政府服务质量与区位环境建设政策。

第二，自有高新区以来，北京市一直通过相关财税政策来促进高新技术企业成长，涉及税收优惠、财政补贴、政府采购等方面政策。北京市现行与高新技术企业成长相关的贸易政策可"按目的"分为两类，即进口保护政策和出口鼓励政策。这类政策对高新技术企业成长至少有两大作用："鼓励类贸易政策"有助于增强高新技术企业的自主创新能力，特别是新产品开发能力和国际市场开拓能力；"限制类贸易政策"有助于为高新技术企业创造市场机会，从而增加企业实现产品价值的机会。北京市在营造促进高新技术企业成长的融资环境方面出台了不少有价值的金融政策，这主要体现在政府融资担保、银行信贷环境、风险投资环境、信用体系建设等方面。在国家层面不断完善知识产权制度的基础上，北京市的知识产权法规及政策体系也在逐步完善中，基本形成了地方层面较为完善的知识产权管理体系。仅就行政措施而言，大致可分为权利保护与鼓励创新两大类；以及建立中关村国家知识产权制度示范园区，开展政策和制度示范推广，构建正版销售体系，净化知识产权保护环境，开展"正版产品销售示范单位"认定工作，完善知识产权中介服务体系等。为促进高新技术企业的创立和成长，北京市制定了一系列相关的人才政策，涉及人才培养和教育、提高科技人员待遇、科技奖励、鼓励人才流动、职务晋升、户口制度等六个方面，这些政策对北京市高新技术企业吸引人才、用好人才、培养人才、留住人才等起到了很好的作用。为优化高新技术企业成长的区位环境，北京市在基础设施建设、孵化器建设、国土资源开发、信息网络建设、周边商业文化建设等方面，从政策和措施上做出了巨大努力。其中，区域环境建设集中于三个领域，即率先在全国设立国家级高新区，高度专注于高新技术企业孵化器建设与良好的中介服务体系建设。在提高政府机构服务质量方面，主要是在高新区设立具有现代气息的办事机构，为高新企业提供便捷的政府服务；借助现代电子技术，建设网上办公系统，规范并简化办事程序，使企业足不出户就可"在政府办事"。

第三，根据政策功能对政府相关政策进行分类，有助于进一步认识这些政策对于高新技术企业成长的作用。可将政府相关政策分类为导向性政策、激励性政策、协调性政策、规制性政策和优化性政策五类。北京市促进高新技术企业成长的政策总体上是以激励性政策、导向性政策为主的，两者分别占政策总数的38.3%和27.7%，合计占66%；相对而言，协调性政策、规制性政策和优化性政策的比重较小。例如，将按政策源头分类与按政策功能分类结合起来进行考察，则发现目前财税政策以激励性为主，基本是激励性加导向性的；金融政策主要是导向性的；贸易政策以协调性为主，兼有激励性和规制性；知识产权政策是以导向性为主的；人才政策是以激励性为主的，兼有导向性；区位环境建设和政府服务质量方面的政策兼有协调性、激励性、导向性、规制性等多种功能。

第四，基于现场访谈和问卷调查，分析北京市现行政策环境对高新技术企业成长的总体影响。发现北京市相关政策对高新技术企业成长有较大的影响，且绩效比较明显；就企业所有制性质进行分析，政府政策的总体影响对不同性质的企业存在着显著的差异，其中政府政策对国有及集体所有制企业的作用最大，对外资企业的作用次之，对民营企业的作用最小；对不同成长阶段的企业进行分析发现，政府政策的总体影响对于不同成长阶段的企业也存在着显著的差异，特别是对初创企业成长的作用最大，对成长阶段企业的作用次之，对扩张阶段企业的作用又次之，对成熟阶段企业的作用最小。

第五，在问卷调查基础上，再来分析各类政策的影响。从政策设计上看，对高新技术企业成长影响较大的主要是财税政策、区位环境政策、政府服务质量和人才政策；影响较小的是金融政策和贸易政策；相对而言，现阶段知识产权政策对于高新技术企业成长的作用并不十分明显。从政策执行上看，七类政策之间不存在显著的差异，即不同类型政策的执行情况基本相似，执行情况不是各类政策绩效不同的主要原因。

第六，对四类作用较大的政策（即财税、区位环境建设、政府服务质量和人才政策）中的细项进行进一步分析，发现在财税政策中，对新技术产品的税收优惠、政府支持科技成果转化的创新资金、开发区内的税收返还、引进先进技术的税收优惠、科技三项费用等政策对财税政策的绩效贡献较大，而政府采购的绩效贡献较小。在区位环境建设政策中，科技园区建设对高新技术企业成长的作用最大，信息网络建设的作用其次，基础设施建设的作用排第三，行业协会的作用较小。在提升政府服务质量方面，作用最大的是政策执行过程中各个监管部门能否权责明晰、分工明确；较为重要的是政策的稳定性、统一性和维护市场公平竞争秩序。在人才政策中，以技术出资入股的激励方式对企业成长的作用最大，户籍政策变革对企业成长的作用较大，提高科技人员待遇及对科技人员实施奖励两者对企业成长也有一定程度的作用。

二、现阶段相关政策调整建议

要为北京市高新技术企业营造更好的成长环境，在中央政府进一步完善、优化相关政策的同时，北京市政府也有必要从以下两方面进一步完善、优化高新技术企业成长的政策环境。

第一，鉴于目前北京市促进高新技术企业成长的政策总体上是以激励性、导向性政策为主的，而协调性、规制性和优化性政策比重较小。故现阶段在政策设计上，北京市有必要加强设计和出台更多协调性、规制性和优化性政策。特别是在财税政策和金融政策方面，要强化协调性和优化性政策设计；在贸易政策、知识产权政策和人才政策方面，要强化规制性政策设计；在区位环境建设和提升政府服务质量方面，要强化优化性政策设计。目前北京相关政策对不同性质企业的作用存在显著差异，对不同成长阶段企业的作用也存在显著差异，因此，今后北京市设计相关政策，应特别注意具体政策对于民营高新技术企业的指向性；应特别关注对处于成长阶段和扩张阶段高新技术企业的扶持作用。有必要对企业根据所处的成长阶段进行分类，进而从财税、金融政策上更大力度地扶持处于成长阶段和扩张阶段的高新技术企业，以促其尽快做大做强。

第二，鉴于在七大类相关政策中，目前对高新技术企业成长的作用较小的是金融政策和贸易政策，知识产权政策的作用也不明显。因此，今后北京市需要进一步细化、优化相关政策的设计。具体而言，鉴于在对高新技术企业成长影响较大的财税政策中，对新技术产品的税收优惠、政府支持科技成果转化的创新资金、开发区内的税收返还、引进先进技术的税收优惠、科技三项费用等政策等对财税政策的作用较大，今后至少应使这些政策在一段时间内"保持不变"。鉴于政府采购的作用较小，今后有必要进一步出台更有利于本土资本高新技术企业在政府采购中中标的相关政策。鉴于在对高新技术企业成长影响较大的区位环境建设中，基础设施建设和行业协会的作用较小，今后北京市有必要出台更有助于高新技术企业在京创立、成长的基础设施建设政策，同时应进一步出台有助于行业协会发挥作用的政策。特别是，要鼓励同行企业自愿组织行业协会，使行业协会走出"准政府组织"的阴影。在政府服务质量方面，各个监管部门能否权责明晰、分工明确，政策的稳定性、统一性和维护市场公平竞争秩序等对企业成长皆有一定影响，故今后北京市有必要在这些方面做出进一步的改进。在人才政策大类中，则有必要进一步调整户籍政策和对科技人员的奖励政策，以加大这些方面的政策对创新创业者的激励力度。

第五章　北京市留学人员高新技术企业成长的政策环境评估

本章导读

留学人员企业是北京市高新技术企业的重要组成部分。本章叙述了留学人员企业政策环境概况，分析了留学人员企业成长的实际政策环境情况，着重调查了政府各类政策对留学人员企业成长的影响，同时通过开放性问题调查了企业更为个性化的政策需求。本章的研究认为，总体而言，贸易政策目前对留学人员企业成长影响不大，但其他各类政策对留学人员企业成长皆有较大影响。本报告就进一步优化留学人员企业成长的政策环境提出了相应建议。认为为持续完善和优化促进留学人员企业成长的相关政策，北京市需要在六个方面付诸相应的政策努力。

第一节　引　　言

一、问题与对象

留学归国人员创办的企业（以下简称"留学人员企业"）是北京市高新技术企业的重要组成部分，是高新技术企业中更具生机的一支队伍。自 20 世纪 90 年代中后期以来，改革开放后出国留学的一批中国学者，怀揣爱国热情，带着国外的先进技术和管理经验归国创业。高新技术产业是他们首选的行业，北京是他们首选的创业区域。

留学人员企业有两个重要特点：一是他们结合本土资源自行研发了不少具有自主知识产权的世界一流的产品或技术，一批如中星微、百度、搜狐、空中网等留学人员企业在各自专业领域取得了极大成功。二是他们对于政策环境有着高于其他高新技术企业的敏感性，政府政策优劣对于这些企业的创立和成长具有更为重要的影响。因此，在北京市高新技术企业成长的政策环境研究中，有必要对于这类企业的成长环境究竟如何进行专门的研究。

在北京市，各留学人员创业园是留学人员企业最为集中的地区，故本项研究专门选择留学人员创业园进行研究。而在留学人员创业园中，中关村国际孵化园是较为典型的留学人员创业园。为此，本项研究选择该园来调研分析、评估留学人员企业成长的政策环境。

二、研究方法与结构

总体上看，目前北京市与高新技术企业成长密切相关的政策主要有财政补贴、税收优惠政策、贸易保护政策、人才政策、知识产权政策、提高政府服务质量政策、配套基础设施规划和建设政策。针对留学人员企业，政府还设计、出台了一些针对性较强的专门性政策。

鉴于以上，我们从政府对高新技术企业营造的总体政策环境入手，重点关注留学人员企业的政策环境，集中调研、分析中关村国际孵化园内留学人员企业对政府相关政策的关注度、满意度以及政府政策的针对性和执行力等。力图通过这些调研及分析，了解留学人员企业成长过程中所面对的政策环境。

本项研究设计了包含 37 个问题的调研问卷，力图通过对被调研企业基本资料的分析，考察本次调研是否具有代表意义；力图通过对中关村国际孵化园内留学人员企业的调研，较为全面地了解留学人员企业成长与政府政策的关系。

分析分为三个部分：一是留学人员企业政策环境梗概与所调查内容和所调查企业的基本情况；二是留学人员企业成长的实际政策环境分析；三是关于优化园区内留学人员企业成长政策环境的有关建议。

第二节　政策梳理与政策环境调研

一、政策梳理

1. 北京市扶持留学人员企业的政策全貌

北京市促进留学人员在京创办企业主要有两类政策：一类是直接指向留学人员企业的政策；一类是面向广大高新企业的政策，相应包含了留学人员企业。20 世纪 90 年代初期，为扶持北京市高新技术企业发展，国家及北京市科技、税务、财政、工商、知识产权等相关部门陆续出台了一系列政策，为营造北京地区高新技术企业的成长环境付出了巨大努力，这也为留学人员企业营造了创立和成长的环境（可参考第四章表 4-1）。

2. 北京市扶持留学人员企业的直接政策

截止到 2006 年年底，北京市共有留学人员创办的高新技术企业 3 600 多家，大致占北京市高新技术企业总数的 20%。这些留学人员企业主要分布在北京市各留学人员创业园。目前北京市已有留学人员创业园 18 家，包括中关村管委会与一些大学共建的创业园、专业技术领域的孵化园以及政府出资建立的综合性孵化园，具体分类及特点如表 5-1 所示。课题组调研的"中关村国际孵化园"即为其中一家专为留学人员回国创业提供孵化服务的综合性孵化园。

表 5-1　北京市留学人员创业园分类

序　号	类　别	创业园名称	特　点
1	大学院校或科研机构共建	清华留学人员创业园	利用清华大学资源,发展技术优势
2		北京大学留学人员创业园	利用北京大学资源
3		中科院留学人员创业园	利用中科院资源
4		中国人民大学留学人员创业园	利用中国人民大学资源,发展文化产业,成立时间短
5		北京科技大学留学人员创业园	利用北京科技大学资源
6		北京理工大学留学人员创业园	利用北京理工大学资源
7		北京邮电大学留学人员创业园	利用北京邮电大学资源,发展邮电、电信领域产业
8		中国农业大学留学人员创业园	利用中国农业大学资源,发展高新农业
9		北京师范大学留学人员创业园	利用北京师范大学资源,发展教育产业,成立时间短
10		北京航空航天大学留学人员创业园	利用北京航空航天大学资源
11	综合孵化园	中关村国际孵化园	公司制管理,中关村科技园区直管;成立时间长,留学生企业多
12		海淀留学人员创业园	事业单位,海淀区政府直管,成立时间长,留学生企业多
13		北京望京留学人员创业园	开发区,区政府合力打造
14		亦庄汇龙森留学创业园	开发区
15		中关村丰台园留学创业园	开发区,区政府合力打造
16	专业园	集成电路留学人员创业园	专注集成电路设计等技术领域
17		中关村软件园孵化器	专业技术平台
18		中关村生命园留学创业园	专业技术平台

留学人员企业除享受第一节中提到的政策优惠外,国家相关部委及北京市政府、中关村科技园区管委会等还特别针对留学人员企业提供了"额外"的优惠政策。这可以分为三个层面的政策:一是在部级层面上,设立了国家专项支持资金,按照"上下对口原则"建立专门的留学人员创业管理机构。二是在北京市政府层面上,设立专项资金,支持留学人员创业及其创业环境建设;为留学人员创业提供人才引进、资金支持、科技立项及税收等方面的政策优惠。三是在中关村科技园区层面上,进行留学人员创业的软硬环境建设,组建了 18 个留学生创业园,设立专项资金鼓励留学人员创业

等。这三个层面的政策扶持可以归之为建立专门管理机构，建立专门园区，提供专项资金支持，提供企业设立、人才引进、科技立项、知识产权保护及税收等方面的优惠，提供国际商务方便等方面支持。

为保障这些政策能够得到有效的实施，政府还特别设立了专门的服务机构和部门，如北京市留学人员服务中心、中关村留学人员创业服务总部等机构，扶持留学人员建立企业和留学人员企业的快速成长。

二、调研设计与调研总体情况

1. 调研设计

政府三个层面的政策对于留学人员企业究竟起了多大作用，是不是有助于留学人员创业和企业成长？留学人员企业对政府相关政策的满意程度如何？这些政策执行的实际情况如何？相关政策又该怎样调整改善？这都是本项研究关注的问题。

基于这些思考，本项研究着重调查了政府各类政策对企业成长的实际影响；同时通过开放性问题调查了企业更为个性化的政策需求。相应地，将调查问卷分为四个部分：第一部分为企业基本情况，包括企业性质、所在行业以及成立时间、所处成长阶段、职工人数和年销售收入等；第二部分为企业成长与政府政策的总体关系，包括政策总体环境、财税政策、贸易政策、金融政策、知识产权政策、人才政策、政府服务质量、区位环境建设对企业成长的影响；第三部分是各类具体政策对企业成长的作用；第四部分为开放性问题，着重了解企业个性化的政策需求。调查表具体结构如表5-2所示。

表5-2　调查问卷基本结构

结　构	名　称	包括内容	调查方式
第一部分	企业基本情况	企业性质、行业、成立时间、成长阶段、职工数、年销售收入	根据实际情况填写
第二部分	企业成长与政策环境	总体环境、财税政策、贸易政策、金融政策、知识产权政策、人才政策、政府服务质量及区位环境建设	从1～7的分值共7档进行选择，1代表影响很小，7代表影响很大
第三部分	企业成长具体政策的影响	分37个小项，涉及财税、贸易、金融、知识产权、人才、政府服务质量及区位环境建设等七个方面	重要性：分值1～7可选
			作用：分值1～7可选
			完善程度：分值1～7可选
			执行力度：分值1～7可选

结　　构	名　　称	包　括　内　容	调　查　方　式
第四部分	背景资料和开放性问题	问卷填写人职位、部门、性别、年龄及开放性问题	背景资料为单选题；开放性问题为列举对企业成长形成障碍的政策环境因素中最重要的三项

2. 所调查企业的总体情况

本次调研主要集中在北京中关村国际孵化园内企业进行。该园创立时间已 7 年，园内各成长阶段的企业齐全。在北京市累计的 3 600 多家留学人员企业中，该园作为综合性孵化园，累计孵化留学人员企业 410 家，占北京市留学人员企业总量的 11%，是北京市留学人员数量最多、最集中的孵化园之一。该孵化园作为国家级创业园及北京市留学人员创业园，现有在园企业 110 家，行业种类多，涉及高新技术的各个领域和行业；企业规模多为中小型；技术含量高。

本次调研在该园区发放问卷 100 多份，回收问卷 40 多份，其中 10 份由于其所在企业正处于开办阶段，故实际用于此次分析的有效问卷为 32 份。在 32 份有效问卷中，其所有制性质为国有或国有控股的企业 1 家，占 3%；外资或外资控股企业 13 家，占 42%；民营企业 18 家，占 55%。所属行业如表 5-3 所示。

表 5-3　被调查企业所属行业

企业类型	电子信息	航空航天	新材料	生物技术	新能源	先进制造技术与自动化	海洋工程	农业新技术
企业数量	19	1	2	2	1	4	0	3
所占比例/%	59	3	6	6	3	13	0	10

在所调研企业中，成立时间最长的 7 年，最短的 4 个月，平均成立时间为 3.3 年；全部为高新技术企业，有一家上市公司。企业所处阶段表明，其中 42% 的企业处于创业阶段，成长阶段企业占 39%，扩张阶段企业占 13%，成熟阶段企业只有 6%。企业在岗职工人数方面，20 人以下的企业 19 家，20～100 人的企业 9 家，100～500 人的企业 3 家，500～2 000 人的企业 1 家，无 2 000 人以上的企业。所调研企业年销售收入情况为 50 万元以下的 11 家，50 万～100 万元的 5 家，100 万～1 000 万元的 9 家，1 000 万～5 000 万元的 4 家，5 000 万～10 亿元的 3 家，无 10 亿元以上的企业。将本次所调研企业的基本情况与"2006 中关村科技园区发展报告"进行对比发现，样本分布与留学人员企业总体状况基本一致，故可认为，本次所调研企业具有典型性，调研结果具有代

表性。所调研企业名单如表 5-4 所示。

表 5-4 所调查企业名单

行 业	企业名称	成立时间/年	所处阶段	企业职工数	销售收入
航空航天	LZHR	2	创业	20 人以下	50 万元以下
农业新技术	中农	3	成长	20～100 人	5 000 万～10 亿元
	瑞雪	5	成长	20 人以下	100 万～1 000 万元
	WEP	5	成长	20～100 人	100 万～1 000 万元
生物技术	海伟力	5	成长	20 人以下	50 万元以下
	金普	1	创业	20 人以下	50 万元以下
先进制造技术与自动化	瑞尔通	2	创业	20 人以下	50 万元以下
	得意	5	成熟	20～100 人	50 万～100 万元
	YW	2	成长	20 人以下	100 万～1 000 元
	优纳	2	创业	20 人以下	100 万～1 000 万元
新材料	LLP	6	成长	100～500 人	1 000 万～5 000 万元
	神州	6	创业	20 人以下	50 万元以下
新能源	LLD	2	扩张	20 人以下	50 万～100 万元
电子信息	上达通	4	创业	20 人以下	50 万元以下
	澜拓信诚	3	成长	20 人以下	50 万～100 万元
	华科力扬	3	成长	20～100 人	100 万～1 000 万元
	子木	6	扩张	20 人以下	100 万～1 000 万元
	NB	1	创业	100～500 人	5 000 万～10 亿元
	SUNXIN	1	创业	20 人以下	50 万元以下
	奇迹	5	扩张	20 人以下	1 000 万～5 000 万元
	盟友	6	成长	20～100 人	100 万～1 000 万元
	威讯紫晶	3	创业	20 人以下	50 万～100 万元
	思睿逻辑	1	成长	20～100 人	50 万元以下
	TECHIMP	1	创业	20～100 人	100 万～1 000 万元
	盛频	2	成长	20～100 人	50 万元以下
	吉贝克	5	扩张	100～500 人	1 000 万～5 000 万元
	和信诚	1	创业	20～100 人	100 万～1 000 万元
	东微	0.3	创业	20 人以下	50 万元以下
	优必克	3	创业	20 人以下	50 万元以下
	FZH	5	成熟	500～2 000 人	5 000 万～10 亿元
	雅慧天华	3	成长	20 人以下	50 万～100 万元
	华纬讯	5	成长	20～100 人	1 000 万～5 000 万元

第三节　留学人员企业成长的政策环境分析

一、各类政策总体上对留学人员企业成长的影响

　　在这一部分调查问卷中,我们将总体政策环境对留学人员企业成长的影响程度按照"从小到大"的顺序从 1～7 赋值,7 代表很大,1 代表很小,4 为中间值。结合在样本收集过程中与企业的直接接触,在问卷分析中,我们将 6 以上的选择视为总体政策环境对企业成长影响很大;3 以下的选择视为总体政策环境对企业成长影响很小;4 或 5 的选择视为总体政策环境对企业成长的影响一般。调查结果如图 5-1 所示。

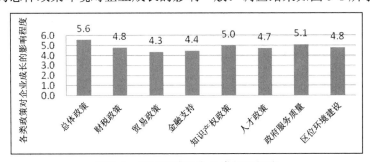

图 5-1　政策环境对企业成长的影响

　　图 5-1 显示了政府政策总体上对所调研企业成长的影响。总体上看,每类政策对企业成长都有较大的影响。企业对各类政策的平均赋分为 5.6 分,而赋分最低的为贸易政策(4.3 分)。其中潜藏的原因是,对多数留学人员企业而言,目前主要以技术研发及产品推广为主,政府提供的贸易优惠政策只是间接改善了企业生存与发展的环境,故对留学人员企业成长的直接影响不大。值得关注的是,认为总体环境影响不大(选 2 或 3)的企业有 5 个,销售收入都不是很高,基本在 100 万元以下;而其他销售收入不多的十几个企业都选择了 7 或 6。

二、财税政策对企业成长的影响

　　关于财税政策的调研分为十小项内容,具体调研结果如下:

　　第一,在政策重要性及作用程度方面呈现四个特点。一是两项结果呈现高度正相

关性，选项平均值基本在 5 以上。二是分值最高的为"研发项目被列入政府计划、获得政府支持"，该选项在重要性方面企业平均赋值为 6.52，即有 3/4 的企业为这一选项赋值为 7；在对企业作用方面平均赋值为 6.26。三是其他平均赋值高于 6 以上的选项为"对高新技术和新产品开发的税收优惠政策及政府设立创新资金支持科技成果转化"。四是由于所调研企业对"设立科技三项费用"这一选项不甚了解，故导致此项选择偏向中值，而没有明显意义。

第二，在政策完善程度及执行力度方面，企业赋值最低的为"政府优先采购本土企业高新技术产品"。对该选项，企业在政策完善程度及执行力度上均赋予了财税政策领域的最低分值，平均分值分别为 3.61、3.77。

第三，从综合开放性问题的调研结果来看，财税政策及政府资金资助仍被视为对企业成长影响最为重要的三个因素之一，而被众多企业所提出。

三、贸易政策对企业成长的影响

调研发现，在贸易政策所包含的五个选项中，除适度关税保护的重要性外，企业没有给予高于 6 的高分赋值，也没有给予低于 4 的低分赋值（见表 5-5）。访谈发现这主要有两个原因：一是留学人员企业主要侧重于高新技术产品研发，多处于初创期，还没有用到相关贸易政策。二是这些企业在技术高端，贸易往来较少；如有进出口业务，由于企业创始人均有在国外留学或工作多年的经历，对进出口渠道一般有很好的解决途径，遇到的困难较少，故对贸易政策关注较少。

表 5-5　企业对贸易相关政策平均赋值一览表

政策/评价角度	限制国外竞争性企业对华出口的法律规定	限制国外竞争性企业对华出口的行政政策	支持国内企业出口的财政金融政策	增强企业国际销售的能力	适度关税保护
重要性	5.44	4.84	5.59	5.59	5.03
作用	5.34	4.69	5.66	5.63	6.19
完善	4.13	4.34	4.50	4.38	4.28
执行力	3.94	4.28	4.44	4.19	4.22

四、金融政策对企业成长的影响

对留学人员企业的金融支持政策包含四个细分项。调研发现，企业对四个细分项的赋值有着两极的倾向（见表 5-6）。

表 5-6　企业对金融支持政策平均赋值一览表

政策/评价角度	重　要　性	作　用	完　善	执　行　力
商业银行信贷支持	6.13	6.03	4.00	3.77
政策性银行信贷支持	5.94	5.94	4.23	4.06
信用保证体系建设	6.06	5.87	3.71	3.65
风险投资体系发展	6.16	5.87	3.65	3.55

从表 5-6 可以看出，留学人员企业认为金融支持政策对企业成长的影响非常大：一是对四项政策的重要性的平均赋值基本在 6 以上；二是对四项政策的作用的赋值也接近于 6；三是由企业对金融支持政策的完善程度和执行情况的赋值较低（低于 4 或刚刚到达 4），对风险投资政策的完善程度和执行程度的赋值甚至是本次调研的最低赋值（3.55），由此可以看到留学人员企业对于金融支持政策的实际落实的强烈期盼。由此不难看出，要加快留学人员企业成长，政府就需要尽快完善相关金融支持政策。

五、知识产权政策对企业成长的影响

如表 5-7 所示，对于知识产权政策而言，无论是政策的"重要程度"还是"实际作用力度"，留学人员企业的赋值无一例外地赋值在 6 以上，说明知识产权政策对企业成长的影响是十分重要的。同时，在知识产权保护法律及政策体系的完善程度上，留学企业的平均赋值为 6.29。这是 37 个细分政策中唯一在"政策完善程度"上高于 6 的赋值。

表 5-7　企业对知识产权政策平均赋值一览表

政策/评价角度	重　要　性	实际作用力度	完　善	执　行　力
设立专项资金，鼓励企业取得自主知识产权	6.32	6.03	4.52	4.26
完善知识产权保护法律及政策体系	6.35	6.13	6.29	4.68

目前各级政府积极"设立资金、鼓励企业取得自主知识产权"，且大力宣传这一政策。中关村国际孵化园也设立了这类专项资金，并对为企业提供知识产权服务的机构"以协议约定方式给予补贴"，鼓励其以更优惠的价格和服务为园内企业服务。2007 年 4 月，中关村国际孵化园还专门举办了知识产权保护及政府优惠政策与措施讲座。这皆对留学人员企业的知识产权的申请和保护起到了积极的作用，使企业实际受益，由此也就出现了本次调研中企业对相关政策项目的较高赋值。

六、人才政策对企业成长的影响

人才政策主要是指通过精神和物质激励来吸引、留住、培养和鼓励留学人员创业的相关政策以及为留学人员创造良好的创业环境的相关政策（见表5-8）。

表5-8　企业对人才政策平均赋值一览表

项 目 内 容	重 要 性	作 用	完 善	执 行 力
提高科技人员待遇	6.03	5.74	4.32	4.19
政府奖励有突出贡献的科技人员	6.13	5.81	4.39	4.39
鼓励科技人才合理流动	5.84	5.55	4.00	3.90
企业引进外省科技人才和留学人员户籍优惠政策	6.52	6.42	3.42	3.42
允许科技人员以技术成果出资入股	6.26	6.06	4.52	4.48

从对企业成长的重要程度来看，企业对人才政策的平均赋值相当高，基本都在 6 以上。有趣的是，在"引进外省科技人才和留学人员在京落户户籍优惠政策"这一项上，企业对"重要性"和"实际作用"两项的赋值最高（6.52 和 6.42），而对"完善程度"和"执行力"两项的赋值却最低（3.42）。这表明几乎所有受访企业皆认为这项政策对于他们十分重要，而偏偏也是这个问题在政策完善和执行力上被认为最不理想（即强烈的不满意）。与此同时，在开放性问题调研中，我们也发现"人才政策不完善"仍是制约留学人员企业快速成长的三个重要因素之一。

七、政府服务质量对企业成长的影响

经过调研发现，就政府服务质量而言，留学人员企业最为关注的是"精简行政审批手续"，对这一政策的"重要性"的平均赋值高达 6.55；对这一政策的"作用"的赋值也高达 6.42。但对"精简行政审批手续"相关政策的"完善程度"及"执行力"方面的赋值却很低，只有 3.97 和 3.68，这表明留学人员企业对"政府行政审批手续"的实际满意程度很低。

与之相应，在"政府政策的稳定性和一致性"方面，留学人员企业对"政策完善程度"的赋值高于6，而对"实际执行情况"的赋值却低于4。关于"维护市场公平竞争秩序"的相关政策安排，留学人员企业对"政策重要性"及"作用"的赋值分别为6.48 和 6.35，而对"政策完善程度"和"实际执行情况"的赋值分别为 4 和 3.84。在

"建设政企交流平台"政策方面，企业对"政策完善程度"的赋值为 3.77，对"实际执行情况"的赋值为 3.68。由此可见，一是企业对"政府政策的稳定性和一致性"的"实际执行情况"不甚满意；二是企业对"维护市场公平竞争秩序"和"建设政企交流平台"的"政策完善程度"和"实际执行情况"也不满意。

结合开放性问题调研所得信息，我们进一步发现，此次调研共收集到的来自 26 个企业的"阻碍企业成长的政策环境因素"共计 70 条中，企业反映最为激烈的就是"市场竞争秩序的不公平性"；紧跟其后的是"政府工作效率、政策执行力度"；再往后就是"政府政策的稳定性"等。这实际上都反映了留学人员企业希望政府进一步提高服务质量的愿望和诉求。

八、区位环境建设对企业成长的影响

区位环境建设主要包括科技产业园区建设、促进行业协会发展、提供信息服务支持等方面的内容。被调研企业对这一问题给出了 4～6 之间的赋值。可见，目前的区位环境建设对于留学人员企业成长没有多大程度的负面影响。这主要归因于近年来中关村科技园区将大量政府资金用于科技园区建设，使得中关村科技园区已基本形成了功能齐全、布局合理、综合性和专业性有机结合的园区基础设施。同时，还专门设立了软环境建设专项资金，用于建立和促进行业协会的发展，并鼓励创建各种类型的服务支持体系，使得园内企业能够有较多的途径了解相关的信息服务。

第四节　初步结论与政策调整建议

一、初步调研及分析结论

留学人员企业是北京市高新技术企业的重要组成部分。在北京市高新技术企业成长的政策环境研究中，有必要对这类企业成长的政策环境进行专门研究。在留学人员创业园中，中关村国际孵化园内是北京市较为典型的留学人员创业园，以该园为代表研究留学人员企业的成长环境是适当的。调研结果总结如下：

第一，北京市促进留学人员在京创办企业主要有两类政策：一类是直接指向留学人员企业的政策；一类是面向广大高新企业的政策，其中包含了留学人员企业。留学人员企业除享受这些政策优惠外，国家相关部委及北京市政府、中关村科技园区管委会等还特别针对留学人员企业提供了"额外"的特殊优惠政策。

第二，目前针对留学人员企业的特殊优惠政策可以分为三个层面：一是在部级层面上，二是在北京市政府层面上，三是在中关村科技园区管委会层面上。三个层面的政策扶持可以归之为建立专门管理机构，建立专门园区，提供专项资金支持，提供企业设立、人才引进、科技立项、知识产权保护及税收等方面的优惠，提供国际商务方便等方面支持。总体而言，贸易政策目前对留学人员企业影响不大，政府提供的贸易优惠政策只是间接改善了企业生存与发展的环境，但其他各类政策对留学人员企业成长有着较大的影响。

第三，对财税政策的调研发现，"研发项目被列入政府计划、获得政府支持"对企业的重要性最大；"对高新技术和新产品开发的税收优惠政策及政府设立创新资金支持科技成果转化"的重要性次之；"政府优先采购本土企业高新技术产品"的政策完善程度及执行力度均不甚理想。

第四，留学人员企业对金融支持政策抱有非常高的期望；同时，对金融支持政策的"完善程度"和"执行情况"不甚满意；对风险投资政策体系的"完善程度"和"执行程度"最不满意；对金融支持政策的实际落实有着强烈的期盼。

第五，留学人员企业对知识产权政策的"重要程度、实际作用力度、政策完善程度"都较为满意。特别是，对各级政府"设立资金、鼓励企业取得自主知识产权"和"对为企业提供知识产权服务机构，以协议约定方式给予补贴"非常看好。

第六，就人才政策而言，"引进外省科技人才和留学人员在京落户户籍优惠政策"对留学人员企业十分重要，且有积极的实际作用。但这方面政策的"完善程度"和"执行力"还有待于做较大程度的改进。

第七，在政府服务质量方面，目前企业最为关注的是"精简行政审批手续"。但对"精简行政审批手续"相关政策的"完善程度"及"执行力"的满意程度很低。对"政府政策的稳定性和一致性"的"实际执行情况"、"维护市场公平竞争秩序"和"建设政企交流平台"的"政策完善程度"和"实际执行情况"也均不满意。

二、政策调整的初步建议

基于前述分析结果，为持续完善和优化促进留学人员企业成长的相关政策，我们认为，北京市需要在以下方面付诸努力。

第一，鉴于贸易优惠政策之外的政府政策皆对留学人员企业成长有着较大影响，北京市需要加强对留学人员企业的进一步调研，深入了解他们的政策需求，以制定更有针对性的及有助于留学人员企业稳步、快速成长的政策。

第二，鉴于"政府优先采购本土企业高新技术产品"的政策完善程度及执行力度均不甚理想，故在财税政策方面，北京市应在尽快完善相关政策及具体实施办法的基础上，切实落实相应政策。鉴于"研发项目被列入政府计划、获得政府支持"及"对高新技术和新产品开发的税收优惠政策及政府设立创新资金支持科技成果转化"对留学人员企业极为重要，故北京市应继续坚持这些政策。

第三，鉴于留学人员企业对金融支持政策抱有非常高的期望，金融支持政策对留学人员企业经营和成长的影响非常大，且他们对金融支持政策的"完善程度"和"执行情况"皆不甚满意，北京市需要进一步系统、深入调研专门针对留学人员的金融政策，以加强对留学人员企业成长的金融支持。

第四，鉴于留学人员企业对各级政府"设立资金、鼓励企业取得自主知识产权"和"对为企业提供知识产权服务的机构以协议约定方式给予补贴"非常看好，故北京市应继续坚持这些政策。同时，鉴于多数留学人员企业缺少知识产权专门人才的现实，建议政府从上述两项资金中支付专门费用，为研发投入较多的留学人员企业设立知识产权顾问，协助他们制定知识产权战略，开展知识产权的申报工作。

第五，鉴于"引进外省科技人才和留学人员在京落户户籍优惠政策"对留学人员企业十分重要，但目前这方面政策的"完善程度"和"执行力"亟待改进，故政府有必要就此制定更为具体的政策与办法，以解决较多企业存在的"京外户口骨干人员难以落户"的问题。不但要解决好创业者本身是留学归国人员的北京落户问题，还应解决好这些企业由京外聘请的高端人才在京落户问题。

第六，鉴于留学人员企业对政府服务质量方面"精简行政审批手续"相关政策的"完善程度"及"执行力"的满意程度很低，政府应对相关行政审批手续进一步简化与规范。鉴于留学人员企业对"建设政企交流平台"的"政策完善程度"和"实际执行情况"均不满意，北京市应对进一步加强这方面的平台建设，诸如数字化平台、网络平台，甚至可以建立政府职能部门对于重点留学人员企业的专访制度。

附录 政策评估所用相关问卷

附录 A 《以市场换技术政策评估》所用调查问卷

一、以市场换技术政策效果研究【汽车】调查问卷

您好：

"以市场换技术政策效果研究调查"是清华大学技术创新中心政策评估课题组在教育部支持下进行的调研工作。本调查希望了解部分行业的技术引进情况，以便对"以市场换技术"政策的效果进行评估，并为政府部门今后制定相关政策提供科学依据。您提供的信息和意见对了解该政策的实施效果有重要的参考价值。此问卷所获得的信息仅供政策研究之用，我们会对所有企业的信息予以严格保密，这些信息在将来的研究和分析中均以统计方式出现。敬请放心。

衷心感谢您的合作与帮助！

清华大学技术创新中心政策评估课题组

几点说明：

▶ 本问卷所指自主研发是指企业运用内部技术、人力和设备等资源进行的研究开发活动。

▶ 本问卷所指合作研发是指企业与其他企业或科研院所合作研制某项产品、技术或工艺。

▶ 本问卷所指技术购买是指企业通过购得技术所有权或使用权等方式获得的外部技术。

▶ 本问卷所指产品/模块购买是指企业不具备生产该产品或该产品的部分模块的

能力，或者基于经济性的考虑，从外部购得该产品或产品的部分模块用以进行进一步加工或组装。

1．技术来源

（1）产品设计及制造技术（请在表中填写对应的比例，并在部件名称旁的横线上填写该项技术的重要程度，请按 1～7 打分，其中 1 为非常不重要，7 为非常重要）：

产品及制造技术		自主研发比例	合作研发比例		技术购买比例		产品/模块购买比例	
			与国内企业院所合作	与国外企业院所合资或合作	从国内企业院所购买	从国外企业院所购买	从国内购买	从国外购买
底盘								
传动系统 ——	离合器							
	变速器							
	液力耦合器							
	液力变矩器							
	自动变速器							
	万向传动装置							
	驱动桥							
行驶系统 ——	车架							
	转向桥							
	转向轮定位							
	转向驱动桥							
	车轮							
	悬架							
转向系统 ——	转向器							
	转向传动机构							
	动力转向系统							
制动系统 ——	行车制动系统							
	驻车制动系统							
	防抱死制动系统							
发动机								
曲柄连杆机构 ——	活塞							
	连杆							
	曲轴							
	飞轮							

续表

产品及制造技术		自主研发比例	合作研发比例		技术购买比例		产品/模块购买比例	
			与国内企业院所合作	与国外企业院所合资或合作	从国内企业院所购买	从国外企业院所购买	从国内购买	从国外购买
配气机构	气门							
	凸轮轴							
	正时齿轮							
——	挺柱							
供给系统	空气滤清器							
	油箱							
	输油泵							
	化油器/汽油喷射系统							
——	喷油泵							
	进、排气管							
	排气消音器							
润滑系统	油底壳							
	机油泵							
	机油滤清器							
	机油散热器							
——	润滑油管							
	油道							
冷却系统	散热器							
	水泵							
	风扇							
	节温器							
——	汽缸体							
	水套							
起动系统	起动机及其操纵机构							
点火系统	蓄电池							
	点火开关							
	点火线圈							
	继电器							
——	配电器							
	火花塞							

续表

产品及制造技术	自主研发比例	合作研发比例		技术购买比例		产品/模块购买比例	
		与国内企业院所合作	与国外企业院所合资或合作	从国内企业院所购买	从国外企业院所购买	从国内购买	从国外购买
车身							
顶盖、行李箱盖_____							
围板、翼子板等____							
框架、立柱、边梁____							
发动机罩及前支撑板____							
门、窗____							
汽车安全防护装置							
车外安全防护装置___ 保险杠							
护板							
车身结构							
车内安全防护装置___ 安全带							
安全气囊							
汽车电子							
发动机控制系统____							
底盘控制系统____							
车身电子___ 电子控制安全系统							
电子防盗系统							
电子仪表							
其他车身电子系统							
汽车信息系统____							
电子装置____							
导航系统____							
其他汽车电子系统____							

（2）工艺技术来源（请在表中填写对应的比例和该项技术的重要程度，如未掌握该项技术请在对应的格中画"√"；重要性程度请按 1～7 打分，其中 1 为非常不重要，7 为非常重要）：

工 艺 技 术	该项技术的 重要程度	自身技术 积累比例	从国内企业院 所学习比例	从国外企业院 所学习比例	未掌握该 项技术
铸造					
锻造					
机械加工					
冲压					
焊接					
总装					
涂装					

（3）其他技术来源（请在表中填写对应的比例和该项技术的重要程度，如未掌握该项技术请在对应的格中画"√"；重要性程度请按1～7打分，其中1为非常不重要，7为非常重要）：

其 他 技 术	该项技术的 重要程度	自身技术 积累比例	从国内企业院 所学习比例	从国外企业院 所学习比例	未掌握该 项技术
数控加工					
柔性制造					
计算机集成制造					
智能制造					
现场管理					
环保工艺					
材料					
服务					
ERP 系统（企业资源计划）					
客户关系管理					

2．原因分析

（1）请您估计贵公司对国外技术的总体依赖程度？＿＿＿＿＿＿

    A．80%以上依赖   B．60%～80%依赖   C．40%～60%依赖

    D．20%～40%依赖   E．20%以下依赖

（2）您认为贵公司从国外获取技术的效果如何？＿＿＿＿＿＿

    A．非常好   B．比较好   C．一般

    D．不是很好   E．非常不好

（3）您认为国外获得的技术对贵公司技术能力的提升起到多大的作用？＿＿＿＿＿

    A．非常重要   B．比较重要   C．一般

      D．不重要　　　　　　E．完全无用

（4）您认为国外获得的技术对贵公司生产能力的提升起到多大的作用？_____

      A．非常重要　　　　　B．比较重要　　　　C．一般

      D．不重要　　　　　　E．完全无用

（5）贵公司获取国外技术主要采用何种方式？_____

      A．合资办厂　　　　　B．合作研发　　　　C．购得技术所有权

      D．获得技术使用权　　E．请国外专家指导　F．派员工到国外企业学习

      G．其他_____（请填写）

（6）您认为哪些原因阻碍了企业从国外获得技术或者哪些原因促使企业获得了国外的技术？

_____

_____

（7）您认为与外商合作最大的收获是什么？（您可以从技术、管理等多角度回答）

_____

_____

（8）您认为与外商合作付出的主要代价有哪些？（如企业控制权、利润、市场份额、技术……）

_____

_____

您所在公司名称_____

您所在部门名称_____　您的职务_____

再次感谢您的帮助！

二、以市场换技术政策效果研究【发电机】调查问卷

您好：

    "以市场换技术政策效果研究调查"是清华大学技术创新中心政策评估课题组在教育部支持下所进行的调研工作。本调查希望了解部分行业的技术引进情况，以便对"以市场换技术"政策的效果进行评估，并为政府部门今后制定相关政策提供科学依据。您提供的信息和意见对了解该政策的实施效果有重要的参考价值。此问卷所获得

的信息仅供政策研究之用，我们会对所有企业的信息予以严格保密，这些信息在将来的研究和分析中均以统计方式出现。敬请放心。

衷心感谢您的合作与帮助！

清华大学技术创新中心政策评估课题组

几点说明：

- ▸ 本问卷所指自主研发是指企业运用内部技术、人力和设备等资源进行的研究开发活动。
- ▸ 本问卷所指合作研发是指企业与其他企业或科研院所合作研制某项产品、技术或工艺。
- ▸ 本问卷所指技术购买是指企业通过购得技术所有权或使用权等方式获得的外部技术。
- ▸ 本问卷所指产品/模块购买是指企业不具备生产该产品或该产品的部分模块的能力，或者基于经济性的考虑，从外部购得该产品或产品的部分模块用以进行进一步加工或组装。

1. 基本情况

贵企业生产的发电机类型＿＿＿＿＿＿＿＿＿＿＿＿＿＿

功率范围＿＿＿＿＿＿＿＿＿＿＿＿＿＿＿＿＿＿＿＿＿＿

2. 技术来源

产品设计及制造技术（请在表中填写对应的比例，并在部件名称旁的横线上填写该项技术的重要程度，请按 1～7 打分，其中 1 为非常不重要，7 为非常重要）：

产品及制造技术	自主研发比例	合作研发比例		技术购买比例		产品/模块购买比例	
		与国内企业院所合作	与国外企业院所合资或合作	从国内企业院所购买	从国外企业院所购买	从国内购买	从国外购买
整机设计＿＿＿							
励磁机系统＿＿＿							
配电系统＿＿＿							
远程控制系统＿＿＿							
电喷装置＿＿＿							

续表

产品及制造技术	自主研发比例	合作研发比例		技术购买比例		产品/模块购买比例	
		与国内企业院所合作	与国外企业院所合资或合作	从国内企业院所购买	从国外企业院所购买	从国内购买	从国外购买
永磁机____							
主机整流模块____							
冷却系统____							
主机定子____							
主机转子____							
自动电压调节器____							
上、下机架____							
上导轴承____							
推力轴承____							
下导轴承____							
防震块____							
风扇____							
端盖____							
压敏电阻____							
旋转二极管____							
电线、电缆____							
电子调速器____							
其他主要技术/模块（请在下面的表格中补充模块名称并填写技术来源）							

3. 原因分析

（1）请您估计贵公司对国外技术的总体依赖程度？_____

        A．80%以上依赖   B．60%～80%依赖   C．40%～60%依赖

        D．20%～40%依赖   E．20%以下依赖

（2）您认为贵公司从国外获取技术的效果如何？_____

        A．非常好   B．比较好   C．一般

        D．不是很好   E．非常不好

（3）您认为国外获得的技术对贵公司技术能力的提升起到多大的作用？_____

  A．非常重要   B．比较重要   C．一般

  D．不重要   E．完全无用

（4）您认为国外获得的技术对贵公司生产能力的提升起到多大的作用？

  A．非常重要   B．比较重要   C．一般

  D．不重要   E．完全无用

（5）贵公司获取国外技术主要采用何种方式？＿＿＿＿＿＿＿

  A．合资办厂   B．合作研发   C．购得技术所有权

  D．获得技术使用权 E．请国外专家指导 F．派员工到国外企业学习

  G．其他＿＿＿＿＿＿＿＿＿＿＿＿＿＿＿＿＿＿＿＿＿（请填写）

（6）您认为哪些原因阻碍了企业从国外获得技术或者哪些原因促使企业获得了国外的技术？

＿＿＿＿＿＿＿＿＿＿＿＿＿＿＿＿＿＿＿＿＿＿＿＿＿＿＿＿＿＿＿＿＿＿

＿＿＿＿＿＿＿＿＿＿＿＿＿＿＿＿＿＿＿＿＿＿＿＿＿＿＿＿＿＿＿＿＿＿

（7）您认为与外商合作最大的收获是什么？（您可以从技术、管理等多角度回答）

＿＿＿＿＿＿＿＿＿＿＿＿＿＿＿＿＿＿＿＿＿＿＿＿＿＿＿＿＿＿＿＿＿＿

＿＿＿＿＿＿＿＿＿＿＿＿＿＿＿＿＿＿＿＿＿＿＿＿＿＿＿＿＿＿＿＿＿＿

（8）您认为与外商合作付出的主要代价有哪些？（如企业控制权、利润、市场份额、技术……）

＿＿＿＿＿＿＿＿＿＿＿＿＿＿＿＿＿＿＿＿＿＿＿＿＿＿＿＿＿＿＿＿＿＿

＿＿＿＿＿＿＿＿＿＿＿＿＿＿＿＿＿＿＿＿＿＿＿＿＿＿＿＿＿＿＿＿＿＿

您所在公司名称＿＿＿＿＿＿＿＿＿＿＿＿＿＿＿＿＿＿＿＿＿＿＿＿＿＿＿＿

您所在部门名称＿＿＿＿＿＿＿＿＿＿＿＿ 您的职务＿＿＿＿＿＿＿＿＿＿

再次感谢您的帮助！

三、以市场换技术政策效果研究【程控交换机】调查问卷

您好：

  "以市场换技术政策效果研究调查"是清华大学技术创新中心政策评估课题组在教育部支持下所进行的调研工作。本调查希望了解部分行业的技术引进情况，以便对"以市场换技术"政策的效果进行评估，并为政府部门今后制定相关政策提供科学依

据。您提供的信息和意见对了解该政策的实施效果有重要的参考价值。此问卷所获得的信息仅供政策研究之用，我们会对所有企业的信息予以严格保密，这些信息在将来的研究和分析中均以统计方式出现。敬请放心。

衷心感谢您的合作与帮助！

清华大学技术创新中心政策评估课题组

几点说明：

⇒ 本问卷所指自主研发是指企业运用内部技术、人力和设备等资源进行的研究开发活动。

⇒ 本问卷所指合作研发是指企业与其他企业或科研院所合作研制某项产品、技术或工艺。

⇒ 本问卷所指技术购买是指企业通过购得技术所有权或使用权等方式获得的外部技术。

⇒ 本问卷所指产品/模块购买是指企业不具备生产该产品或该产品的部分模块的能力，或者基于经济性的考虑，从外部购得该产品或产品的部分模块用以进行进一步加工或组装。

1. 技术来源

产品设计及制造技术（请在表中填写对应的比例，并在部件名称旁的横线上填写该项技术的重要程度，请按 1~7 打分，其中 1 为非常不重要，7 为非常重要）：

产品及制造技术		自主研发比例	合作研发比例		技术购买比例		产品/模块购买比例	
			与国内企业院所合作	与国外企业院所合资或合作	从国内企业院所购买	从国外企业院所购买	从国内购买	从国外购买
硬件								
控制系统 ___	中央处理机							
	存储器							
	输入/输出系统							
话路系统 ___	用户接口电路							
	用户集中级							
	中继接口电路							
	交换网络							
	信令设备							

续表

产品及制造技术		自主研发比例	合作研发比例		技术购买比例		产品/模块购买比例	
			与国内企业院所合作	与国外企业院所合资或合作	从国内企业院所购买	从国外企业院所购买	从国内购买	从国外购买
软件								
运行软件	OAM							
	呼叫处理							
	数据库系统							
——	操作系统							
支援软件	网管系统							
	计费系统							
____	业务管理系统							
其他								
结构及电路设计____								
信令处理能力____								

2. 原因分析

（1）请您估计贵公司对国外技术的总体依赖程度？＿＿＿＿＿＿＿

    A．80%以上依赖　　　　B．60%～80%依赖　　　C．40%～60%依赖

    D．20%～40%依赖　　　E．20%以下依赖

（2）您认为贵公司从国外获取技术的效果如何？＿＿＿＿＿＿

    A．非常好　　　　　　B．比较好　　　　　　C．一般

    D．不是很好　　　　　E．非常不好

（3）您认为国外获得的技术对贵公司技术能力的提升起到多大的作用？＿＿＿＿

    A．非常重要　　　　　B．比较重要　　　　　C．一般

    D．不重要　　　　　　E．完全无用

（4）您认为国外获得的技术对贵公司生产能力的提升起到多大的作用？

    A．非常重要　　　　　B．比较重要　　　　　C．一般

    D．不重要　　　　　　E．完全无用

（5）贵公司获取国外技术主要采用何种方式？＿＿＿＿＿＿

    A．合资办厂　　　　　B．合作研发　　　　　C．购得技术所有权

    D．获得技术使用权　　E．请国外专家指导　　F．派员工到国外企业学习

    G. 其他 ＿＿＿＿＿＿＿＿＿＿＿＿＿＿＿＿＿＿＿＿ （请填写）

    （6）您认为哪些原因阻碍了企业从国外获得技术或者哪些原因促使企业获得了国外的技术？

＿＿＿＿＿＿＿＿＿＿＿＿＿＿＿＿＿＿＿＿＿＿＿＿＿＿＿＿＿＿＿＿＿

＿＿＿＿＿＿＿＿＿＿＿＿＿＿＿＿＿＿＿＿＿＿＿＿＿＿＿＿＿＿＿＿＿

    （7）您认为与外商合作最大的收获是什么？（您可以从技术、管理等多角度回答）

＿＿＿＿＿＿＿＿＿＿＿＿＿＿＿＿＿＿＿＿＿＿＿＿＿＿＿＿＿＿＿＿＿

＿＿＿＿＿＿＿＿＿＿＿＿＿＿＿＿＿＿＿＿＿＿＿＿＿＿＿＿＿＿＿＿＿

＿＿＿＿＿＿＿＿＿＿＿＿＿＿＿＿＿＿＿＿＿＿＿＿＿＿＿＿＿＿＿＿＿

    （8）您认为与外商合作付出的主要代价有哪些？（如企业控制权、利润、市场份额、技术……）

＿＿＿＿＿＿＿＿＿＿＿＿＿＿＿＿＿＿＿＿＿＿＿＿＿＿＿＿＿＿＿＿＿

＿＿＿＿＿＿＿＿＿＿＿＿＿＿＿＿＿＿＿＿＿＿＿＿＿＿＿＿＿＿＿＿＿

＿＿＿＿＿＿＿＿＿＿＿＿＿＿＿＿＿＿＿＿＿＿＿＿＿＿＿＿＿＿＿＿＿

您所在公司名称＿＿＿＿＿＿＿＿＿＿＿＿＿＿＿＿＿＿＿＿＿＿＿＿＿＿

您所在部门名称＿＿＿＿＿＿＿＿＿＿＿＿ 您的职务＿＿＿＿＿＿＿＿＿＿

再次感谢您的帮助！

四、以市场换技术政策效果研究【手机】调查问卷

您好：

    "以市场换技术政策效果研究调查"是清华大学技术创新中心政策评估课题组在教育部支持下所进行的调研工作。本调查希望了解部分行业的技术引进情况，以便对"以市场换技术"政策的效果进行评估，并为政府部门今后制定相关政策提供科学依据。您提供的信息和意见对了解该政策的实施效果有重要的参考价值。此问卷所获得的信息仅供政策研究之用，我们会对所有企业的信息予以严格保密，这些信息在将来的研究和分析中均以统计方式出现。敬请放心。

    衷心感谢您的合作与帮助！

清华大学技术创新中心政策评估课题组

几点说明：

    ▸ 本问卷所指自主研发是指企业运用内部技术、人力和设备等资源进行的研究

开发活动。

⇥ 本问卷所指合作研发是指企业与其他企业或科研院所合作研制某项产品、技术或工艺。

⇥ 本问卷所指技术购买是指企业通过购得技术所有权或使用权等方式获得的外部技术。

⇥ 本问卷所指产品/模块购买是指企业不具备生产该产品或该产品的部分模块的能力，或者基于经济性的考虑，从外部购得该产品或产品的部分模块用以进行进一步加工或组装。

1．技术来源

（1）产品设计及制造技术（请在表中填写对应的比例，并在部件名称旁的横线上填写该项技术的重要程度，请按 1～7 打分，其中 1 为非常不重要，7 为非常重要）：

产品及制造技术		自主研发比例	合作研发比例		技术购买比例		产品/模块购买比例	
			与国内企业院所合作	与国外企业院所合资或合作	从国内企业院所购买	从国外企业院所购买	从国内购买	从国外购买
硬件								
整机	结构设计							
外壳 ___	设计							
	制造							
主板 ___	设计							
	无线收发信机							
	基带信号处理电路							
	控制电路							
	存储电路							
人机交互 ___	键盘							
	显示屏							
	按键							
	麦克风							
	听筒							
	摄像头							

产品及制造技术		自主研发比例	合作研发比例		技术购买比例		产品/模块购买比例	
			与国内企业院所合作	与国外企业院所合资或合作	从国内企业院所购买	从国外企业院所购买	从国内购买	从国外购买
外部接口——	蓝牙							
	红外							
	USB							
	串口							
其他	EMI/EMC							
	环境适应性和可靠性电路							
电源____	电池							
	充电器							
软件								
人机界面软件____								
应用软件____	一般功能软件							
	增值业务软件							
协议软件____								
操作系统____								
测试及维护软件____								

（2）工艺及维修技术来源（请在表中填写对应的比例和该项技术的重要程度，如未掌握该项技术请在对应的格中画"√"；重要性程度请按 1～7 打分，其中 1 为非常不重要，7 为非常重要）：

工艺及维修	该项技术的重要程度	自身技术积累比例	从国内企业院所学习比例	从国外企业院所学习比例	未掌握该项技术
组装					
维修					

2. 原因分析

（1）请您估计贵公司对国外技术的总体依赖程度？ _____

    A. 80%以上依赖   B. 60%～80%依赖   C. 40%～60%依赖

    D. 20%～40%依赖   E. 20%以下依赖

（2）您认为贵公司从国外获取技术的效果如何？ _____

A．非常好　　　　　B．比较好　　　　　C．一般

D．不是很好　　　　E．非常不好

（3）您认为国外获得的技术对贵公司技术能力的提升起到多大的作用？＿＿＿＿＿＿

A．非常重要　　　　B．比较重要　　　　C．一般

D．不重要　　　　　E．完全无用

（4）您认为国外获得的技术对贵公司生产能力的提升起到多大的作用？＿＿＿＿＿＿

A．非常重要　　　　B．比较重要　　　　C．一般

D．不重要　　　　　E．完全无用

（5）贵公司获取国外技术主要采用何种方式？＿＿＿＿＿＿＿

A．合资办厂　　　　B．合作研发　　　　C．购得技术所有权

D．获得技术使用权　E．请国外专家指导　F．派员工到国外企业学习

G．其他＿＿＿＿＿＿＿＿＿＿＿＿＿＿＿＿＿（请填写）

（6）您认为哪些原因阻碍了企业从国外获得技术或者哪些原因促使企业获得了国外的技术？

＿＿＿＿＿＿＿＿＿＿＿＿＿＿＿＿＿＿＿＿＿＿＿＿＿＿＿＿＿＿＿＿＿＿

＿＿＿＿＿＿＿＿＿＿＿＿＿＿＿＿＿＿＿＿＿＿＿＿＿＿＿＿＿＿＿＿＿＿

（7）您认为与外商合作最大的收获是什么？（您可以从技术、管理等多角度回答）

＿＿＿＿＿＿＿＿＿＿＿＿＿＿＿＿＿＿＿＿＿＿＿＿＿＿＿＿＿＿＿＿＿＿

＿＿＿＿＿＿＿＿＿＿＿＿＿＿＿＿＿＿＿＿＿＿＿＿＿＿＿＿＿＿＿＿＿＿

（8）您认为与外商合作付出的主要代价有哪些？（如企业控制权、利润、市场份额、技术……）

＿＿＿＿＿＿＿＿＿＿＿＿＿＿＿＿＿＿＿＿＿＿＿＿＿＿＿＿＿＿＿＿＿＿

＿＿＿＿＿＿＿＿＿＿＿＿＿＿＿＿＿＿＿＿＿＿＿＿＿＿＿＿＿＿＿＿＿＿

您所在公司名称＿＿＿＿＿＿＿＿＿＿＿＿＿＿＿＿＿＿＿＿＿＿＿＿＿＿＿＿＿

您所在部门名称＿＿＿＿＿＿＿＿＿＿＿＿＿＿　您的职务＿＿＿＿＿＿＿＿＿＿＿

再次感谢您的帮助！

五、以市场换技术政策效果研究【计算机】调查问卷

您好：

"以市场换技术政策效果研究调查"是清华大学技术创新中心政策评估课题组在

教育部支持下所进行的调研工作。本调查希望了解部分行业的技术引进情况，以便对"以市场换技术"政策的效果进行评估，并为政府部门今后制定相关政策提供科学依据。您提供的信息和意见对了解该政策的实施效果有重要的参考价值。此问卷所获得的信息仅供政策研究之用，我们会对所有企业的信息予以严格保密，这些信息在将来的研究和分析中均以统计方式出现。敬请放心。

衷心感谢您的合作与帮助！

清华大学技术创新中心政策评估课题组

几点说明：

- ▶ 本问卷所指自主研发是指企业运用内部技术、人力和设备等资源进行的研究开发活动。
- ▶ 本问卷所指合作研发是指企业与其他企业或科研院所合作研制某项产品、技术或工艺。
- ▶ 本问卷所指技术购买是指企业通过购得技术所有权或使用权等方式获得的外部技术。
- ▶ 本问卷所指产品/模块购买是指企业不具备生产该产品或该产品的部分模块的能力，或者基于经济性的考虑，从外部购得该产品或产品的部分模块用以进行进一步加工或组装。

1．技术来源

产品设计及制造技术（请在表中填写对应的比例，并在部件名称旁的横线上填写该项技术的重要程度，请按 1～7 打分，其中 1 为非常不重要，7 为非常重要）：

产品及制造技术		自主研发比例	合作研发比例		技术购买比例		产品/模块购买比例	
			与国内企业院所合作	与国外企业院所合资或合作	从国内企业院所购买	从国外企业院所购买	从国内购买	从国外购买
主机								
整机 ＿＿＿	结构设计							
	外观设计							
CPU ＿＿＿	芯片							
	缓存							
	封装							

续表

产品及制造技术		自主研发比例	合作研发比例		技术购买比例		产品/模块购买比例	
			与国内企业院所合作	与国外企业院所合资或合作	从国内企业院所购买	从国外企业院所购买	从国内购买	从国外购买
硬盘	磁头							
	电机							
	接口							
	盘片							
	其他							
内存								
主板								
光驱								
声卡								
显卡								
网卡								
电源								
风扇								
机箱								
USB 接口								
其他部分								
显示器								
电源								
音箱								
键盘								
鼠标								

2. 原因分析

（1）请您估计贵公司对国外技术的总体依赖程度？ _____

    A．80%以上依赖　　　　B．60%～80%依赖　　　　C．40%～60%依赖

    D．20%～40%依赖　　　　E．20%以下依赖

（2）您认为贵公司从国外获取技术的效果如何？ _____

    A．非常好　　　　　　　B．比较好　　　　　　　C．一般

D．不是很好　　　　　E．非常不好

（3）您认为国外获得的技术对贵公司技术能力的提升起到多大的作用？_____

A．非常重要　　　　　B．比较重要　　　　　C．一般

D．不重要　　　　　　E．完全无用

（4）您认为国外获得的技术对贵公司生产能力的提升起到多大的作用？

A．非常重要　　　　　B．比较重要　　　　　C．一般

D．不重要　　　　　　E．完全无用

（5）贵公司获取国外技术主要采用何种方式？_____

A．合资办厂　　　　　B．合作研发

C．购得技术所有权　　D．获得技术使用权

E．请国外专家指导　　F．派员工到国外企业学习

G．其他_____（请填写）

（6）您认为哪些原因阻碍了企业从国外获得技术或者哪些原因促使企业获得了国外的技术？

_____

_____

（7）您认为与外商合作最大的收获是什么？（您可以从技术、管理等多角度回答）

_____

_____

（8）您认为与外商合作付出的主要代价有哪些？（如企业控制权、利润、市场份额、技术……）

_____

_____

您所在公司名称_____

您所在部门名称_____　您的职务_____

再次感谢您的帮助！

附录B 《产业安全政策评估》所用调查问卷

一、面向企业的问卷

尊敬的女士/先生：

您好！

本问卷是关于我国产业安全研究的调查，仅用于抽样统计分析。请在符合实际情况的选项前打"√"。谢谢合作！

清华大学中国经济研究中心（国家经济安全研究室）

2006年7月

1. 贵公司性质

□国有（包括控股） □民营 □外商独资

□中外合作 □中外合资 □外商投资股份公司

□其他＿＿＿＿＿＿＿＿＿＿＿＿＿＿＿＿＿＿＿＿＿＿（请简要说明）

2. 贵公司总部设在

□东部 □中西部

3. 对于我国控制与引导外商投资的相关政策

（1）贵公司对这类政策的了解程度

□<20% □20%～40% □40%～60%

□60%～80% □>80%

（2）导致贵公司对上述政策难以全面把握的原因有（多选）

□制定政策部门过多 □出台的政策过多

□执行机构对政策的解释各异 □政策公布渠道不畅

□针对性差 □条款不明确

□政策连续性差 □不同政策相互间不一致

□其他原因＿＿＿＿＿＿＿＿＿＿＿＿＿＿＿＿＿＿＿（请简要说明）

（3）您对上述政策的满意度

☐很不满意　　　☐不太满意　　　☐一般

☐比较满意　　　☐很满意

（4）您认为上述政策本身最急需在以下哪 3 个方面加强？

☐针对性　　　☐合理性　　　☐连续性　　　☐时效性

☐一致性　　　☐公平性　　　☐简洁性　　　☐完备性

4. 关于企业产业研发以及技术升级方面政策

（1）贵公司对这类政策的了解程度

☐<20%　　　☐20%～40%　　　☐40%～60%

☐60%～80%　　☐>80%

（2）导致贵公司对上述政策难以全面把握的原因有（多选）

☐制定政策的部门过多　　　　　☐出台的政策过多

☐执行机构对政策的解释各异　　☐政策公布渠道不畅

☐针对性差　　　　　　　　　　☐条款不明确

☐政策连续性差　　　　　　　　☐不同政策相互间不一致

☐其他原因＿＿＿＿＿＿＿＿＿＿＿＿＿＿＿＿＿＿（请简要说明）

（3）您对上述政策的满意度

☐很不满意　　　☐不太满意　　　☐一般

☐比较满意　　　☐很满意

（4）您认为上述政策本身最急需在以下哪 3 个方面加强？

☐针对性　　　☐合理性　　　☐连续性　　　☐时效性

☐一致性　　　☐公平性　　　☐简洁性　　　☐完备性

5. 对我国进出口贸易相关政策

（1）贵公司对这类政策的了解程度

☐<20%　　　☐20%～40%　　　☐40%～60%

☐60%～80%　　☐>80%

（2）导致贵公司对上述政策难以全面把握的原因有（多选）

☐制定政策的部门过多　　　　　☐出台的政策过多

☐ 执行机构对政策的解释各异 ☐ 政策公布渠道不畅

☐ 针对性差 ☐ 条款不明确

☐ 政策连续性差 ☐ 不同政策相互间不一致

☐ 其他原因＿＿＿＿＿＿＿＿＿＿＿＿＿＿＿（请简要说明）

（3）您对上述政策的满意度

☐ 很不满意 ☐ 不太满意 ☐ 一般

☐ 比较满意 ☐ 很满意

（4）您认为上述政策本身最急需在以下哪 3 个方面加强？

☐ 针对性 ☐ 合理性 ☐ 连续性 ☐ 时效性

☐ 一致性 ☐ 公平性 ☐ 简洁性 ☐ 完备性

6．您认为目前我国在政策制定和执行过程中最需要在以下哪 3 个方面加强？

☐ 透明度 ☐ 执行力度 ☐ 宣传力度

☐ 参与性 ☐ 合法性 ☐ 反馈机制

☐ 合理性 ☐ 监督机制 ☐ 简化程序

二、面向专家的问卷

尊敬的专家：

您好！

本问卷是关于我国产业安全研究的调查，仅用于抽样统计分析。请在符合实际情况的选项前打"√"。谢谢合作！

清华大学中国经济研究中心（国家经济安全研究室）

2006 年 7 月

1．对于我国控制与引导外商投资的相关政策

（1）您对这类政策的了解程度

☐ <20% ☐ 20%～40% ☐ 40%～60%

☐ 60%～80% ☐ >80%

（2）您认为上述政策的完备性

☐很差 　☐较差 　☐一般 　☐较好 　☐很完备

（3）您认为在这方面，我国最缺乏和急需制定的是什么政策？（请简要说明）

_____

_____

（4）您认为这一系列政策的有效程度

☐很低 　☐较低 　☐一般 　☐较好 　☐很好

（5）您认为目前上述政策最急需在以下哪 3 个方面加强？

☐针对性 　☐合理性 　☐连续性 　☐时效性

☐一致性 　☐公平性 　☐简洁性 　☐完备性

2．对我国企业研发以及技术升级方面政策

（1）您对这类政策的了解程度

☐<20% 　☐20%～40% 　☐40%～60%

☐60%～80% 　☐>80%

（2）您认为上述政策的完备性

☐很差 　☐较差 　☐一般 　☐较好 　☐很完备

（3）您认为这方面，我国最缺乏和急需制定的是什么政策？（请简要说明）

_____

_____

（4）您认为这一系列政策的有效程度

☐很低 　☐较低 　☐一般 　☐较好 　☐很好

（5）您认为目前上述政策最急需在以下哪 3 个方面加强？

☐针对性 　☐合理性 　☐连续性 　☐时效性

☐一致性 　☐公平性 　☐简洁性 　☐完备性

3．对我国进出口贸易相关政策

（1）您对这类政策的了解程度

☐<20% 　☐20%～40% 　☐40%～60%

☐60%～80% 　☐>80%

（2）您认为上述政策的完备性

    □很差   □较差   □一般   □较好   □很完备

（3）您认为在这方面，我国最缺乏和急需制定的是什么政策？（请简要说明）

_____

_____

（4）您认为这一系列政策的有效程度

    □很低   □较低   □一般   □较好   □很好

（5）您认为上述政策本身最急需在以下哪 3 个方面加强？

    □针对性   □合理性   □连续性   □时效性

    □一致性   □公平性   □简洁性   □完备性

4. 您认为目前我国政策制定和执行过程中最需要在以下哪 3 个方面加强？

    □透明度   □执行力度   □宣传力度

    □参与性   □合法性   □反馈机制

    □合理性   □监督机制   □简化程序

三、面向政府机构的问卷

尊敬的女士/先生：

您好！

本问卷是关于我国产业安全研究的调查，仅用于抽样统计分析。请在符合实际情况的选项前打"√"。谢谢合作！

清华大学中国经济研究中心（国家经济安全研究室）

2006 年 7 月

1. 您所在部门

    □国务院办公厅   □商务部   □发改委   □科技部

    □财政部   □税务总局   □海关总署

    □其他机构_____（请简要说明）

2. 您对其他机构制定的相关政策的了解程度

□<20%   □20%～40%   □40%～60%

□60%～80%   □>80%

3. 您所在机构一般通过什么方式了解其他机构制定的相关政策和想法？（多选）

□部门之间相互沟通   □上网查询

□本单位有专门人员搜集其他部门相关政策动向

□到其他相关机构进行调研   □参加其他部门举办的听证会

□召开各方参加的座谈会   □专家讨论会

□其他_____

4. 对于我国控制与引导外商投资的相关政策

（1）您认为目前我国这方面政策的完备性

□很差   □较差   □一般

□较好   □很完备

（2）您认为在控制和引导外资方面，我国最缺乏和急需制定的是什么政策？（请
简要说明）

_____

_____

（3）您认为目前我国这方面政策的有效性

□很低   □较低   □一般

□较好   □很好

（4）您认为不同部门制定的这方面政策之间是否存在不一致的地方（请简要说明）

_____

_____

5. 关于我国企业研究开发以及产业技术升级方面的政策

（1）您认为目前我国这方面政策的完备性

□很差   □较差   □一般

□较好   □很完备

（2）您认为在这方面，我国最缺乏和急需制定的是什么政策？（请简要说明）

_____

_____

（3）您认为目前我国这方面政策的有效性

☐很低　　　　　☐较低　　　　　☐一般

☐较好　　　　　☐很好

（4）您认为不同部门制定的一系列政策之间是否存在不一致的地方？（请简要说明）

_____

_____

6. 对我国进出口贸易相关政策

（1）您认为目前我国这方面政策的完备性

☐很差　　　　　☐较差　　　　　☐一般

☐较好　　　　　☐很完备

（2）您认为在这方面，我国最缺乏和急需制定的是什么政策？（请简要说明）

_____

_____

（3）您认为目前我国这方面政策的有效性

☐很低　　　　　☐较低　　　　　☐一般

☐较好　　　　　☐很好

（4）您认为不同部门制定的一系列政策之间是否存在不一致的地方？（请简要说明）

_____

_____

7. 您认为目前我国在制定相关政策方面，急需改进的 4 个方面是

☐政策的可操作性　　☐政策的一致性　　☐政策的连续性

☐政策的时效性　　　☐各部门间的协调　　☐不同类型政策之间的配合

☐政策宣传　　　　　☐决策方法的科学性　☐透明度

☐反馈机制　　　　　☐评估　　　　　　　☐各方参与性

☐其他_____（请简要说明）

附录C 《北京高新技术企业成长的政策环境》所用调查问卷

第一部分 企业基本情况

> 请在符合您所在企业的实际情况的选项下打"√"，或在横线上填入相应的内容。

1. 贵公司的性质

    □A. 国有或国有控股   □B. 集体

    □C. 外资或外资控股   □D. 民营企业

2. 您企业所在的行业是

    □A. 电子信息   □B. 航天航空   □C. 新材料

    □D. 生物技术   □E. 新能源   □F. 先进制造技术与自动化

    □G. 海洋工程   □H. 农业新技术

3. 您所在的企业从建立至今大约有_____年，是否被认定为高新技术企业_____，是否为上市公司_____

4. 您所在企业目前所处的成长阶段是

    □A. 创业阶段   □B. 成长阶段

    □C. 扩张阶段（含二次创业）   □D. 成熟阶段

5. 您所在企业在岗职工数

    □A. 20人以下   □B. 20～100人   □C. 100～500人

    □D. 500～2 000人   □E. 2 000人以上

6. 您所在的企业年销售收入（或营业收入）处于

    □A. 50万元以下   □B. 50万～100万元

    □C. 100万～1 000万元   □D. 1 000万～5 000万元

    □E. 5 000万～10亿元   □F. 10亿元以上

第二部分　企业成长性与政策环境

> 请根据您对政策环境对企业成长的影响的理解以及您所在企业的实际情况，在所选择的数字上打"√"。其中各项政策环境具体所指请参照下表。

具　体　政　策	具　体　内　容
财税政策	包括税收政策、财政补贴和投入、政府采购三部分
贸易政策	包括通过法律、行政、财政金融手段实施的各种高新技术产品进口保护政策和出口鼓励政策
金融政策	包括信贷支持、风险基金发展等拓宽融资渠道的措施，以及发展信用保证体系等环境支持措施
知识产权政策	包括知识产权保护的资金支持和法律体系建设
人才政策	包括通过精神、物质激励的各种吸引、留住、培养、鼓励科技人才之政策，为科技人才的工作创造良好的环境和条件
政府服务质量	指政府在促进高新技术企业成长的相关政策上的效率、政策稳定性等
区位环境建设	包括科技产业园区建设、促进行业协会发展、提供信息服务支持等建设高新技术企业成长、合作的良好环境

1. 政府政策总体环境（包含以下各因素）对您所在企业的成长性的影响程度

很小　□1　□2　□3　□4　□5　□6　□7　很大

2. 其中财税政策环境的影响

很小　□1　□2　□3　□4　□5　□6　□7　很大

3. 其中贸易政策环境的影响

很小　□1　□2　□3　□4　□5　□6　□7　很大

4. 其中金融政策环境的影响

很小　□1　□2　□3　□4　□5　□6　□7　很大

5. 其中知识产权政策环境的影响

很小　□1　□2　□3　□4　□5　□6　□7　很大

6. 其中人才政策的影响

很小　□1　□2　□3　□4　□5　□6　□7　很大

7. 其中政府服务质量的影响

很小　□1　□2　□3　□4　□5　□6　□7　很大

8. 其中区位环境建设的影响

很小　　□1　　□2　　□3　　□4　　□5　　□6　　□7　　很大

第三部分　企业成长具体政策的影响

请根据企业的实际情况，对以下各细分政策因素对您所在企业成长的影响的重要程度、实际功效，以及该政策本身的现阶段的完善程度和执行力度作出评价。

1. 对研究与开发人员的个人所得税优惠政策

非常不重要　□1　□2　□3　□4　□5　□6　□7　非常重要
作用很小　　□1　□2　□3　□4　□5　□6　□7　作用很大
很不完善　　□1　□2　□3　□4　□5　□6　□7　很完善
执行很不力　□1　□2　□3　□4　□5　□6　□7　执行很到位

2. 对新技术和新产品开发的税收优惠政策

非常不重要　□1　□2　□3　□4　□5　□6　□7　非常重要
作用很小　　□1　□2　□3　□4　□5　□6　□7　作用很大
很不完善　　□1　□2　□3　□4　□5　□6　□7　很完善
执行很不力　□1　□2　□3　□4　□5　□6　□7　执行很到位

3. 促进企业技术设备加速折旧的税收优惠政策

非常不重要　□1　□2　□3　□4　□5　□6　□7　非常重要
作用很小　　□1　□2　□3　□4　□5　□6　□7　作用很大
很不完善　　□1　□2　□3　□4　□5　□6　□7　很完善
执行很不力　□1　□2　□3　□4　□5　□6　□7　执行很到位

4. 鼓励企业引进和使用新技术或先进技术的税收优惠政策

非常不重要　□1　□2　□3　□4　□5　□6　□7　非常重要
作用很小　　□1　□2　□3　□4　□5　□6　□7　作用很大
很不完善　　□1　□2　□3　□4　□5　□6　□7　很完善
执行很不力　□1　□2　□3　□4　□5　□6　□7　执行很到位

5. 鼓励技术转让、咨询、服务和培训的税收优惠政策

非常不重要　□1　□2　□3　□4　□5　□6　□7　非常重要

作用很小	□1	□2	□3	□4	□5	□6	□7	作用很大
很不完善	□1	□2	□3	□4	□5	□6	□7	很完善
执行很不力	□1	□2	□3	□4	□5	□6	□7	执行很到位

6. 政府优先采购本土企业高技术产品

非常不重要	□1	□2	□3	□4	□5	□6	□7	非常重要
作用很小	□1	□2	□3	□4	□5	□6	□7	作用很大
很不完善	□1	□2	□3	□4	□5	□6	□7	很完善
执行很不力	□1	□2	□3	□4	□5	□6	□7	执行很到位

7. 政府设立技术创新资金，支持企业科技成果转化

非常不重要	□1	□2	□3	□4	□5	□6	□7	非常重要
作用很小	□1	□2	□3	□4	□5	□6	□7	作用很大
很不完善	□1	□2	□3	□4	□5	□6	□7	很完善
执行很不力	□1	□2	□3	□4	□5	□6	□7	执行很到位

8. 政府设立科技三项费用，支持民营科技企业进行项目开发

非常不重要	□1	□2	□3	□4	□5	□6	□7	非常重要
作用很小	□1	□2	□3	□4	□5	□6	□7	作用很大
很不完善	□1	□2	□3	□4	□5	□6	□7	很完善
执行很不力	□1	□2	□3	□4	□5	□6	□7	执行很到位

9. 北京经济技术开发区内资企业财政返还

非常不重要	□1	□2	□3	□4	□5	□6	□7	非常重要
作用很小	□1	□2	□3	□4	□5	□6	□7	作用很大
很不完善	□1	□2	□3	□4	□5	□6	□7	很完善
执行很不力	□1	□2	□3	□4	□5	□6	□7	执行很到位

10. 研发项目被列入政府计划、获得政府支持

非常不重要	□1	□2	□3	□4	□5	□6	□7	非常重要
作用很小	□1	□2	□3	□4	□5	□6	□7	作用很大
很不完善	□1	□2	□3	□4	□5	□6	□7	很完善
执行很不力	□1	□2	□3	□4	□5	□6	□7	执行很到位

11. 限制国外竞争性企业对华出口的法律规定（包括反倾销、反补贴、技术标准等）

非常不重要	□1	□2	□3	□4	□5	□6	□7	非常重要
作用很小	□1	□2	□3	□4	□5	□6	□7	作用很大
很不完善	□1	□2	□3	□4	□5	□6	□7	很完善
执行很不力	□1	□2	□3	□4	□5	□6	□7	执行很到位

12. 限制国外竞争性企业对华出口的行政政策（包括进口配额、进口许可证等）

非常不重要	□1	□2	□3	□4	□5	□6	□7	非常重要
作用很小	□1	□2	□3	□4	□5	□6	□7	作用很大
很不完善	□1	□2	□3	□4	□5	□6	□7	很完善
执行很不力	□1	□2	□3	□4	□5	□6	□7	执行很到位

13. 支持国内企业出口的财政金融政策（包括出口退税、出口信贷、出口信用保险、外贸风险基金等）

非常不重要	□1	□2	□3	□4	□5	□6	□7	非常重要
作用很小	□1	□2	□3	□4	□5	□6	□7	作用很大
很不完善	□1	□2	□3	□4	□5	□6	□7	很完善
执行很不力	□1	□2	□3	□4	□5	□6	□7	执行很到位

14. 增强企业国际销售能力政策（包括生产企业自营出口权、外贸出口代理制度）

非常不重要	□1	□2	□3	□4	□5	□6	□7	非常重要
作用很小	□1	□2	□3	□4	□5	□6	□7	作用很大
很不完善	□1	□2	□3	□4	□5	□6	□7	很完善
执行很不力	□1	□2	□3	□4	□5	□6	□7	执行很到位

15. 适度关税保护

非常不重要	□1	□2	□3	□4	□5	□6	□7	非常重要
作用很小	□1	□2	□3	□4	□5	□6	□7	作用很大
很不完善	□1	□2	□3	□4	□5	□6	□7	很完善
执行很不力	□1	□2	□3	□4	□5	□6	□7	执行很到位

16. 商业银行信贷支持

| 非常不重要 | □1 | □2 | □3 | □4 | □5 | □6 | □7 | 非常重要 |
| 作用很小 | □1 | □2 | □3 | □4 | □5 | □6 | □7 | 作用很大 |

| 很不完善 | □1 | □2 | □3 | □4 | □5 | □6 | □7 | 很完善 |
| 执行很不力 | □1 | □2 | □3 | □4 | □5 | □6 | □7 | 执行很到位 |

17. 政策性银行信贷支持

非常不重要	□1	□2	□3	□4	□5	□6	□7	非常重要
作用很小	□1	□2	□3	□4	□5	□6	□7	作用很大
很不完善	□1	□2	□3	□4	□5	□6	□7	很完善
执行很不力	□1	□2	□3	□4	□5	□6	□7	执行很到位

18. 信用保证体系建设

非常不重要	□1	□2	□3	□4	□5	□6	□7	非常重要
作用很小	□1	□2	□3	□4	□5	□6	□7	作用很大
很不完善	□1	□2	□3	□4	□5	□6	□7	很完善
执行很不力	□1	□2	□3	□4	□5	□6	□7	执行很到位

19. 风险投资体系发展

非常不重要	□1	□2	□3	□4	□5	□6	□7	非常重要
作用很小	□1	□2	□3	□4	□5	□6	□7	作用很大
很不完善	□1	□2	□3	□4	□5	□6	□7	很完善
执行很不力	□1	□2	□3	□4	□5	□6	□7	执行很到位

20. 政府设立知识产权发展和保护资金，鼓励企业取得自主知识产权

非常不重要	□1	□2	□3	□4	□5	□6	□7	非常重要
作用很小	□1	□2	□3	□4	□5	□6	□7	作用很大
很不完善	□1	□2	□3	□4	□5	□6	□7	很完善
执行很不力	□1	□2	□3	□4	□5	□6	□7	执行很到位

21. 知识产权保护法律（《专利法》、《商标法》、《著作权法》）

非常不重要	□1	□2	□3	□4	□5	□6	□7	非常重要
作用很小	□1	□2	□3	□4	□5	□6	□7	作用很大
很不完善	□1	□2	□3	□4	□5	□6	□7	很完善
执行很不力	□1	□2	□3	□4	□5	□6	□7	执行很到位

22. 提高科技人员待遇

| 非常不重要 | □1 | □2 | □3 | □4 | □5 | □6 | □7 | 非常重要 |

	作用很小	□1	□2	□3	□4	□5	□6	□7	作用很大
	很不完善	□1	□2	□3	□4	□5	□6	□7	很完善
	执行很不力	□1	□2	□3	□4	□5	□6	□7	执行很到位

23．政府奖励有突出贡献的科技人员

非常不重要	□1	□2	□3	□4	□5	□6	□7	非常重要
作用很小	□1	□2	□3	□4	□5	□6	□7	作用很大
很不完善	□1	□2	□3	□4	□5	□6	□7	很完善
执行很不力	□1	□2	□3	□4	□5	□6	□7	执行很到位

24．为科技人才合理流动创造条件

非常不重要	□1	□2	□3	□4	□5	□6	□7	非常重要
作用很小	□1	□2	□3	□4	□5	□6	□7	作用很大
很不完善	□1	□2	□3	□4	□5	□6	□7	很完善
执行很不力	□1	□2	□3	□4	□5	□6	□7	执行很到位

25．对企业引进外省科技人才和留学人员提供户籍政策优惠

非常不重要	□1	□2	□3	□4	□5	□6	□7	非常重要
作用很小	□1	□2	□3	□4	□5	□6	□7	作用很大
很不完善	□1	□2	□3	□4	□5	□6	□7	很完善
执行很不力	□1	□2	□3	□4	□5	□6	□7	执行很到位

26．允许科技人员、研发机构以高新技术成果出资入股

非常不重要	□1	□2	□3	□4	□5	□6	□7	非常重要
作用很小	□1	□2	□3	□4	□5	□6	□7	作用很大
很不完善	□1	□2	□3	□4	□5	□6	□7	很完善
执行很不力	□1	□2	□3	□4	□5	□6	□7	执行很到位

27．精简行政审批手续

非常不重要	□1	□2	□3	□4	□5	□6	□7	非常重要
作用很小	□1	□2	□3	□4	□5	□6	□7	作用很大
很不完善	□1	□2	□3	□4	□5	□6	□7	很完善
执行很不力	□1	□2	□3	□4	□5	□6	□7	执行很到位

28. 相关政策稳定性、统一性

非常不重要	□1	□2	□3	□4	□5	□6	□7	非常重要
作用很小	□1	□2	□3	□4	□5	□6	□7	作用很大
很不完善	□1	□2	□3	□4	□5	□6	□7	很完善
执行很不力	□1	□2	□3	□4	□5	□6	□7	执行很到位

29. 建设政府、企业交流平台

非常不重要	□1	□2	□3	□4	□5	□6	□7	非常重要
作用很小	□1	□2	□3	□4	□5	□6	□7	作用很大
很不完善	□1	□2	□3	□4	□5	□6	□7	很完善
执行很不力	□1	□2	□3	□4	□5	□6	□7	执行很到位

30. 对企业日常经营减少政府行政干预

非常不重要	□1	□2	□3	□4	□5	□6	□7	非常重要
作用很小	□1	□2	□3	□4	□5	□6	□7	作用很大
很不完善	□1	□2	□3	□4	□5	□6	□7	很完善
执行很不力	□1	□2	□3	□4	□5	□6	□7	执行很到位

31. 政府监管部门权责明细，分工明确（工商、技术监督、质检、环保等部门）

非常不重要	□1	□2	□3	□4	□5	□6	□7	非常重要
作用很小	□1	□2	□3	□4	□5	□6	□7	作用很大
很不完善	□1	□2	□3	□4	□5	□6	□7	很完善
执行很不力	□1	□2	□3	□4	□5	□6	□7	执行很到位

32. 减少国家行政干预

非常不重要	□1	□2	□3	□4	□5	□6	□7	非常重要
作用很小	□1	□2	□3	□4	□5	□6	□7	作用很大
很不完善	□1	□2	□3	□4	□5	□6	□7	很完善
执行很不力	□1	□2	□3	□4	□5	□6	□7	执行很到位

33. 维护市场的公平竞争秩序

非常不重要	□1	□2	□3	□4	□5	□6	□7	非常重要
作用很小	□1	□2	□3	□4	□5	□6	□7	作用很大
很不完善	□1	□2	□3	□4	□5	□6	□7	很完善

执行很不力　□1　□2　□3　□4　□5　□6　□7　执行很到位

34. 基础设施建设（交通、物流、市政、能源等）

非常不重要　□1　□2　□3　□4　□5　□6　□7　非常重要
作用很小　□1　□2　□3　□4　□5　□6　□7　作用很大
很不完善　□1　□2　□3　□4　□5　□6　□7　很完善
执行很不力　□1　□2　□3　□4　□5　□6　□7　执行很到位

35. 科技产业园区建设及相关用地支持

非常不重要　□1　□2　□3　□4　□5　□6　□7　非常重要
作用很小　□1　□2　□3　□4　□5　□6　□7　作用很大
很不完善　□1　□2　□3　□4　□5　□6　□7　很完善
执行很不力　□1　□2　□3　□4　□5　□6　□7　执行很到位

36. 鼓励行业协会的建设和发展

非常不重要　□1　□2　□3　□4　□5　□6　□7　非常重要
作用很小　□1　□2　□3　□4　□5　□6　□7　作用很大
很不完善　□1　□2　□3　□4　□5　□6　□7　很完善
执行很不力　□1　□2　□3　□4　□5　□6　□7　执行很到位

37. 信息网络支持

非常不重要　□1　□2　□3　□4　□5　□6　□7　非常重要
作用很小　□1　□2　□3　□4　□5　□6　□7　作用很大
很不完善　□1　□2　□3　□4　□5　□6　□7　很完善
执行很不力　□1　□2　□3　□4　□5　□6　□7　执行很到位

第四部分　背景资料与开放性问题

1. 您在企业中的职位
　□A. 高层管理者　　□B. 中层管理者　　□C. 基层管理者
　□D. 科技人员　　□E. 一般员工
2. 您所处的部门
　□A. 总裁（经理或董事长）办公室　　□B. 综合办公室
　□C. 财务部　　□D. 市场部

☐E. 生产部 　　　　　　　☐F. 人力资源部

☐G. 研发部 　　　　　　　☐H. 其他

3. 您的性别

☐A. 男 　　　　　　　　☐B. 女

4. 您的年龄

☐A. 20 岁以下　　☐B. 20～29 岁　　☐C. 30～39 岁

☐D. 40～49 岁　　☐E. 50 岁以上

5. 对您所在的企业成长形成障碍的政策环境因素有哪些？请列举最重要的三项。

_____

_____

_____

_____

_____

_____

_____

_____

参 考 文 献

1．Anders Hanberger. What is the Policy Problem? Methodological Challenges in Policy Evaluation. Evaluation，2001，Vol 7（1）：45-62.

2．FRANS-BAUKE VAN DER MEER, JURIAN EDELENBOS. Evaluation in Multi-Actor Policy Processes: Accountability, Learning and Cooperation. Evaluation, 2006, Vol 12（2）: 201-218.

3．Schwandt, T. A. Evaluation as Practical Hermeneutics. Evaluation, 1997, Vol 3（1）: 69-83.

4．Laura A. Reese, David Fasenfest. Critical Perspectives on Local Development Policy Evaluation. Economic Development Quarterly, 1999, 13; 3.

5．Carol Hirschon Weiss. The Interface Between Evaluation and Public Policy. Evaluation, 1999, 5; 468.

6．Rossi, Freeman. Evaluation: A Systematic Approach (6th edition). SAGE Publications, 1999.

7．詹姆士·安德森. 公共政策[M]. 北京：华夏出版社，1990.

8．林水波，张世贤. 公共政策[M]. 台湾：五南图书出版公司，1980.

9．冯之浚. 国家创新系统研究纲要[J]. 科学学研究，1999（9）.

10．余志良，谢洪明. 技术创新政策理论的研究评述[J]. 科学管理研究，2003（6）.

11．连燕华. 技术创新政策的分析框架[J]. 科学管理研究，1999（3）.

12．胡宝华. 上海发电机生产史[J]. 上海工业，2003（6）.

13．张林超. 加入 WTO 与中国发电设备制造业[J]. 电器工业，2002（4、5、7）.

14．发电设备制造业关键技术分析[J]. 电机产品导报，2000（1、2）.

15．李晓华. 对加入 WTO 后"以市场换技术"的思考[J]. 中国工业经济，2004（4）.

16．汤俊，胡树华. 浅析汽车产业专利的发展对策[J]，汽车工业研究，2006（9）.

17．何霞．从局用程控交换机市场的变迁看民族工业的发展[J]．当代通信，1997（11）．

18．严烈民．提高技术创新能力 振兴我国程控交换机产业[J]．通讯世界，1997（1）．

19．国家计委产业发展研究所课题组．我国通信设备制造业崛起的启示[J]．经济研究参考，2001（21）．

20．国产程控交换机的现状及发展趋势[J]．中国商贸，1995（14）．

21．林扶．我国在程控交换技术上的重大突破——JD-1024 线程控数字长途电话交换机研制成功[J]．电信科学，1988（5）．

22．内为诸侯割据 外有列强入侵——程控交换机市场竞争白热化[J]．中国经济信息，1994（14）．

23．何霞．国产程控交换机的现状与未来[J]．信息系统工程，1998（4）．

24．艾平．市场换技术 国产手机合资能否救市．中国计算机报，2004（5）．

25．蒋培宇．市场难以换到技术 国产品牌淡出 CDMA 手机市场．21 世纪经济报道，2003（6）．

26．吕川．浅谈我国计算机产业的现状及发展前景[J]．理论界，2006（2）．

27．陈炳才．向技术投资倾斜——入世后中国计算机产业利用外资政策调整[J]．国际贸易，2001（7）．

28．龚省予．程控用户交换机的基本状况[J]．当代通信，1996（16）．

29．李荣融．"市场换技术"换不来领先技术[J]．中国经济周刊，2006（17）．

30．熊惠平．对"以市场换技术"的反思的反思[J]．企业管理，2006（5）．

31．汪前元，高娟．我国"以市场换技术"引资战略的历史透视[J]．湖北大学学报（哲学社会科学版），2006（3）．

32．卫志民．以市场换技术是可行的[J]．中国外资，2006（1）．

33．马宇．对"以市场换技术"反思的反思[J]．中国电子商务，2006（2）．

34．汪前元．解读"以市场换技术"的十大认识误区[J]．湖北大学学报（哲学社会科学版），2005（2）．

35．陈勇．制度创新是"市场换技术"战略成功的根本出路[J]．经济与社会发展，2005（12）．

36．陈晓律．从"以市场换技术"到"以市场立标准"[J]．中国招标，2005（57）．

37．曹建海．制造业吸收外资不能再"以市场换技术"[J]．中国投资，2005（11）．

38．时间．中国汽车产业"市场换技术"战略分析[J]．汽车工业研究，2005（8）．

39．贺根生．以市场换技术还能走多久[J]．科技信息，2005（3）．

40．汪前元．"以市场换技术"的实证分析[J]．广东金融学院学报，2004（5）．

41．王文龙．对市场换技术的质疑与批判[J]．湖北职业技术学院学报，2004（3）．

42．董书礼．以市场换技术战略成效不佳的原因辨析及我国的对策[J]．科技与管理，2004（4）．

43．路风，慕玲．本土创新、能力发展和竞争优势——中国激光视盘播放机工业的发展及其对政府作用的政策含义[J]．管理世界，2003（12）．

44．高改芳．市场换不到技术 邮电系逐渐单飞[J]．计算机周刊，2002（Z6）．

45．曾繁华．"以市场换技术"制度安排问题研究[J]．管理世界，2000（5）．

46．李浩．以"市场换技术"策略的缺陷及对策建议[J]．湖南经济，2000（3）．

47．桑赓陶．我国"市场换技术"的一个模型[J]．中国软科学，1999（12）．

48．李茹兰．"以市场换技术"战略剖析[J]．山东经济战略研究，1998（7）．

49．陆斌．"以市场换技术"策略分析[J]．南京经济学院学报，1998（6）．

50．陈炳才．外商直接投资与中国技术进步的关系——兼谈如何实现"以市场换技术"[J]．国际贸易问题，1998（1）．

51．张岩贵．"以市场换技术"辨析[J]．南开管理评论，1997（4）．

52．王朋．"以市场换技术"的尴尬[J]．财金贸易，1997（10）．

53．刘宝宏．"以市场换技术"宜慎提[J]．开放导报，1997（1）．

54．景小龙．中西部"以市场换技术"问题[J]．决策探索，1997（9）．

55．王筱欣．市场换技术的成本、难点和对策[J]．重庆工学院学报，1997（4）．

56．余光胜．外商直接投资中技术引进的分析——对"以市场换技术"战略的反思[J]．外国经济与管理，1997（10）．

57．李柏洲．"以市场换技术"利用外资策略的实证分析[J]．投资研究，1997（9）．

58．马全军．剖析利用外资中的"以市场换技术"策略[J]．国际经贸探索，1997（4）．

59．郑志国．关于以市场换技术的代价[J]．中国工业经济，1996（12）．

60．郑新风．我国利用外商直接投资问题研究．厦门大学硕士论文，2001．

61. 张吉鹏. 中国外商直接投资与技术进步的研究. 武汉理工大学硕士论文，2003.

62. 胥亚玲. 跨国公司技术转移与我国技术进步模式选择研究. 浙江大学硕士论文，2004.

63. 丁娟. 技术跨越：基于技术进步与制度变迁的分析. 复旦大学博士论文，2004.

64. 褚友春. 国际技术转移对我国技术进步的影响. 安徽大学硕士论文，2005.

65. 重工装备技术突围方向：以市场换技术. 中国工程机械商贸网，http://china. machine365.com/news/050124/1/41017_1.html.

66. 谢媛. 政策评估的顾客导向模式及其应用[J]. 行政论坛，2003（4）.

67. 林慧岳. 论科技政策的体系结构和决策模式[J]. 自然辩证法研究，1999（10）.

68. 杜生鸣，鲁耀斌. 我国技术创新中的科技政策评析[J]. 科学管理研究，2006（2）.

69. 匡跃辉. 科技政策评估：标准与方法[J]. 科学管理研究，2005（12）.

70. 綦良群，舒春. 高新技术产业政策评估的理论分析[J]. 中国科技论坛，2005（5）.

71. 唐云锋. 论我国科技政策评估体系中存在的问题[J]，中国科技论坛，2004（4）.

72. 刘进才. 公共政策评估的模糊数学方法[J]. 中共中央党校学报，2001（2）.

73. 杨建. 我国科技政策制定问题研究[D]. 东南大学硕士学位论文，2004（3）.

74. 樊春良. 全球化时代的科技政策[M]. 北京：北京理工大学出版社，2005，2-9.

75. 中华人民共和国中外合资经营企业法（1979）.

76. 中华人民共和国中外合资经营企业法（1990年修）.

77. 中华人民共和国中外合资经营企业法（2001年修）.

78. 中华人民共和国科学技术进步法.

79. 鼓励外商投资高新技术产品目录（2003）.

80. 外经贸法发[2002]575号. 关于加强外商投资企业审批、登记、外汇及税收管理有关问题的通知. 2002.

81. 中华人民共和国对外贸易法.

82. 中华人民共和国技术引进合同管理条例施行细则（附英文）（已废止）.

83. 信息产业部网站，http://www.mii.gov.cn/.

84. 国家统计局统计公报，http://www.stats.gov.cn/tjgb/.

85．许正中．高新技术产业：财政政策与发展战略[M]．北京：社会科学文献出版社，2002．

86．马晓霞．高新技术产业金融支持体系研究[J]．科技进步与对策，2006（9）．

87．孟丽媛，阎慧先．高新技术产业税收政策的国际比较与建议[J]．科技经济市场，2006（8）．

88．李松涛，俞自由．风险投资发展的区域环境分析——兼论北京、深圳、上海三地发展风险投资的路径选择[J]．科技进步与对策，2000（7）．

89．段志英，王江．北京市企业孵化器服务体系的建设与完善[J]．北京工业大学学报（社会科学版），2002（4）．

90．Asli Demirguc-kunt, Vojislav Maksimovic. Law, Finance, and firm growth. The Journal of Finance, 1998, 53（6）：2107-2137.

91．Kenneth W. Rind. The Role of Venture Capital in Corporate Development. Strategic Management Journal, 1981, 2（2）：169-180.

92．Henry R. Feeser, Gary E. Willard. Founding Strategy and Performance: A Comparison of High and Low Growth High Tech Firms. Strategic Management Journal，1990, 11（2）：87-98.

93．Edith Penrose. The Theory of the Growth of the Firm. Oxford: Oxford University Press, 1995, 11-37.

94．楚尔鸣，李勇辉．高新技术产业经济学[M]．北京：中国经济出版社，2005．

95．薛柏乃．高新技术产业发展法律环境研究[M]．上海：上海财经大学出版社，2001．

96．吕薇．高新技术产业政策与实践．北京：中国发展出版社，2003，124-141．

97．赵国忻，曹惠丽．对风险投资促进高新技术产业化作用的反思[J]．科技进步与对策，2004（1）．

98．王涛，顾新等．我国高新技术企业知识产权管理现状、问题与对策[J]．科技管理研究，2006（4）．

99．吴叶君．加快我国高新技术产业发展的政府采购政策研究[J]．中国软科学，1998（10）．

100．刘卫东．营造孵化体系催生高新技术产业——我国国家大学科技园发展现状

[J]．科技进步与对策，2002（19）．

101．陈向东，胡萍．我国技术创新政策效用实证分析[J]．科学学研究，2004（1）．

102．曹兴，李佳．高科技企业发展特征、影响因素及其环境分析[J]．中国软科学，2003（7）．

103．任学锋，孙绍瑞．风险投资与高科技企业成长过程研究[J]．科学学与科学技术管理，2001（8）．

104．王西麟．高技术企业成长论[M]．广州：暨南大学出版社，1996．